KB184375

9급 공무원 영어 시험대비

박문각
공무원

예상문제

진가영
영어

진가영 편저

New Trend
단기합격 길라잡이

2025년 출제 기조 전환 대비

필수 독해 예상 문제 수록

독해
끝판왕

애영상 강의 www.pmg.co.kr

박문각

수험생들을 위한 최고의 독해 문제집!
공무원 영어 끝장내기!
 독해 끝판왕을 펴내며...

"안녕하세요, 여러분들의 단기합격 길라잡이 진가영입니다."

2025년 출제 기조 전환에 따른 공무원 시험에서 영어 영역 20문제 중 총 13문제가 독해 문제로 출제될 것으로 보입니다. 그러므로 실전에서 독해를 빠르고 정확하게 푸는 것의 중요성은 아무리 강조해도 지나치지 않습니다.

하지만, 대다수의 시험을 준비하시는 분들이 여러 권의 독해 교재들을 가지고 문제를 풀어도 공무원 시험에 나오는 독해 문제들을 어떻게 처리해야 할지 모르고 감으로 문제를 풀기 때문에 실질적인 영어 독해 점수 상승을 이뤄내는 데 어려움을 겪고 있습니다.

따라서 현명하게 독해 만점을 대비하기 위해서 체계적으로 독해 실전 연습을 할 수 있는 교재가 필요하다고 생각했고 그 결과 출간하게 된 교재가 바로 이 독해 끝판왕입니다. 이 독해 교재를 통해 여러분들은 시험장에서 1분 또는 2분 안에 1지문의 문제를 감이 아닌 지문에 나온 근거와 명시적 단서에 의해 독해를 푸는 방법을 연습할 수 있고 공무원 독해의 출제 알고리즘을 파악하여 독해 풀이법에 맞는 독해 전략을 적용하는 훈련을 할 수 있습니다.

또한 독해 기본기를 탄탄하게 다지고 실력 향상을 위한 필수적인 단어와 구문 연습, 그리고 실전 독해 문제 풀이로 이어지는 과정을 한 번에 할 수 있도록 교재를 구성하였기 때문에 분명 이 교재를 끝내고 나면 여러분들의 독해 실력이 향상되어 있을 것입니다.

여러분들의 노력이 반드시 합격으로 이어지도록 같이 현명한 길라잡이로서 더 좋은 모습으로 수업을 통해 뵙도록 하겠습니다. ❀

Dreams come true!
꿈은 반드시 이루어진다!

진심을 다해 가르치는 영어 - 진가영

❶ 2025년도 출제 기조 전환 "핵심 내용"

"지식암기 위주에서 현장 직무 중심으로 9급 공무원 시험의 출제 기조가 바뀐다"

인사혁신처가 출제하는 9급 공무원 시험 국어·영어 과목의 출제 기조가 2025년부터 전면 전환됩니다. 인사혁신처 처장은 '2023년 업무보고'에서 발표했던 인사처가 출제하는 9급 공무원 시험의 '출제 기조 전환'을 2025년부터 본격 추진한다고 밝혔습니다.

'출제 기조 전환'의 핵심내용은 지식암기 위주로 출제되고 있는 현행 9급 공무원 시험 국어·영어 과목의 출제 기조를 직무능력 중심으로 바꾸고, 민간 채용과의 호환성을 강화하는 것입니다. 현장 직무 중심의 평가를 위해 영어 과목에서는 실제 업무수행에 필요한 실용적인 영어능력을 검증하고자 합니다. 특히 영어 과목에서는 실제 활용도가 높은 어휘를 주로 물어보고 어법의 암기를 덜 요구하는 방식이고, 전자메일과 안내문 등 업무 현장에서 접할 수 있는 소재와 형식을 적극 활용한 문제들로 구성될 것으로 보입니다.

이를 바탕으로 인사혁신처는 종합적 사고력과 실용적 능력을 평가하게 되는 출제 기조 전환으로 공직에 더 적합한 인재를 선발할 수 있고, 공무원과 민간부문 채용시험 간 호환성 제고로 청년들의 시험 준비 부담이 감소되고 우수한 인재가 공직에 보다 더 지원할 것으로 기대하고 있습니다.

❷ 2025년 "현명한" 신경향 공무원 영어 학습 전략

신경향 어휘 학습

출제 기조 전환 전에는 유의어 유형을 많이 물어보고 단순 암기로 인하여 문제 푸는 시간 또한 절약할 수 있었습니다. 하지만 2025년 출제 기조 전환 예시문제를 보면 어휘는 빈칸 유형으로만 구성된 것으로 보아 **제시문의 맥락을 고려하고 정확한 단서를 찾은 후에 빈칸 안에 어떤 어휘가 적절한 것인지 찾는 훈련과 연습**이 반드시 필요합니다.

신경향 문법 학습

출제 기조 전환 전에는 문법 문제들이 박스형, 문장형, 영작형으로만 구성되었지만 출제 기조 전환 발표 중 일부인 민간 채용과의 호환성을 강화하는 취지로 TOEIC, TEPS 시험에서 잘 나오는 빈칸 유형이 문법 문제로 새로 추가되었습니다. 이런 유형들은 기존의 유형들과 확실하게 다른 접근법으로 문제를 풀어야 하므로 **문법 파트별로 체계적인 이론 정리와 더불어 다양한 문제들을 많이 풀어보고 문제 풀이 전략을 정확하고 확실하게 배워야 합니다.**

신경향 독해 학습

출제 기조 전환 전에는 1지문 1문제로 구성되고 각 선지들이 지문에 맞는지, 안 맞는지만 판단하기만 하면 되었지만 **2025년 출제 기조 전환 예시문제를 보면 독해 유형에 세트형이 2문제로 구성되어 있습니다.** 세트형이라고 난도가 더 올라갔다고 보기는 어렵지만 **다소 생소한 형식의 문제 유형이 출제되면 수험생들이 당황하기가 쉬우므로 신유형 독해 문제인 전자메일과 안내문, 홈페이지 게시글 등의 형식들에 대한 체계적인 학습을 통해 빠르고 정확하게 푸는 전략을 체화시켜야 합니다.** 이와 같은 형식으로 단일 지문으로 구성되기도 하니 특히 많은 훈련이 필요한 영역입니다.

GUIDE
구성과 특징

1 독해 실력 강화 연습 문제 10회분

공무원에서 출제되고 있는 기출 독해 문제와 흡사한 난이
도를 반영하고 앞으로 출제될 경향까지 반영하여 독해 만
점을 위한 최적의 독해 모의고사 문제들로 구성하였다.

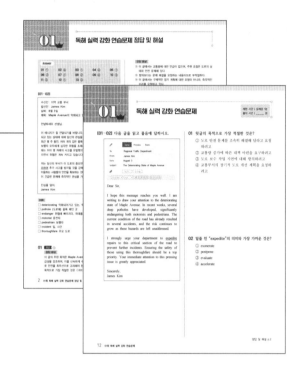

2 독해 실력 강화 어휘 TEST 수록

독해 점수 상승을 위한 기초 토대를 확실하게 다지기 위
해 독해 실력 강화 어휘 TEST를 제공하고 핵심 어휘를
한눈에 점검하고 정리할 수 있도록 구성하였다.

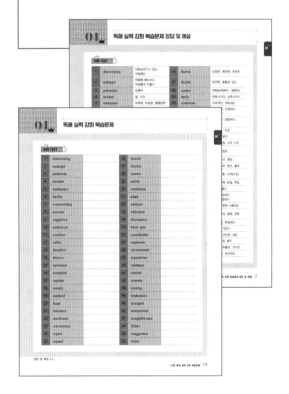

3 독해 실력 강화 구문 TEST 수록

빠르고 정확한 해석을 위한 핵심은 구문 분석에 있으므
로 구문 TEST를 제공하고 체계적인 구문 분석으로 독해
실력이 상승할 수 있도록 구성하였다.

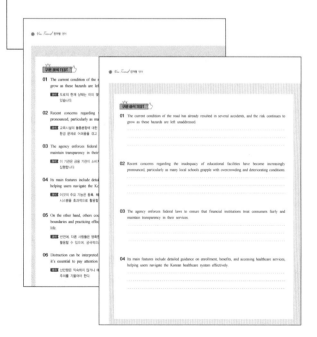

가영쌤과 점수 수직 상승을 만들어 낸 "생생한" 수강후기

★★★★★ **충남 교행 수석 영어 100점**   김**

가영쌤의 커리는 기본적으로 **반복을 거듭해서 확실하게 기억하고 또 여러 방향으로 적용하면서 어떤 식으로 문제가 변형되어 나와도 확실하게 캐치할 수 있게 만드는 방향으로 진행됩니다.** 특히 여러 번 강조해서 배우는, 자주 출제되는 중요한 내용들은 계속 따로 자료를 만들고, 또 특강으로도 계속 또 반복해서 빠짐없이 떠 먹여 주기까지 합니다. 따라 가려고 노력만 하면 보상을 받을 수 있는 그런 시간을 보낼 수 있는 강의라고 생각합니다. 가영쌤은 또, 더 재밌는 강의를 위해 매번 좀 웃긴 거를 많이 준비해 오시는 것 같은 모습이 보이는데 많은 정성과 노력을 기울이고 계시다는 걸 느낄 수 있는 시간들이었습니다.

★★★★★ **우정직 수석 합격 영어 85점**   박*태

영어 선생님을 고를 때 가영쌤을 추천하는 이유는 먼저 **탄탄한 커리큘럼과 숙제 관리, 그리고 문법 교재가 너무너무 좋습니다!** 콤팩트한 책에 있을 내용 다 있고, 문판왕이나 동형모의고사 등 문풀 수업과의 연계도 잘 되어 있습니다. 그리고 매주 실강 수업 때 나오는 ox 숙제를 계속 반복해야 문법 출제 포인트가 무엇인지 익숙해집니다. 또한, 가영쌤의 어휘책 구성도 좋았고, 매 수업 전에 테스트를 하기 때문에 미리 공부해야 하는 게 실력 향상에 도움이 되었습니다. 덕분에 이번 문제 풀이 소요시간, 24분, 동형 때는 달성해보지 못했던 최고기록입니다. 가영쌤 I cannot thank you enough!!

★★★★★ **2024 일반행정직 영어 100점**   **선

영어 100점은 진짜 운이라고 생각했는데 선생님 만나고 나서 이게 진짜 실력으로 된다는 걸 알았어요. 단어 미친 반복으로 겨우 다 외우고 문법도 단판승 3시간 너무 좋았고 독해는 그 200제가 정말 좋았어요. 제가 국가직 영어 35분 걸려서 정말 선생님도 찾아뵈고 걱정 많이 했는데 **이번 지방직은 20분 컷해서 정말 좋았어요.** 언제나 감사합니다!!

★★★★★ **2024 일반행정직 영어 95점**   **경

공시 시작하고 가영쌤을 만나서 영어 공부도 즐겁게 할 수 있었고 95점이라는 고득점도 해볼 수 있었고 항상 최선을 다하시는 모습을 보면서 많이 본받아야겠다 생각했습니다. 나태해질 때마다 쌤을 보면서 힘을 얻었고 앞으로도 제가 많이 존경하고 진심으로 응원할 영원한 제 1타 강사 가영쌤♥ 건강 잘 챙기시고 곧 태어날 아이와 가족들 또 주변 사람들과 행복한 순간만 앞으로 더 가득하시면 좋겠어요♥ 서울 가게 되면 인사드리러 꼭 갈게요!! **쌤이랑 함께한 시간들 항상 소중했어요♥** I cannot thank you enough♥

★★★★★ **2024년 사회복지직 영어 95점**   **화

I cannot thank you enough♥시험을 준비하면서 나름의 소소한 목표 중 하나가 영어 시험을 잘 봐서 가영쌤한테 제가 먼저 올해 영어 잘 봤다고 연락드리는 거였는데, 드디어 그 목표를 이룰 수 있게 되어서 너무 기뻐요! 처음 박문각 와서 하프 들었을 때 3,4개 맞기도 하고 그랬던 적이 있었는데~ **쌤과 열심히 함께 달렸더니 95점이라는 이런 좋은 점수를 받았습니다.** 영어는 제 발목을 잡는 과목 중 하나여서 처음부터 끝까지 긴장을 놓지 않고 제일 큰 비중을 두고 공부한 과목이었습니다. 이번 지방직에서 단어, 문법, 생활영어까지 쌤과 함께 공부했던 범위 내에서 계속 반복하며 공부했던 부분들이라 신속하고 정확하게 풀 수 있어시간 절약을 했던 것 같아요! 다 가영쌤과 함께한 덕분이에요!

2025년
신경향(New Trend) ✦
정규 커리큘럼

합격을 위한
필수 과정

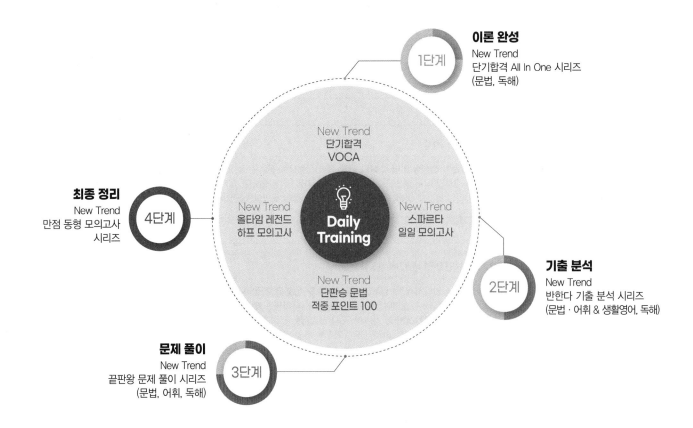

이론 완성
New Trend
단기합격 All In One 시리즈
(문법, 독해)

1단계

New Trend
단기합격
VOCA

New Trend
올타임 레전드
하프 모의고사

Daily Training

New Trend
스파르타
일일 모의고사

New Trend
단판승 문법
적중 포인트 100

최종 정리
New Trend
만점 동형 모의고사
시리즈

4단계

기출 분석
New Trend
반한다 기출 분석 시리즈
(문법 · 어휘 & 생활영어, 독해)

2단계

문제 풀이
New Trend
끝판왕 문제 풀이 시리즈
(문법, 어휘, 독해)

3단계

2025년
신경향(New Trend)
보완 커리큘럼

합격을 위한
선택 과정

| 기초 이론 | 공무원 영어 시작, 입문 |

| 구문 독해 | 진(Real) 독해 기초 체력 다지기 / 신경향 독해 기본 실력 다지기 |

| 문풀 N제 | 신경향 마스터 시리즈 (독해, 문법, 어휘) |

| 적중 특강 | 진(眞) 족보 마무리 특강 시리즈 (독해, 문법, 어휘, 생활영어) |

CONTENTS
차례

정답 및 해설

진가영 영어
독해 끝판왕

독해 실력 강화
연습문제(01~10회)

독해 실력 강화 연습문제

제한 시간 | 15 ~ 20 분
풀이 시간 | _____ 분

[01~02] 다음 글을 읽고 물음에 답하시오.

🖉	**Send**	Preview	Save

To	Regional Traffic Department
From	James Kim
Date	August 3
Subject	The Deteriorating State of Maple Avenue

📎 | My PC | Browse |

Times New ▼ | 10pt ▼ | G G *G* G G | ≣ ≣ ≣ ≣

Dear Sir,

I hope this message reaches you well. I am writing to draw your attention to the deteriorating state of Maple Avenue. In recent weeks, several deep potholes have developed, significantly endangering both motorists and pedestrians. The current condition of the road has already resulted in several accidents, and the risk continues to grow as these hazards are left unaddressed.

I strongly urge your department to <u>expedite</u> repairs to this critical section of the road to prevent further incidents. Ensuring the safety of those using this thoroughfare should be a top priority. Your immediate attention to this pressing issue is greatly appreciated.

Sincerely,
James Kim

01 윗글의 목적으로 가장 적절한 것은?

① 도로 안전 문제를 조속히 해결해 달라고 요청하려고
② 교통량 증가에 따른 대책 마련을 요구하려고
③ 도로 보수 작업 지연에 대해 항의하려고
④ 교통 부서의 장기적 도로 개선 계획을 요청하려고

02 밑줄 친 "expedite"의 의미와 가장 가까운 것은?

① exonerate
② impose
③ evaluate
④ accelerate

정답 및 해설 p.2

01

[03~04] 다음 글을 읽고 물음에 답하시오.

(A)

To esteemed community members,

Recent concerns regarding the inadequacy of educational facilities have become increasingly pronounced, particularly as many local schools grapple with overcrowding and deteriorating conditions. In light of these urgent issues, a special meeting will be convened to explore strategies for enhancing our educational environment for all students.

We look forward to sharing your insights and suggestions, and experts who will provide valuable perspectives on our community's plans based on your opinions will also be present.

Meeting Details

- **Location**: Community Education Center, Main Auditorium
  (in case of overflow: Conference Room 201)
- **Date**: Monday, April 14, 2025
- **Time**: 6:30 p.m.

Your participation is crucial for shaping the future of our students' educational experience. For further information, please visit our website at www.educationforum.org or contact our office at (555) 345-6789.

---

03 윗글의 제목으로 가장 적절한 것은?

① Develop Strategies for Enhanced Student Learning
② Participate in the Debate on the Environment
③ Tackle the Inadequacy in Educational Facilities
④ Collaborate for Comprehensive Education Reform

04 위 안내문의 내용과 일치하지 않는 것은?

① 회의는 교육 환경 개선을 위한 의견을 수렴하기 위해 열린다.
② 회의에는 지역 주민들과 교육 관련 전문가들이 참여할 예정이다.
③ 회의의 주된 목적은 새로운 교육 정책을 발표하는 것이다.
④ 회의는 커뮤니티 교육 센터의 메인 강당에서 진행된다.

05 Consumer Protection Bureau에 관한 다음 글의 내용과 일치하는 것은?

Consumer Protection Bureau (CPB) ×
https://www.consumerfinance.gov
HOME   ABOUT US   CONTACT US   SEARCH

Consumer Protection Bureau (CPB) Responsibilities

The Consumer Protection Bureau (CPB) is focused on protecting consumers from unfair, deceptive, or abusive practices in financial markets. The agency enforces federal laws to ensure that financial institutions treat consumers fairly and maintain transparency in their services. Additionally, the CPB educates consumers about their rights and provides essential information to help them navigate complex financial situations. It also manages consumer complaints effectively, promoting accountability among financial institutions. By regulating credit card companies, lenders, and debt collection agencies, the CPB plays a vital role in complying legal standards. Ultimately, CPB helps consumers make smart decisions and avoid fraud through enforcement and educational efforts.

① It cracks down on unfair and deceptive financial practices to protect consumers.

② It does not inform consumers of how to protect their rights.

③ It does not get involved with payday lenders.

④ It primarily manages consumer complaint handling.

06 Foreign Health Insurance Guide 앱에 관한 다음 글의 내용과 일치하지 않는 것은?

Foreign Health Insurance Guide App ×
https://www.nhis.or.kr
HOME   ABOUT US   CONTACT US   SEARCH

Foreign Health Insurance Guide App

The Foreign Health Insurance Guide App is essential for foreigners in Korea, providing crucial information about health insurance options. Its main features include detailed guidance on enrollment, benefits, and accessing healthcare services, helping users navigate the Korean healthcare system effectively. This app significantly enhances foreigner convenience by ensuring users have the necessary information for maintaining their health during their stay. Future updates are expected to expand resources and features, further supporting users' needs. To get started, download the Foreign Health Insurance Guide App from the app store to ensure you are well-prepared. A web version is also available for desktop users, making it easy to access vital information online.

① It assists users in navigating the Korean healthcare system.

② It includes a feature for direct communication with healthcare providers.

③ It improves the convenience for foreigners.

④ It will provide updates for improvements.

정답 및 해설 p.3~4

07 다음 글의 주제로 가장 적절한 것은?

The concept of work-life balance is increasingly relevant as the lines between personal and professional life become more blurred, particularly with the rise of remote work. Many organizations now offer flexible working hours, enabling employees to manage their time more effectively. However, this freedom to work from home has also contributed to an "always-on" culture, making it challenging for employees to disconnect from their jobs. Consequently, some argue that while flexibility offers advantages, it can also heighten stress levels and result in burnout if not properly managed. On the other hand, others counter that individuals can fully utilize this flexibility while setting clear boundaries and practicing effective time management, ultimately leading a more balanced and satisfying life.

① balancing flexibility and burnout in remote work
② how to improve productivity in remote work
③ the challenges of managing remote teams
④ the complete solution to work-life balance issues: remote work

08 다음 글의 요지로 가장 적절한 것은?

Life involves a continuous process of adapting to new circumstances, which can often be difficult to deal with. One useful insight to keep in mind is that feelings of distraction typically signal that something important is occurring. Distraction can be interpreted as an indication of unfamiliar or unexpected events taking place, and it's essential to pay attention to these sensations. Such distractions may highlight discrepancies between our habitual reactions and the present context. When our routines are interrupted, it prompts us to recognize patterns that usually go unnoticed. This heightened awareness enables us to adjust either the environment or our own behavior. Ultimately, distraction can serve as a powerful catalyst for innovation, allowing us to redirect our attention and explore new perspectives. It is through these unexpected encounters that we uncover blind spots we might not have recognized otherwise.

① We should manage distracting environments to improve learning efficiency.
② We should use the feeling of distraction as a tool for innovation.
③ To adapt to changes, maintaining a flexible mindset is essential.
④ A change in perspective is necessary to transform crises into opportunities.

09 다음 글의 흐름상 어색한 문장은?

Urbanization has brought about considerable transformations in city environments and the way people live. The expansion of urban areas is often linked with rising levels of pollution and traffic jams. ① To enhance the well-being of residents, many cities have established green areas. ② The growing number of people living in cities has also created a greater need for efficient public transportation systems. ③ Meanwhile, rural regions have experienced a decline in population as more people move to urban centers. ④ The trend of remote work has emerged primarily due to technological advancements. As a result, urban planners are increasingly focusing on sustainable development to address these challenges.

10 주어진 문장이 들어갈 위치로 가장 적절한 것은?

Although the placebo effect is generally harmless, it does account for the expenditure of millions of dollars on health products and services every year, and they contribute to the figure.

The placebo effect is an apparent improvement in health resulting from a substance or procedure with no recognized therapeutic value, often reported by patients based on their expectations or beliefs after taking simple sugar pills they thought were effective drugs. (①) The placebo effect is related to the brain's reward system, and it's not a big leap to say that much of marketing is trying to achieve a non-medical placebo effect in the minds of customers. (②) About 10 percent of the population is believed to be exceptionally susceptible to the power of suggestion and may be easy targets for aggressive marketing. (③) For instance, megadoses of vitamin C have never been proven to treat cancer but expenditures on them add up to over 30 billion dollars a year. (④) People who mistakenly use placebos when medical treatment is urgently needed increase their risk for health problems.

정답 및 해설 p.5

11 주어진 글 다음에 이어질 글의 순서로 가장 적절한 것은?

Jogging offers an excellent way to maintain fitness while enjoying the outdoors.

(A) Immediately after you finish jogging, it is important to cool down your body with gentle stretching and drink enough water to help you recover.

(B) After finishing your jog and returning home, it's a good idea to enjoy a healthy snack or smoothie and take some time to relax and unwind.

(C) To start jogging effectively, you need to warm up your muscles by stretching lightly or taking quick steps.

① (A) − (C) − (B)

② (B) − (C) − (A)

③ (C) − (A) − (B)

④ (C) − (B) − (A)

12 밑줄 친 부분에 들어갈 말로 가장 적절한 것은?

In 2013, Forbes magazine examined how Warren Buffett strives to avoid falling into the trap of confirmation bias, which leads individuals to interpret and remember information in ways that support their existing beliefs, and its implications for financial investors. The magazine cautioned that "confirmation bias is particularly hazardous for investors. Once an investor develops a favorable view of a company, for instance, they might disregard negative information as unimportant or incorrect." This risk also applies to entrepreneurs and business professionals. In discussing what it termed the 'Buffett Approach,' Forbes recounted the 2013 annual general meeting for Berkshire Hathaway, the multinational company where Buffett serves as CEO. Rather than inviting professional supporters who would cheer for anything he said, Buffett chose Doug Kass, a fund manager known for his critical stance towards Buffett and Berkshire Hathaway, as a guest speaker. Forbes noted this as "largely unprecedented" and praised Buffett for this straightforward decision. In fact, _____ was one of the recommendations for combating confirmation bias.

① creating a culture of challenge

② asking for a detailed refutation

③ admitting that you have a problem

④ identifying the flaws in the strategy

13 밑줄 친 부분에 들어갈 말로 가장 적절한 것은?

The phrase 'straw man' describes a type of informal fallacy commonly found in discussions and debates. This rhetorical technique relies on _____. Typically, a straw man argument is more ridiculous than the actual argument, making it easier to challenge. For instance, suppose that you are debating with a friend about global warming and believe that the government should increase fuel efficiency standards to reduce CO_2 emissions over the next two decades, while your friend believes that cars are unrelated to the issue. Then, he might respond with something like, "Our cities are designed to require cars. Your solution will ruin the economy. How would people commute without cars? It'll never succeed." In this case, he is addressing an exaggerated version of your suggestion, which is simpler to refute than your actual position. He is countering the extreme notion that all cars should be eliminated instead of engaging with the more moderate proposal of enhancing fuel efficiency.

① appealing to authoritative figures in the field
② refuting an opponent's argument with evidence
③ overstating some portion of an opponent's stance
④ attacking the opponent rather than the argument itself

정답 및 해설 p.6

독해 실력 강화 복습문제

어휘 **TEST** 👍

1	deteriorating			26	blurred		
2	endanger			27	flexible		
3	pedestrian			28	counter		
4	incident			29	satisfy		
5	inadequacy			30	continuous		
6	facility			31	adapt		
7	overcrowding			32	interpret		
8	convene			33	indication		
9	suggestion			34	discrepancy		
10	auditorium			35	blind spot		
11	overflow			36	considerable		
12	unfair			37	expansion		
13	deceptive			38	advancement		
14	abusive			39	expenditure		
15	institution			40	substance		
16	complaint			41	unwind		
17	regulate			42	examine		
18	comply			43	existing		
19	standard			44	implication		
20	fraud			45	disregard		
21	insurance			46	entrepreneur		
22	enrollment			47	straightforward		
23	convenience			48	fallacy		
24	expect			49	exaggerated		
25	expand			50	refute		

구문 해석 TEST 👍

01 The current condition of the road has already resulted in several accidents, and the risk continues to grow as these hazards are left unaddressed.

_____

_____

_____

02 Recent concerns regarding the inadequacy of educational facilities have become increasingly pronounced, particularly as many local schools grapple with overcrowding and deteriorating conditions.

_____

_____

_____

03 The agency enforces federal laws to ensure that financial institutions treat consumers fairly and maintain transparency in their services.

_____

_____

_____

04 Its main features include detailed guidance on enrollment, benefits, and accessing healthcare services, helping users navigate the Korean healthcare system effectively.

_____

_____

_____

정답 및 해설 p.8

05 On the other hand, others counter that individuals can fully utilize this flexibility while setting clear boundaries and practicing effective time management, ultimately leading a more balanced and satisfying life.

---

06 Distraction can be interpreted as an indication of unfamiliar or unexpected events taking place, and it's essential to pay attention to these sensations.

---

07 The growing number of people living in cities has also created a greater need for efficient public transportation systems.

---

08 The placebo effect is an apparent improvement in health resulting from a substance or procedure with no recognized therapeutic value, often reported by patients based on their expectations or beliefs after taking simple sugar pills they thought were effective drugs.

---

09 Immediately after you finish jogging, it is important to cool down your body with gentle stretching and drink enough water to help you recover.

_____

_____

_____

10 Once an investor develops a favorable view of a company, for instance, they might disregard negative information as unimportant or incorrect."

_____

_____

_____

11 For instance, suppose that you are debating with a friend about global warming and believe that the government should increase fuel efficiency standards to reduce CO_2 emissions over the next two decades, while your friend believes that cars are unrelated to the issue.

_____

_____

_____

정답 및 해설 p.9

독해 실력 강화 연습문제

[01~02] 다음 글을 읽고 물음에 답하시오.

✏	**Send** Preview Save	
To	IT Department	
From	Library Services Department	
Date	September 14	
Subject	Urgent Action Required for Library Databases	

📎 My PC Browse

Times New ▼ | 10pt ▼ | G G *G* G̲ G | ≣ ≣ ≣ ≣

Dear IT department team,

I am writing to inform you of an ongoing issue with our library's database system, which is severely impacting our daily operations. Several patrons have encountered difficulties in accessing the online catalog, with some records either missing or not displaying correctly. This <u>malfunction</u> is causing significant delays in our services and has led to numerous complaints from users.

We kindly request that your team investigates the problem and takes immediate steps to resolve it. Restoring the functionality of the system as swiftly as possible is crucial to minimize further disruption to our services.

Thank you for your prompt attention to this urgent matter.

Best regards,
Library Services Department

01 윗글의 목적으로 가장 적절한 것은?

① 도서관 시스템을 업그레이드해 달라고 요청하려고
② 도서관의 데이터베이스 시스템에 발생한 문제를 해결해 달라고 요청하려고
③ 이용자 증가에 따른 시스템 확장을 건의하려고
④ IT 부서의 정기 점검 일정을 확인하려고

02 밑줄 친 "malfunction"의 의미와 가장 가까운 것은?

① intervention
② deficiency
③ breakdown
④ bankruptcy

[03~04] 다음 글을 읽고 물음에 답하시오.

(A)

To all community members,

Recent issues related to juvenile delinquency, particularly the lack of safe spaces and adequate educational programs for our youth, have become increasingly concerning. In response, a special meeting will be held to discuss these challenges and explore constructive solutions.

Please share your opinion on how to support our youth and prevent further problems. Experts will also attend to explore new solutions based on your opinions, support and help delinquent youth.

Meeting Details
- **Location**: Community Center, Room 301 (in case of overflow: Room 302)
- **Date**: Tuesday, October 10, 2024
- **Time**: 5:30 p.m.

Your input is vital for creating a favorable environment for our young people. For more information, please visit our website at www.youthsupportforum.org or contact our office at (555) 987-6543.

03 윗글의 제목으로 가장 적절한 것은?

① Develop strategies for youth engagement

② Address the issue of youth wrongdoing

③ Promote community development initiatives

④ Promote educational programs for teenagers

04 위 안내문의 내용과 일치하지 않는 것은?

① 건설적인 해결책을 모색하기 위해 회의가 열릴 예정이다.

② 청소년을 위한 안전한 공간이 부족하다.

③ 회의의 목적은 청소년들을 위한 범죄 예방 지침을 소개하는 것이다.

④ 전문가들이 회의에서 참석자들의 의견을 수렴할 것이다.

정답 및 해설 p.10~11

05 K-ETA 앱에 관한 다음 글의 내용과 일치하지 않는 것은?

K-ETA app for travel authorization process to Korea

The K-ETA app is essential for travelers planning to visit Korea, as it facilitates the application for electronic travel authorization. Its key features include a simplified application process, allowing users to conveniently submit their information online. This convenience ensures that travelers have their authorization ready, helping them avoid potential delays at immigration. Future updates may introduce additional functionalities to further enhance the user experience. To prepare for your trip, download the K-ETA app from the app store for a smooth entry into Korea. Additionally, a web version for those who prefer to use the computer is also available, making it easy to proceed with the application process online.

① It allows travel authorization to be done electronically.

② Users can submit information without having to visit in person.

③ It guarantees immediate approval of travel authorization.

④ Additional functionalities can be introduced to improve users experience.

06 Fair Trade Commission에 관한 다음 글의 내용과 일치하는 것은?

Fair Trade Commission (FTC) Responsibilities

The FTC is tasked with promoting fair competition and protecting consumers from anticompetitive practices such as monopolies and deceptive advertising. The agency enforces laws that prevent businesses from engaging in unfair methods of competition and deceptive acts. It investigates and takes action against companies involved in fraudulent practices and market manipulation. The FTC also ensures that businesses do not violate antitrust laws, fostering a competitive marketplace. Additionally, the FTC promotes consumer education to help individuals avoid scams and protect their rights in the digital and physical marketplaces.

① It focuses solely on promoting competition in the digital market.

② It monitors companies complicit in market manipulation.

③ It regulates employee wages and labor practices.

④ It does not deal with issues related to monopolies.

07 다음 글의 주제로 가장 적절한 것은?

Social media platforms are becoming increasingly influential in shaping public opinion. News articles, memes, and posts circulate quickly, often lacking thorough fact-checking. This has resulted in a surge of misinformation and fake news, with many users sharing stories that reinforce their existing beliefs without verifying the sources. As algorithms prioritize engagement over accuracy, social media companies are facing growing pressure to address the dissemination of false information. Critics argue that without proper regulation, these platforms will sustain a misinformed society. Conversely, some defend the platforms, asserting that users should take personal responsibility for the content they choose to consume and share.

① the influence of algorithms on the dissemination of misinformation

② the accountability of social media in managing misinformation

③ the need for users to verify information before sharing it

④ the automatic addressing of the issue of fake news by social media platforms

08 다음 글의 요지로 가장 적절한 것은?

Books on time management frequently offer similar recommendations: monitor how you allocate your time, create daily schedules, establish both short-term and long-term objectives, tidy up your workspace, and learn to refuse tasks that don't align with your priorities. While this advice to plan, prioritize, and organize is valid, it can inadvertently heighten our anxiety regarding time scarcity by continuously prompting us to quantify it. Dividing time into smaller, more detailed segments is not a sustainable approach. This method of time management resembles dietary strategies that encourage maintaining a food diary, planning meals, and setting nutritional goals. Although these strategies are not inherently flawed, they often overlook the deeper psychological factors that contribute to overeating or the prevalence of obesity. Similarly, just as restrictive dieting can result in feelings of deprivation, conventional time management techniques can foster a sense of time shortage, ultimately leading to negative consequences.

① In order to manage time well, it is essential to break down the schedule into detailed segments.

② Time management strategies can cause unnecessary stress.

③ The key to time management is setting priorities and making plans.

④ Time management should be approached in a fundamentally different way than diet management.

정답 및 해설 p.12

02

09 다음 글의 흐름상 어색한 문장은?

Climate change is significantly altering ecosystems globally. The increase in global temperatures has resulted in the melting of polar ice caps and glaciers. ① Shifts in weather patterns are influencing the migration and reproductive cycles of numerous animal species. ② Elevated levels of carbon dioxide are leading to ocean acidification, which negatively affects marine organisms. ③ Urban development often disrupts local ecosystems by causing habitat destruction and division. ④ Mitigating climate change involves transitioning to renewable energy and reducing emissions of greenhouse gases. Therefore, it is crucial to prioritize actions such as transitioning to renewable energy and reducing greenhouse gas emissions to combat the impacts of climate change on ecosystems.

10 주어진 문장이 들어갈 위치로 가장 적절한 것은?

These were not information in our genes but rather knowledge obtained from others: our ancestors had thousands of years of knowledge passed down from each generation.

Around 250,000 years ago, a few thousand Homo sapiens left Africa with advanced brains, enabling adaptation, knowledge transfer, and unique communication long before writing or the Internet. (①) With communication came an explosion in technology and skills, which led to our overall growth as a species. (②) That's why every newborn baby does not have to start from scratch. (③) This is such an obvious fact about human civilization that we often forget that we are the only animals on this planet that retain skills and knowledge that we pass on to our offspring. (④) Other animals can learn about their environments but no other animal has the human capacity for acquiring thousands of years of experience within a lifetime.

11 주어진 글 다음에 이어질 글의 순서로 가장 적절한 것은?

For animals without skeletons, like earthworms or jellyfish, fossilization is rare. Their soft bodies decompose quickly when exposed to air and water with oxygen.

(A) However, rapid burial in fine mud slows decomposition because mud allows water to seep through more slowly than sand, helping preserve the body longer.

(B) While molluscs must be quickly buried after death or buried alive for fossilization, decomposition can still occur due to oxygen-rich surroundings.

(C) Additionally, the wet earth with high organic matter uses up oxygen faster, which can prevent decomposition. Under optimal conditions, delicate impressions of the animal might be preserved.

① (A) − (C) − (B)
② (B) − (A) − (C)
③ (B) − (C) − (A)
④ (C) − (A) − (B)

12 밑줄 친 부분에 들어갈 말로 가장 적절한 것은?

Is it possible that we are instinctively attracted to flowers? Some evolutionary psychologists have suggested an intriguing explanation. Their theory posits that our brains evolved under the pressures of natural selection to enhance our ability to search for food, which has occupied humans for 99 percent of their existence. The presence of flowers is _____.
Individuals who were attracted to flowers, who could differentiate between them, and remember their locations in the environment would have had a greater success in finding food compared to those who overlooked their importance. According to neuroscientist Steven Pinker, who discusses this theory in his book 'How the Mind Works', natural selection likely favored our ancestors who noticed flowers and had skills in identifying and classifying plants, as well as recalling where they grew. Over time, the act of recognizing flowers would become enjoyable, and the flowers themselves would be regarded as beautiful.

① a reliable predictor of future food

② the accurate means to avoid poison

③ a notable aspect of evolution in nature

④ an aspect of nature's desire to reproduce

13 밑줄 친 부분에 들어갈 말로 가장 적절한 것은?

Viewing a novel, a sculpture, or a piece of music merely as an object — something to be analyzed — leads to a superficial understanding. True reality can only be appreciated when we grasp how art originates from and connects to life itself. Over sixty years ago, educational philosopher John Dewey stated in his influential work *Art as Experience* that traditional art education fails in the same way that science education does — by obscuring rather than clarifying the connections between theory and practice. According to Dewey, the more we regard artistic work _____
_____, the more we isolate art into a distinct category, diminishing its importance. The "refined and intensified forms of experience that are works of art" become detached from "the everyday events, actions, and struggles that are universally acknowledged as experiences."

① exclusive due to the process of their production

② limited by their complexity in the audience's eyes

③ distinct from the original experience that formed them

④ related directly to the context surrounding their creation

정답 및 해설 p.14

독해 실력 강화 복습문제

어휘 TEST 👍

1	operation		26	sustain	
2	access		27	assert	
3	investigate		28	refuse	
4	minimize		29	scarcity	
5	disruption		30	segment	
6	juvenile		31	flawed	
7	delinquency		32	obesity	
8	adequate		33	alter	
9	prevent		34	disrupt	
10	favorable		35	destruction	
11	promote		36	division	
12	monopoly		37	obtain	
13	involved		38	offspring	
14	violate		39	acquire	
15	physical		40	decompose	
16	authorization		41	burial	
17	submit		42	preserve	
18	delay		43	optimal	
19	introduce		44	intriguing	
20	entry		45	occupy	
21	proceed		46	superficial	
22	circulate		47	originate	
23	reinforce		48	state	
24	verify		49	obscure	
25	dissemination		50	acknowledge	

정답 및 해설 p.15

구문 해석 TEST

01 Several patrons have encountered difficulties in accessing the online catalog, with some records either missing or not displaying correctly.

_____

_____

_____

02 Recent issues related to juvenile delinquency, particularly the lack of safe spaces and adequate educational programs for our youth, have become increasingly concerning.

_____

_____

_____

03 The FTC is tasked with promoting fair competition and protecting consumers from anticompetitive practices such as monopolies and deceptive advertising.

_____

_____

_____

04 This convenience ensures that travelers have their authorization ready, helping them avoid potential delays at immigration.

_____

_____

_____

정답 및 해설 p.16

05 This has resulted in a surge of misinformation and fake news, with many users sharing stories that reinforce their existing beliefs without verifying the sources.

06 While this advice to plan, prioritize, and organize is valid, it can inadvertently heighten our anxiety regarding time scarcity by continuously prompting us to quantify it.

07 Meanwhile, the advancement of public transportation systems in cities is improving urban mobility, which does not directly relate to climate change impacts on ecosystems.

08 This is such an obvious fact about human civilization that we often forget that we are the only animals on this planet that retain skills and knowledge that we pass on to our offspring.

09 However, rapid burial in fine mud slows decomposition because mud allows water to seep through more slowly than sand, helping preserve the body longer.

_____

_____

_____

10 Their theory posits that our brains evolved under the pressures of natural selection to enhance our ability to search for food, which has occupied humans for 99 percent of their existence.

_____

_____

_____

11 The "refined and intensified forms of experience that are works of art" become detached from "the everyday events, actions, and struggles that are universally acknowledged as experiences."

_____

_____

_____

정답 및 해설 p.17

독해 실력 강화 연습문제

제한 시간 | 15 ~ 20 분
풀이 시간 | _____ 분

[01~02] 다음 글을 읽고 물음에 답하시오.

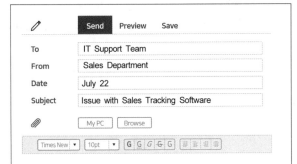

To	IT Support Team
From	Sales Department
Date	July 22
Subject	Issue with Sales Tracking Software

Dear IT support team,

We have encountered several issues with the new sales tracking software. The system frequently crashes, and we are unable to generate accurate sales reports. This situation is severely impacting our productivity and customer service, as we are unable to keep up with real-time sales data.

We kindly request that you look into this matter urgently and resolve it as soon as possible to prevent further <u>disruptions</u> to our workflow. Your prompt response to this issue will be greatly appreciated by the entire team.

Sincerely,
Sales Department

01 윗글의 목적으로 가장 적절한 것은?

① 판매 보고서의 정확성을 요구하려고
② 판매 보고서에 대한 검토를 요청하려고
③ 소프트웨어 문제 해결을 요청하려고
④ 새로운 소프트웨어 사용 방법을 문의하려고

02 밑줄 친 "disruptions"의 의미와 가장 가까운 것은?

① delays
② scrapes
③ adversities
④ disadvantages

[03~04] 다음 글을 읽고 물음에 답하시오.

(A)

To community members,

Recent challenges, particularly the decline of local commercial areas due to the influx of large supermarkets and outside capital, have raised significant concerns for our community. In response to this issue, a special meeting will be held to discuss ways to revitalize our local economy and support our small business owners.

We encourage you to share your thoughts on how we can work together to strengthen our community. Experts will also provide insights based on your suggestions to help guide our approach.

Meeting Details

- **Location**: Community Hall, Room 107
  (in case of overflow: Room 202)
- **Date**: Wednesday, October 15, 2025
- **Time**: 7:00 p.m.

Your input is essential for shaping the future of our local economy. For more information, please visit our website at www.localbusinesssupport.org or contact our office at (555) 321-9876.

---

03 윗글의 제목으로 가장 적절한 것은?

① Economic Renewal: A Community-Based Discussion

② Strategic Approaches to Revitalizing Local Economies

③ Collective Initiatives for Sustainable Economic Growth

④ The Erosion of Small Businesses and Pathways to Recovery

04 위 안내문의 내용과 일치하지 않는 것은?

① 대형 슈퍼마켓과 외부 자본의 유출로 인해 지역 상권이 쇠퇴하고 있다.

② 지역 경제를 활성화하는 방안이 필요하다.

③ 특별 회의는 10월에 열린다.

④ 지역 경제의 미래를 위해 주민들의 의견이 중요하다.

05 Department of Housing and Urban Development 에 관한 다음 글의 내용과 일치하는 것은?

Department of Housing and Urban Development (HUD) ×
https://www.hud.gov   ☆ ⊕ ⚫ ···
                    HOME   ABOUT US   CONTACT US   SEARCH   [___] ○

Department of Housing and Urban Development (HUD) Responsibilities

——

The Department of Housing and Urban Development (HUD) plays a crucial role in developing national policies and programs that settle the diverse housing needs of Americans and enhance community development. Its initiatives focus on promoting affordable housing and reducing homelessness nationwide. HUD provides essential financial support to low-income individuals and families through programs like housing vouchers, facilitating access to safe and stable housing. The agency is also dedicated to revitalizing backward neighborhoods to improve living conditions. Additionally, HUD enforces fair housing regulations, ensuring that individuals are not discriminated against based on race, gender, or disabilities while seeking housing. Through its oversight of housing developments and public housing programs, HUD fosters a fair and inclusive housing market for all.

① It is involved in housing prices by controlling the supply of housing.

② It creates fair housing regulations but does not enforce those regulations.

③ Its primary goal is to promote home ownership.

④ It helps low-income families access safe housing by providing financial support.

06 Government24 앱에 관한 다음 글의 내용과 일치하지 않는 것은?

Government24
https://www.gov.kr   ☆ ⊕ ⚫ ···
                    HOME   ABOUT US   CONTACT US   SEARCH   [___] ○

the Government24 app for essential services in Korea

——

The Government24 app is essential for foreigners living in Korea, providing a convenient way to access various government services. One of its key features is the comprehensive guidance it offers on registration, visa information, and administrative procedures, making it easier for users to handle complexities of public services. The app's user-friendly interface ensures that individuals can quickly find the information they need, enhancing their overall experience in the country. Additional features will also be introduced to enhance user support through future updates. To get started, simply download the latest version from the app store. Additionally, a web version for computer users is also available, and the same useful materials are easily accessible.

① It offers guidance on registration information.

② It is designed exclusively for Korean citizens.

③ Its user-friendly interface allows people to easily access the information.

④ Users can access useful materials in a web version.

07 다음 글의 주제로 가장 적절한 것은?

Research shows that proactive people generally possess more positive energy than those who are reactive or inactive. There is a clear connection between a person's energy and their ability to affect those around them. Interestingly, positive energy has a distinct impact that goes against typical beliefs. In her book *Positive Energy*, Judith Orloff states that "the most significant changes can only occur on an energetic level." She emphasizes that the more positive energy we project, the more we draw in similar positive vibes; the same principle applies to negative energy, which tends to attract more negativity. In essence, we act as transmitters that carry subtle energy. The important lesson is that life is too short to be with negative people because they can affect us in ways we don't recognize. Their negativity can overshadow everything they touch, impacting everyone nearby. It's crucial to stay aware, as these negative forces can deplete our energy without us realizing it.

① the activation of your inner go-getter
② the shifting of your mindset to transform your life
③ the rapid spread of emotions within groups
④ the contagious nature of energy and the importance of choosing your company wisely

08 다음 글의 요지로 가장 적절한 것은?

To what extent is the human brain inherently designed for speech? The answer remains ambiguous. While the human brain is larger than that of many other species, sheer size is not the sole determinant of speech capability. For instance, elephants and whales possess larger brains than humans, yet they do not communicate through spoken language. However, since these animals also have larger bodies, some researchers argue that the ratio of brain size to body size may be a critical factor. Initially, this seems to hold promise, especially considering that an adult human's brain comprises over 2 percent of their total body weight, whereas an adult chimpanzee's brain is less than 1 percent of its body weight. Nevertheless, such ratios can be quite misleading. Certain animals have evolved to store substantial energy reserves, leading to significantly heavier bodies. For example, camels are not necessarily less intelligent than horses simply because they possess large humps.

① High intelligence is not a prerequisite for speech.
② Humans can speak due to their unique physical structure.
③ Brain size or its ratio to body size does not guarantee language ability.
④ A larger brain-to-body ratio correlates with higher intelligence.

정답 및 해설 p.20~21

09 다음 글의 흐름상 어색한 문장은?

Social inequality frequently results in disparities in access to crucial resources. When individuals are unable to obtain adequate healthcare, it can lead to deteriorating health conditions, particularly for those belonging to disadvantaged groups. ① The lack of equality in educational opportunities restricts individuals' chances of advancing in society. ② Additionally, social safety net programs, such as unemployment benefits, do not fully mitigate the negative effects of inequality. ③ On the other hand, the rapid advancement of artificial intelligence increases the potential to improve inequality among workers in various industries. ④ Furthermore, the rising costs of housing present another critical challenge when addressing the issue of social inequality. Addressing these issues requires comprehensive policy changes and societal awareness to promote equality and improve access to essential resources.

10 주어진 문장이 들어갈 위치로 가장 적절한 것은?

However, although some prodigies went on to achieve great success, this perception is as much fantasy as reality.

As a young athlete, you, your parents, and coaches often wish for immediate success because it is believed that early achievements predict future success in sports. (①) Our sports culture is fixated on the "boy wonder" and the "rising star" who show early excellence in their sport. (②) For instance, among the many young baseball players who have participated in the Little League World Series over the years, fewer than 50 have gone on to have careers in major league baseball. (③) Indeed, outstanding talent is rare, and even those who appeared to be prospects are often unsuccessful in their subsequent athletic careers. (④) Success often comes to athletes who persist through challenges and setbacks, so early efforts in sports should prioritize long-term preparation for future achievements rather than immediate results.

11 주어진 글 다음에 이어질 글의 순서로 가장 적절한 것은?

Many genetic and biological mechanisms control hunger and satiety, ensuring that people will eat enough to meet their energy needs. Throughout most of human history, getting enough food was the primary challenge.

(A) In this new environment, individuals who don't actively manage their body weight are likely to gain weight. This underscores the importance of nutrition education.

(B) Today, food is readily available, inexpensive, and energy-dense, requiring minimal physical activity, making body weight control a conscious effort instead of an instinctual process.

(C) The human body evolved in a food-scarce environment where physical activity was crucial for survival, resulting in mechanisms that promote fat storage and minimize energy loss.

① (B) − (A) − (C)
② (B) − (C) − (A)
③ (C) − (A) − (B)
④ (C) − (B) − (A)

12 밑줄 친 부분에 들어갈 말로 가장 적절한 것은?

People often assume that a statement is true simply because it hasn't been proven false, or that a statement is false because it hasn't been proven true. Carl Sagan illustrates this with the example: "There is no strong evidence that UFOs are not visiting Earth; hence, UFOs must exist, and there is intelligent life elsewhere in the universe." Likewise, before understanding how the pyramids were constructed, some believed that, unless proven otherwise, they had to be built by a supernatural force. However, the "burden of proof" always rests with the individual making the assertion. More logically, as others have suggested, one should consider what is probable based on _____. What is more plausible: that an object traveling through space is a man-made creation or a natural occurrence, or that it is extraterrestrial visitors from another planet? Since we have often seen the former and never the latter, it is more rational to conclude that UFOs are likely not aliens arriving from outer space.

① evidence from past observation
② truth that doesn't need evidence
③ an inference from various sources
④ current expectations and assumptions

정답 및 해설 p.22~23

13 밑줄 친 부분에 들어갈 말로 가장 적절한 것은?

Most contemporary Western theatre dance works have been produced by choreographers, who are recognized as the creators and proprietors of their pieces, similar to writers, composers, and visual artists. New York choreographer Merce Cunningham has transcended artistic boundaries and expanded the limits of dance. He is always in search of _____. He starts by outlining the movements, timing, spacing, and number of dancers. He then assigns each dancer a different variable and generates their combinations, even using random methods like flipping a coin. As Carolyn Brown, one of Cunningham's dancers, noted, "The dances are approached more like puzzles than traditional artworks; the components are space and time, shape and rhythm." Cunningham's choreography is viewed as a departure from conventional ideas, exploring all potential arrangements within the dance art, akin to how new gene combinations are formed with each roll of the reproductive dice. As Cunningham states, "You can observe what happens when these actions are rearranged in various ways" and discover the surprises that new combinations can produce.

① advantages of the qualities of natural dance movements

② a strong technique which extends across all areas of dance

③ the conventional patterns inherent in different dance forms

④ pattern-forming inspiration, randomly mixing dance elements

어휘 TEST 👍

#	단어		#	단어	
1	crash		26	sole	
2	accurate		27	store	
3	real-time		28	intelligent	
4	workflow		29	inequality	
5	decline		30	disparity	
6	influx		31	restrict	
7	settle		32	adverse	
8	dedicate		33	perception	
9	backward		34	immediate	
10	discriminate		35	predict	
11	disability		36	fixate	
12	inclusive		37	prospect	
13	comprehensive		38	subsequent	
14	registration		39	setback	
15	administrative		40	primary	
16	procedure		41	conscious	
17	latest		42	scarce	
18	useful		43	minimize	
19	possess		44	assume	
20	distinct		45	false	
21	emphasize		46	burden	
22	principle		47	plausible	
23	subtle		48	transcend	
24	deplete		49	outline	
25	ambiguous		50	note	

정답 및 해설 p.24

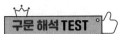

구문 해석 TEST

01 This situation is severely impacting our productivity and customer service, as we are unable to keep up with real-time sales data.

---

02 Recent challenges, particularly the decline of local commercial areas due to the influx of large supermarkets and outside capital, have raised significant concerns for our community.

---

03 HUD provides essential financial support to low-income individuals and families through programs like housing vouchers, facilitating access to safe and stable housing.

---

04 One of its key features is the comprehensive guidance it offers on registration, visa information, and administrative procedures, making it easier for users to navigate the complexities of public services.

---

05 She emphasizes that the more positive energy we project, the more we draw in similar positive vibes; the same principle applies to negative energy, which tends to attract more negativity.

06 Initially, this seems to hold promise, especially considering that an adult human's brain comprises over 2 percent of their total body weight, whereas an adult chimpanzee's brain is less than 1 percent of its body weight.

07 Addressing these issues requires comprehensive policy changes and societal awareness to promote equality and improve access to essential resources.

08 Success often comes to athletes who persist through challenges and setbacks, so early efforts in sports should prioritize long-term preparation for future achievements rather than immediate results.

09 Many genetic and biological mechanisms control hunger and satiety, ensuring that people will eat enough to meet their energy needs.

_____

_____

_____

10 People often assume that a statement is true simply because it hasn't been proven false, or that a statement is false because it hasn't been proven true.

_____

_____

_____

11 As Cunningham states, "You can observe what happens when these actions are rearranged in various ways" and discover the surprises that new combinations can produce.

_____

_____

_____

독해 실력 강화 연습문제

제한 시간 | 15 ~ 20 분
풀이 시간 | _____ 분

[01~02] 다음 글을 읽고 물음에 답하시오.

🖊	**Send**　Preview　Save
To	City Waste Management Department
From	Jane Miller
Date	March 15
Subject	Urgent Request Regarding Uncollected Garbage
📎	My PC　Browse

Times New ▾　10pt ▾　G G *G* G G　▤ ▤ ▤ ▤

Dear waste management team,

I hope this message finds you well. I am writing to express my concern over the uncollected garbage in our neighborhood, which has remained unattended for the last two weeks. The accumulated waste is not only causing unpleasant odors but is also attracting pests, creating unsanitary conditions for residents. This situation is becoming increasingly problematic, and we are worried it may escalate further if not promptly addressed.

As a responsible resident, I kindly request your department to take immediate action to <u>rectify</u> this issue. Regular and timely garbage collection is essential for maintaining public health and the overall cleanliness of our community. Your prompt intervention to resolve this issue will be of great help to all residents.

Thank you for your attention to this pressing concern. I trust that you will prioritize this issue and take the necessary steps to resolve it.

Sincerely,
Jane Miller

01 윗글의 목적으로 가장 적절한 것은?

① 지역 쓰레기 처리 비용 인하를 요청하려고
② 지역의 쓰레기 수거 문제 해결을 요청하려고
③ 쓰레기 수거 빈도를 줄이기 위해 건의하려고
④ 이웃 주민들의 분리수거 인식을 개선하려고

02 밑줄 친 "rectify"의 의미와 가장 가까운 것은?

① confirm
② resolve
③ negotiate
④ examine

정답 및 해설 p.27

[03~04] 다음 글을 읽고 물음에 답하시오.

(A)

To esteemed community members,

Discussion of imbalances between regions has recently become more urgent, especially while some continue to enjoy development benefits, others are being left out. For instance, numerous residents in less affluent neighborhoods have expressed their dissatisfaction regarding insufficient infrastructure and public services compared to their wealthier counterparts. In response to these critical issues, a special meeting will be convened to explore actionable strategies aimed at addressing regional inequalities and promoting equitable development for every community member. We cordially invite you to share your insights and proposals on fostering a more balanced and just community. Experts will also be present to offer valuable perspectives based on your contributions.

Who wants to live in an unequal neighborhood?

Sponsored by the Community Development Forum

- **Location**: Community Hall, Main Auditorium (in case of overflow: Room 213)
- **Date**: Tuesday, March 18, 2025
- **Time**: 6:00 p.m.

Your participation is vital for shaping the trajectory of our community's development. For further information, please visit our website at www.equalityforum.org or contact our office at (555) 234-5678.

---

03 윗글의 제목으로 가장 적절한 것은?

① Resolve the Disparities Between Neighborhoods
② Settle Conflicts among Local Residents
③ Take Action Specifically for Underserved Areas
④ Improve Accessibility to Public Services

04 위 안내문의 내용과 일치하지 않는 것은?

① 개발 혜택을 누리지 못하는 지역이 있다.
② 실행 가능한 전략이 회의에서 논의될 것이다.
③ 전문가들이 열악한 인프라에 대한 불만을 제기해 왔다.
④ 지역 주민의 참여는 지역 사회 발전의 방향을 형성할 수 있다.

05 Equal Employment Opportunity Commission 에 관한 다음 글의 내용과 일치하는 것은?

> **Equal Employment Opportunity Commission (EEOC) Responsibilities**
> ─────
>
> The Equal Employment Opportunity Commission (EEOC) enforces federal laws that prohibit workplace discrimination based on race, color, religion, sex, national origin, age, disability, and genetic information. Its primary goal is to ensure equal employment opportunities for all individuals and protect workers from discriminatory practices that can adversely affect their careers. The EEOC investigates employee complaints of discrimination, takes legal action against violating employers, and facilitates issue resolution through mediation. Additionally, the commission provides training and educational resources for employers and employees to understand their rights and responsibilities under equal employment laws, promoting a fair and equitable workplace for everyone.

① It enforces a law that only prohibits race-based discrimination.

② It does not take action regarding legal measures.

③ It investigates discrimination experienced by employees.

④ It prohibits the provision of educational materials.

06 Seoul Multilingual Tourist Information 앱에 관한 다음 글의 내용과 일치하지 않는 것은?

> **the Seoul Multilingual Tourist Information App**
> ─────
>
> The Seoul Multilingual Tourist Information App is essential for international visitors looking to explore the city effectively. One of its primary functions is to provide comprehensive information about tourist attractions, transportation options, and local events in multiple languages, making it accessible to a diverse user. This app greatly improves the convenience of travelers by allowing users to easily navigate Seoul and find useful materials that suit their needs. Looking ahead, future updates are expected to expand the range of features and information available, further enriching the travel experience. To get started, simply download the app from the app store to access its numerous benefits. Additionally, the web version is available for those who prefer to use the desktop, so everyone can get information easily and quickly while visiting Seoul.

① It is useful for visitors traveling to Seoul.

② It includes features for local events and transportation options.

③ It offers personalized recommendations based on user preferences.

④ It is not limited to a single language.

07 다음 글의 주제로 가장 적절한 것은?

We are constantly exposed to images of "ideal" individuals in the media, which encourages the belief that physically attractive people live more fulfilling social lives, feel greater happiness, and enjoy better job prospects. Consequently, millions opt for cosmetic surgery each year in hopes of attaining these advantages. Those with a negative body image often assume that such procedures will resolve their dissatisfaction. However, many people feel disappointed because their expectations of improving their image after surgery are not met. In truth, the underlying cause of negative body image is often psychological rather than physical, so plastic surgery alone is not a sufficient solution.

① benefits of having an attractive appearance
② significant risks associated with plastic surgery
③ advances aimed at improving surgical techniques
④ psychological effects of beauty standards and limitations of cosmetic surgery

08 다음 글의 요지로 가장 적절한 것은?

It is a regrettable reality that many large corporations tend to overlook students from less prominent universities when conducting open interviews. However, if you are a student at one of these institutions, remember that the so-called "milk-round interviews" are still accessible to you. The issue is not that employers have a preference against students from smaller schools; rather, they have historically focused on other universities and require compelling reasons to alter their traditional practices. Therefore, if you are interested in a company that has not visited your campus, consider sending an application directly to their headquarters or recruitment office. You might still have the opportunity to participate in a milk-round interview at a nearby university or at the company's assessment center. The milk-round serves as a large gathering where final-year undergraduates from various schools and numerous companies come together, and all students are invited to participate.

*Milk-round interview 순회 채용 면접

① Students should seek jobs that align well with their majors.
② Employers should not discriminate against job candidates based on their university.
③ Companies should provide more interview opportunities to a wider range of students.
④ Job seekers should actively pursue opportunities without being limited by their university background.

09 다음 글의 흐름상 어색한 문장은?

The future of land use and food security will be shaped by agricultural market trends, climatic conditions, and supply chain interventions, as agriculture is particularly dependent on local climate and expected to be highly responsive to climate changes in the coming decades. ① This sensitivity to climate is further intensified by the pressure on the global agricultural system to achieve food security goals. ② While the effects of climate change will be experienced globally, certain regions will be more adversely impacted than others — up to a certain extent. ③ Furthermore, the rapid rise in global demand for agricultural products for food, animal feed, and fuel is leading to significant changes in our perspectives on crops and land use. ④ Alongside recent supply-side shocks caused by extreme weather events and other disasters, these factors have resulted in significant fluctuations in agricultural commodity markets. Meanwhile, advancements in urban infrastructure are reorganizing city landscapes, which is unrelated to agricultural practices and food security.

10 주어진 문장이 들어갈 위치로 가장 적절한 것은?

Effective communication strategies are essential for resolving conflicts and building stronger relationships.

Conflicts are inevitable in any organization, arising from differences in opinions, resource constraints, or misunderstandings, and addressing them promptly and effectively is crucial for maintaining a positive work environment. (①) One key to successful conflict resolution is open and honest communication. (②) By fostering an environment where employees feel comfortable expressing their concerns and viewpoints, organizations can address issues before they escalate. (③) Furthermore, implementing clear communication regulations and training can help prevent misunderstandings and promote better collaboration among team members. (④) Ultimately, investing in effective communication strategies can lead to more cohesive teams and a more productive workplace.

정답 및 해설 p.30

11 주어진 글 다음에 이어질 글의 순서로 가장 적절한 것은?

Fishing is a serene and fulfilling outdoor pursuit that many people enjoy.

(A) After spending time fishing expecting to catch fish, organizing your gear and returning home can be a comfortable way to wrap up the day.

(B) The process often begins with arriving at your preferred fishing location and getting your fishing equipment and bait ready.

(C) To complete the fishing experience, you might cook your catch and savor a fresh meal either by the water or back at home.

① (B) − (A) − (C)　　② (B) − (C) − (A)
③ (C) − (A) − (B)　　④ (C) − (B) − (A)

12 밑줄 친 부분에 들어갈 말로 가장 적절한 것은?

Some people think that reading is one clear idea that can be easily separated from other things people do with books. But is reading really that simple? A better way to think about reading is as _____, even though they don't share one single trait. Since people don't agree on what reading truly means, it's difficult to separate it from other actions. The more we try to define what counts as reading, the more exceptions we find that stretch the definition. So, it might help to think of reading as a group of similar activities that belong together, even if they're not exactly the same.

① a process that requires a lot of imagination
② a set of related activities that belong together
③ a skill that is learned over time
④ a group of actions where ideas combine

13 밑줄 친 부분에 들어갈 말로 가장 적절한 것은?

Grasshoppers act as solitary creatures right after they hatch or when they are alone. However, if they are forced into close quarters for even just 6 hours, they tend to come together and display gregarious behavior. For many years, scientists believed that the sudden appearance of grasshopper "migrants" was due to a distinct species coming from and going to unknown places. It is now understood that these migrants are a "phase" of a common grasshopper species that changes its color, shape, and behavior in response to being crowded. Evidence comes from experiments: to transform isolated grasshoppers into these "migrants," a nymph, which is the immature form of a grasshopper, is placed in a jar and continuously tickled by a motor-driven brush. This constant stimulation simulates crowding, triggering the nervous system to change hormone levels, leading to the development of the restless migratory phase, characterized by different colors, wing lengths, and behaviors. This serves as a clear example that shows "_____ _____."

① mutual cooperation is key to the survival of a species
② the fittest members of a species always manage to survive
③ changes in gene expression can be triggered by the environment
④ migrating ability is an inherent instinct in some species of animals

독해 실력 강화 복습문제

어휘 TEST

1	accumulated		26	regrettable	
2	unpleasant		27	compelling	
3	unsanitary		28	recruitment	
4	escalate		29	undergraduate	
5	intervention		30	invite	
6	prioritize		31	sensitivity	
7	affluent		32	demand	
8	actionable		33	disaster	
9	equitable		34	fluctuation	
10	enforce		35	commodity	
11	prohibit		36	conflict	
12	discriminatory		37	inevitable	
13	resolution		38	constraint	
14	mediation		39	honest	
15	explore		40	express	
16	attraction		41	serene	
17	multiple		42	wrap up	
18	numerous		43	trait	
19	expose		44	define	
20	ideal		45	stretch	
21	opt		46	solitary	
22	attain		47	common	
23	resolve		48	isolated	
24	expectation		49	restless	
25	sufficient		50	length	

정답 및 해설 p.32

04

01 The accumulated waste is not only causing unpleasant odors but is also attracting pests, creating unsanitary conditions for residents.

_____

_____

_____

02 Discussion of imbalances between regions has recently become more urgent, especially while some continue to enjoy development benefits, others are being left out.

_____

_____

_____

03 Its primary goal is to ensure equal employment opportunities for all individuals and protect workers from discriminatory practices that can adversely affect their careers.

_____

_____

_____

04 One of its primary functions is to provide comprehensive information about tourist attractions, transportation options, and local events in multiple languages, making it accessible to a diverse user.

_____

_____

_____

05 We are constantly exposed to images of "ideal" individuals in the media, which encourages the belief that physically attractive people live more fulfilling social lives, feel greater happiness, and enjoy better job prospects.

06 The issue is not that employers have a preference against students from smaller schools; rather, they have historically focused on other universities and require compelling reasons to alter their traditional practices.

07 The future of land use and food security will be shaped by agricultural market trends, climatic conditions, and supply chain interventions, as agriculture is particularly dependent on local climate and expected to be highly responsive to climate changes in the coming decades.

정답 및 해설 p.33~34

08 Conflicts are inevitable in any organization, arising from differences in opinions, resource constraints, or misunderstandings, and addressing them promptly and effectively is crucial for maintaining a positive work environment.

09 After spending time fishing expecting to catch fish, organizing your gear and returning home can be a comfortable way to wrap up the day.

10 So, it might help to think of reading as a group of similar activities that belong together, even if they're not exactly the same.

11 This constant stimulation simulates crowding, triggering the nervous system to change hormone levels, leading to the development of the restless migratory phase, characterized by different colors, wing lengths, and behaviors.

제한 시간 | 15 ~ 20 분
풀이 시간 | _____ 분

[01~02] 다음 글을 읽고 물음에 답하시오.

✏️	**Send** Preview Save
To	IT Support
From	Marketing Department
Date	October 22
Subject	Urgent Assistance Required

📎 | My PC | Browse |

Times New ▾ | 10pt ▾ | G G G G G | ▦ ▦ ▦ ▦ |

Dear IT Support,

I hope this message finds you well. I am reaching out to report a critical problem with our email marketing software. Over the past week, several team members have encountered significant difficulties when attempting to send out marketing campaigns. The system frequently crashes unexpectedly, causing substantial delays in our projects and adversely affecting our communication with clients.

This persistent malfunction is severely <u>hampering</u> our ability to execute timely marketing strategies. We kindly request that your team investigates this issue urgently and provides an effective solution to restore the software's functionality. Ensuring the smooth operation of this tool is crucial for our ongoing marketing efforts.

Thank you for your prompt attention to this matter.

Best regards,
Marketing Department

01 윗글의 목적으로 가장 적절한 것은?

① 마케팅 프로젝트의 진행 상황을 보고하려고

② 마케팅 부서의 소프트웨어 구매를 요청하려고

③ 이메일 마케팅 소프트웨어 문제 해결을 요청하려고

④ 소프트웨어 사용법에 대한 정보를 문의하려고

02 밑줄 친 "hampering"의 의미와 가장 가까운 것은?

① approving

② hindering

③ divulging

④ endorsing

정답 및 해설 p.35

[03~04] 다음 글을 읽고 물음에 답하시오.

> (A)
>
> To esteemed residents,
>
> Growing concerns about the inadequacy of public amenities, such as parks, sports complexes, and libraries, have been voiced by community members. Many families have highlighted the limited availability of recreational spaces and the obsolete infrastructure in our parks, resulting in reduced usage and satisfaction. In light of these pressing issues, a dedicated meeting will be convened to explore potential upgrades and expansions of public facilities within our community. I hope you will share your valuable insights and suggestions on how to better meet the needs of all residents. Specialists will also contribute expert analysis based on your input, helping shape a more effective strategy.
>
> **Meeting Information**
> - **Location**: Community Hall, Room A (with Room B as a backup in case of high attendance)
> - **Date**: Friday, November 8, 2024
> - **Time**: 6:30 p.m.
>
> Your involvement is crucial to determining the future of our shared public spaces. For additional details, please visit our website at www.communityrevitalization.org or reach out to our office at (555) 654-3201.

03 윗글의 제목으로 가장 적절한 것은?

① Upgrading Our Shared Spaces for Future Generations
② Discussing the Future of Recreational Spaces
③ Improving Public Facilities in Our Community
④ Exploring Ways to Revitalize Our Neighborhood

04 위 안내문의 내용과 일치하지 않는 것은?

① 회의는 커뮤니티 내 공공시설의 개선과 확장을 논의하기 위해 열릴 것이다.
② 회의에서 결정된 사항은 곧바로 공공시설의 확장 공사로 이어질 것이다.
③ 회의에는 지역 주민들과 전문가들이 참석할 예정이며, 그들의 의견이 종합될 것이다.
④ 회의는 11월 금요일 오후에 개최될 예정이다.

05 Environmental Protection Agency에 관한 다음 글의 내용과 일치하는 것은?

> Environmental Protection Agency (EPA) ×
>
> https://www.epa.gov
>
> HOME　ABOUT US　CONTACT US　SEARCH
>
> **Environmental Protection Agency (EPA) Responsibilities**
>
> ───
>
> The Environmental Protection Agency (EPA) is primarily tasked with safeguarding human health and the environment through the enactment and enforcement of regulations focused on air, water, and soil quality. The agency actively monitors pollution levels, establishes safety standards, and ensures that environmental laws are followed by various sectors. In collaboration with industries, the EPA works to reduce harmful emissions and manage waste effectively, while also coping with climate change through targeted policy initiatives. Additionally, the agency offers guidance on sustainable practices, aids in the clean-up of contaminated sites, and engages in public education regarding environmental concerns. By encouraging compliance to environmental regulations, the EPA strives to foster cleaner and healthier ecosystems for current and future generations.

① It enforces regulations on air and water quality established by Citizen.

② It does not implement policies related to climate change.

③ It does not provide education on environmental issues.

④ It is continuously monitoring the level of pollution.

06 Korail Talk 앱에 관한 다음 글의 내용과 일치하지 않는 것은?

> Korail Talk ×
>
> https://www.letskorail.com
>
> HOME　ABOUT US　CONTACT US　SEARCH
>
> **Korail Talk app for train reservation and information**
>
> ───
>
> The Korail Talk app is an essential app for everyone traveling by train in Korea, and is a convenient platform for booking and information. One of the main features of this app is to check train timetables, book tickets, make payments smoothly, and come with an English version, which is especially useful for foreign travelers. This app enhances traveler convenience by simplifying the entire process of using the rail network, ensuring a smooth journey. Future updates are expected to introduce additional features and improvements to further enhance user experience. Download the Korail Talk app from the App Store before traveling for a hassle-free trip as you prepare for your trip. Additionally, there is also a web version for computer users, making it easy to access all the information in the app even online.

① It allows users to book tickets in English.

② It is exclusively for KTX train reservations.

③ It simplifies the previously complex usage procedures.

④ It will proceed with updates for the users.

정답 및 해설 p.36~37

07 다음 글의 주제로 가장 적절한 것은?

Artificial intelligence (AI) has emerged as a crucial element in numerous fields, including healthcare and transportation. In the medical sector, AI-powered diagnostic tools assist doctors in accurately and efficiently detecting diseases, thus enhancing patient outcomes. In the transportation sector, autonomous vehicles are using AI technology to drive on complex roads, prevent accidents, and improve safety. Additionally, AI plays a significant role in customer service, where chatbots provide 24/7 support to users, streamlining interactions and enhancing user experience. However, these advancements also raise important concerns about job displacement as automation becomes more prevalent. While some experts argue that AI will create new employment opportunities and foster innovation, others express anxiety over the potential for significant job losses in traditional industries, exhorting a need for careful consideration of AI's impact on the workforce.

① the future of AI across different sectors
② AI's impact on enhancing medical diagnostics
③ the advantages and disadvantages of AI in society
④ the complete replacement of human drivers by autonomous vehicles

08 다음 글의 요지로 가장 적절한 것은?

When reflecting on your writing journey, you might initially attribute any struggles to a lack of inspiration. However, consider a scenario where you are participating in a significant writing competition and have reached the final stage. Would you really wait for inspiration to strike before starting your writing task? It's possible you would dive right in and still produce an outstanding piece, indicating that you have more control over your creative process than you might think. The tendency to blame a lack of inspiration often stems from having too much free time and no specific objectives. By establishing a writing schedule, you impose a deadline and create a target to aim for. Rather than simply stating, "I will write three articles this week," set a more strategic plan. Otherwise, you might find yourself on Friday evening, still struggling to finish the first paragraph of your initial article.

① Start your writing by completing the first paragraph first.
② Wait for inspiration to strike before writing a great piece.
③ Don't complete your writing in one go; revise over an extended period.
④ When writing, set clear goals and create a time plan.

09 다음 글의 흐름상 어색한 문장은?

Philosophy is a discipline that explores essential questions concerning existence, the nature of knowledge, and moral principles. Prominent ancient philosophers, including figures like Socrates and Plato, laid the groundwork for many of the key concepts that form the basis of Western philosophical thought. ① Various ethical frameworks, such as utilitarianism and deontology, offer different approaches for making moral decisions. ② However, contemporary philosophical discussions increasingly focus on how advancements in society, including digital technology, impact our understanding of knowledge and ethics. ③ Modern philosophy develops based on these traditional ideas and expands them to solve the challenges facing modern society. ④ Furthermore, philosophy frequently intersects with other academic fields, such as psychology and political science.

10 주어진 문장이 들어갈 위치로 가장 적절한 것은?

As a result, children come to a strange setting that has been designed for the convenience of the adults who work there.

It is likely that most teachers make decisions regarding the arrangement of classrooms primarily based on aesthetics — essentially, their personal opinions about what constitutes an attractive setup. (①) Classrooms are frequently organized or arranged before any children enter the room. (②) The adults do not consider the needs of individual children, nor do they ask children their direct opinions on how to arrange the space. (③) They likely do not have a sense of ownership over the space, which affects their interest in and care for that environment. (④) In a similar yet slightly different way, many individuals are careless with others' belongings while being particular about their own, and children often behave destructively towards environments they don't feel ownership over.

11 주어진 글 다음에 이어질 글의 순서로 가장 적절한 것은?

The Greek roots of the word 'homeostasis' mean "like standing still." In a living organism, this means that the environment inside an organism stays the same no matter what happens outside.

(A) Despite these adjustments, if external conditions become extreme, such as a lack of oxygen, the body may struggle to maintain homeostasis, highlighting the limits of these adaptive mechanisms.

(B) To achieve this, an organism must maintain a stable internal environment despite external changes. This requires mechanisms to regulate internal conditions within a certain range.

(C) However, homeostasis is not perfect. For example, in the highlands, the external oxygen concentration is low, so the body tries to produce more red blood cells to keep the internal oxygen level stable.

① (A) — (C) — (B)
② (B) — (C) — (A)
③ (C) — (A) — (B)
④ (C) — (B) — (A)

정답 및 해설 p.38~39

12 밑줄 친 부분에 들어갈 말로 가장 적절한 것은?

We frequently use unclear language when we find ourselves in _____. For example, imagine you are asked to give a reference for your friend Dylan, who wants to join the police force. You need to answer a question about how well Dylan handles stress. Dylan is your friend, but you remember times when he didn't manage stress well. Now, you are in a difficult spot. On one side, you want Dylan to get the job, but on the other side, you don't want to lie to the police officer who asked for the reference. Research shows that when we have two bad choices like this, we often use vague words to avoid the problem. So, when asked about Dylan's ability to handle stress, you might say, "Well, it depends; there are many kinds of stress."

① situations where we must make a positive choice

② a situation when none of our options is a good one

③ a position that gives us many good choices

④ problems that we can't control no matter how hard we try

13 밑줄 친 부분에 들어갈 말로 가장 적절한 것은?

Humans typically take actions to avoid dangerous personal troubles, and many of the "hostile forces of nature" that could have endangered our ancestors have been controlled or managed. We have laws to prevent robbery, assault, and murder. We have police performing many roles that friends used to fulfill. We also possess medical knowledge that has eradicated or diminished various sources of disease and illness. Overall, we live in an environment that is significantly safer and more stable than that of our ancestors. Paradoxically, this has led to a relative lack of serious situations that would help us accurately evaluate those who genuinely care for our well-being and distinguish them from fair-weather friends. The loneliness and sense of disconnection that many experience in modern life — despite having numerous warm and friendly interactions — may arise from _____ that indicate who truly engages with our welfare.

① the fragility of human relationships

② the lack of critical assessment of events

③ unstoppable competition for survival

④ the effects of social network diversity

어휘 TEST

1	crash		26	autonomous	
2	substantial		27	streamline	
3	persistent		28	displacement	
4	hamper		29	exhort	
5	execute		30	initially	
6	timely		31	inspiration	
7	obsolete		32	outstanding	
8	attendance		33	indicate	
9	determine		34	tendency	
10	task		35	blame	
11	safeguard		36	paragraph	
12	enactment		37	discipline	
13	enforcement		38	prominent	
14	pollution		39	decision	
15	level		40	strange	
16	establish		41	opinion	
17	reduce		42	constitute	
18	contaminated		43	adjustment	
19	timetable		44	external	
20	payment		45	extreme	
21	simplify		46	internal	
22	improvement		47	regulate	
23	emerge		48	assault	
24	detect		49	eradicate	
25	outcome		50	vague	

정답 및 해설 p.41

구문 해석 TEST

01 The system frequently crashes unexpectedly, causing substantial delays in our projects and adversely affecting our communication with clients.

_____

_____

_____

05

02 Many families have highlighted the limited availability of recreational spaces and the obsolete infrastructure in our parks, resulting in reduced usage and satisfaction.

_____

_____

_____

03 In collaboration with industries, the EPA works to reduce harmful emissions and manage waste effectively, while also coping with climate change through targeted policy initiatives.

_____

_____

_____

04 One of the main features of this app is to check train timetables, book tickets, make payments smoothly, and come with an English version, which is especially useful for foreign travelers.

_____

_____

_____

정답 및 해설 p.42

05 In the medical sector, AI-powered diagnostic tools assist doctors in accurately and efficiently detecting diseases, thus enhancing patient outcomes.

06 It's possible you would dive right in and still produce an outstanding piece, indicating that you have more control over your creative process than you might think.

07 Modern philosophy develops based on these traditional ideas and expands them to solve the challenges facing modern society.

08 It is likely that most teachers make decisions regarding the arrangement of classrooms primarily based on aesthetics — essentially, their personal opinions about what constitutes an attractive setup.

정답 및 해설 p.42~43

09 Despite these adjustments, if external conditions become extreme, such as a lack of oxygen, the body may struggle to maintain homeostasis, highlighting the limits of these adaptive mechanisms.

10 On one side, you want Dylan to get the job, but on the other side, you don't want to lie to the police officer who asked for the reference.

11 Humans typically take actions to avoid dangerous personal troubles, and many of the "hostile forces of nature" that could have endangered our ancestors have been controlled or managed.

독해 실력 강화 연습문제

제한 시간 | 15 ~ 20 분
풀이 시간 | _____ 분

[01~02] 다음 글을 읽고 물음에 답하시오.

	Send Preview Save
To	City Parks Management Department
From	Laura Smith
Date	May 3
Subject	Urgent Concerns Regarding Park Condition

My PC Browse

Times New ▼ 10pt ▼ G G G G G

Dear Parks Management Department,

I hope this message finds you well. I am reaching out to highlight several pressing concerns <u>regarding</u> the current state of our local park. Over recent weeks, there have been noticeable declines in the condition of various amenities within the park. Specifically, some equipment intended for recreational use has become non-functional, and numerous seating areas appear to be in disrepair. This deterioration detracting from the park's usability and raising safety concerns for its visitors.

It is crucial that these matters are addressed with urgency to restore the park's functionality and ensure it continues to serve the community effectively. I trust that your team will act swiftly to resolve these issues.

Thank you for your attention to this important matter.

Sincerely,
Laura Smith

01 윗글의 목적으로 가장 적절한 것은?

① 공원의 유지 보수를 요청하려고
② 공원 내 새로운 시설 설치를 제안하려고
③ 공원에서의 안전 문제를 논의하려고
④ 공원 운영 예산 증액을 요청하려고

02 밑줄 친 "regarding"의 의미와 가장 가까운 것은?

① respecting
② excepting
③ impending
④ according

정답 및 해설 p.44

[03~04] 다음 글을 읽고 물음에 답하시오.

(A)

To the honorable residents

Increasing concerns regarding air, water, and soil pollution caused by industrial activities of local public enterprises have raised alarm among community members. Many residents have reported health issues linked to pollution, including respiratory problems and skin conditions. To address these urgent matters, a special meeting will be held to discuss effective solutions for mitigating pollution impacts. Your comments will play an important role in developing a viable strategy, and environmental experts will be present to provide insights and recommendations based on your feedback.

Meeting Details

- **Location**: Community Hall, Main Room
  (in case of overflow: Room 303)
- **Date**: Wednesday, March 10, 2025
- **Time**: 6:30 p.m.

We strongly encourage your participation as we work together to create a cleaner and healthier environment. For further information, please visit our website at www.pollutionforum.org or contact us directly at (555) 654-3210.

---

03 윗글의 제목으로 가장 적절한 것은?

① Addressing Pollution from Local Industries
② Noise Pollution Caused by Local Industries
③ Collaborating for a Sustainable Community
④ Residents' Health Concerns Regarding Pollution

04 위 안내문의 내용과 일치하지 않는 것은?

① 공공 기업의 산업 활동은 오염을 야기했다.
② 회의에서는 대기 오염 문제만을 집중적으로 다룰 것이다.
③ 호흡기 문제와 같은 건강 문제를 보고한 주민들이 있다.
④ 회의는 2025년 3월 10일 수요일에 개최될 예정이다.

05 Social Security Administration에 관한 다음 글의 내용과 일치하는 것은?

Social Security Administration (SSA) Responsibilities

The Social Security Administration (SSA) manages social security benefits for eligible individuals, including retirement income, disability benefits, and survivor benefits for families. Its main goal is to ensure financial security for retired and disabled workers who contributed to the system during their careers. The SSA oversees fund distribution based on each person's work history and contributions. Besides providing financial support, the agency educates the public on the application process, ensuring fairness and timeliness in distribution. By offering consistent assistance, the SSA alleviates poverty among elderly and disabled individuals, enhancing their overall well-being and quality of life.

① It provides benefits only to individuals with disabilities.

② It aims to guarantee the financial stability of disabled workers.

③ It does not provide education on the application process.

④ It distributes funds regardless of an individual's work history and contributions.

06 Ministry of Labor 앱에 관한 다음 글의 내용과 일치하지 않는 것은?

Use the Ministry of Labor App as a foreign worker

The Ministry of Labor App is crucial for foreign workers in Korea, providing essential information about employment rights and legal protections. One of the main features of the app is to cover topics such as labor contracts, labor laws, and workers' rights to help users be fully aware of their working conditions. This app greatly enhances convenience by offering easy access to support services, enabling users to navigate the job market more effectively. Future updates will expand features and materials to provide more help and support to users. To take advantage of this useful tool during your stay in Korea, download the Employment and Labor Department app from the app store. Additionally, a web version for desktop users is also available, making it easy for everyone to access vital information.

① It is designed for foreign workers in Korea.

② It enables users to recognize their rights as workers.

③ It includes a feature for job searching.

④ It provides information for understanding labor laws.

정답 및 해설 p.45~46

07 다음 글의 주제로 가장 적절한 것은?

Climate change is not only altering weather patterns but also posing a significant threat to global biodiversity. Increasing temperatures and shifting rainfall patterns are disrupting ecosystems, compelling numerous species to migrate or adapt rapidly. For instance, polar bears are losing their hunting grounds as ice continues to melt, while coral reefs are deteriorating due to rising ocean temperatures. Furthermore, many ecosystems are becoming unstable as species that previously coexisted are separated by these changing conditions. Experts warn that if climate change continues at the current pace, many species could face massive extinction events that are likely to occur within decades.

① the effects of climate change on polar bears

② the adaptation of species to changing environmental conditions

③ climate change as a major driver of biodiversity decline

④ the influence of rainfall on ecosystem dynamics

08 다음 글의 요지로 가장 적절한 것은?

Wilderness, as a natural state devoid of human influence, does not require conservation efforts. When dedicated conservationists praise the value of wildernesses, they can unconsciously weaken their position, as in the context of conservation they are often equated with inaction. If someone desires a wilderness-like setting in their garden, they would need to dismiss their gardener. Essentially, nature conservation often stands in stark contrast to the concept of wilderness. Frequently, conservation entails maintaining a specific condition of nature within an area, which is typically temporary and shaped by human activity, while simultaneously guarding against a different type of nature — referred to as 'other nature.' Without human intervention, this 'other nature' could establish itself in the area. In more extreme scenarios, conservation may involve safeguarding the prevailing nature in a particular locality from the encroachment and dominance of wilderness.

① Nature is resilient and does not require artificial protection.

② True nature conservation necessitates human intervention.

③ Nature conservation aims to achieve balance and harmony in nature.

④ Nature should be managed according to local characteristics.

09 다음 글의 흐름상 어색한 문장은?

Studying history is important because it helps us understand how events from the past have shaped our current lives and societies. Historians make use of primary sources, such as documents, letters, and photographs, to create accurate accounts of historical events. ① <u>The rise and fall of different empires give us valuable insights into the relationships of power and the cultural exchanges that occurred between different groups of people.</u> ② <u>Additionally, having knowledge of historical backgrounds is crucial for understanding the complexities of present-day issues and challenges we face.</u> ③ <u>Meanwhile, the history of recent developments in the field of space exploration has greatly expanded our understanding of the universe and our place within it.</u> ④ <u>Furthermore, history delves into social movements and examines their profound effects on communities and societies over time.</u> Understanding the past allows us to make informed decisions for a better future.

10 주어진 문장이 들어갈 위치로 가장 적절한 것은?

American advantages in robotics and unmanned drones will eventually be available to opponents in later ones.

Technology is a double-edged sword, as it ultimately disseminates and becomes accessible to opponents who may possess more basic capabilities but are also less dependent on advanced technologies. (①) American military strategists once contended that other countries would eventually acquire high technology commercially, purchasing it "off the shelf." (②) In the meantime, the United States would be advancing to the next generation and incorporating these technologies into a comprehensive system. (③) However, that was just the first round in this strategic game. (④) In 2009, the American military found that insurgents hacked into a Predator unmanned aircraft's data downlinks with software costing under $30, demonstrating how reliance on complex satellite and computer systems makes the U.S. more vulnerable than some adversaries.

정답 및 해설 p.47~48

11 주어진 글 다음에 이어질 글의 순서로 가장 적절한 것은?

We tend to think of imitation as a solo action. However, in many contexts — and normally in mother-infant interactions — achieving successful imitation is more of a cooperative undertaking.

(A) Consequently, the display of successful imitation is mutual, with both the model and the imitator recognizing and reinforcing the successful exchange of actions.

(B) In these situations, the person being imitated (the model) acts as a "demonstrator" and helps facilitate the imitator's efforts through positive feedback, such as smiling and encouragement. This support enhances the imitation process.

(C) This positive feedback often comes in the form of a smile or eye contact, and signals the success of imitation. The imitator may also respond with a display of success, making the interaction a mutual acknowledgment of accomplishment.

① (A) − (C) − (B)
② (B) − (A) − (C)
③ (B) − (C) − (A)
④ (C) − (A) − (B)

12 밑줄 친 부분에 들어갈 말로 가장 적절한 것은?

There is a clear disparity between the promises made in the 1948 Declaration and the actual occurrences of human rights violations. While we may empathize with the victims and criticize the UN and its member states for not fulfilling their commitments, understanding the divide between human rights ideals and the reality of violations cannot be achieved solely through sympathy or legal scrutiny. Instead, it necessitates an exploration by various social sciences into the roots of social conflict and political oppression, as well as the interplay between national and international politics. The UN has integrated the notion of human rights into international law and politics. However, the realm of international politics is primarily influenced by states and other powerful entities (like multinational corporations) that prioritize interests beyond human rights. A significant characteristic of the human rights domain is that while governments worldwide advocate for human rights, they _____ _____. It is essential for us to comprehend the reasons behind this.

① try to strengthen their substantive authority
② lead easily to conflicts in the political context
③ deal with the issues based on ethnic identities
④ have a highly variable record of implementing them

13 밑줄 친 부분에 들어갈 말로 가장 적절한 것은?

To understand how "remarkable capacities for caring and sympathy" relate to the process of natural selection, let's examine a hypothetical scenario involving life and death. An animal finds itself in a position where it can save the lives of four of its offspring by giving up its own life. If it chooses to save itself instead of its young, all of its genes will survive and pass on to future generations. Conversely, if it sacrifices itself to save the four offspring, each carrying half of its genes, it will lose its life and the genes it carries, but twice as many of its genes will persist. From the genes' perspective, the likelihood of their survival has increased due to the altruism shown by their host. This straightforward example suggests that increasing the chances of survival for an organism _____ _____ can be less effective for gene survival.

① at the cost of its relatives

② through a system of mutual benefit

③ by changing the behavior of its host

④ by relinquishing its natural selfish tendencies

정답 및 해설 p.49

독해 실력 강화 복습문제

어휘 TEST

#	단어		#	단어	
1	current		26	equate	
2	intended		27	dismiss	
3	disrepair		28	temporary	
4	deterioration		29	encroachment	
5	urgency		30	dominance	
6	restore		31	document	
7	eligible		32	background	
8	retirement		33	broaden	
9	financial		34	profound	
10	disabled		35	opponent	
11	oversee		36	disseminate	
12	fairness		37	dependent	
13	consistent		38	contend	
14	alleviate		39	demonstrate	
15	poverty		40	undertaking	
16	legal		41	accomplishment	
17	contract		42	occurrence	
18	offer		43	empathize	
19	threat		44	criticize	
20	shifting		45	sympathy	
21	migrate		46	oppression	
22	coexist		47	influence	
23	separate		48	comprehend	
24	extinction		49	remarkable	
25	devoid		50	hypothetical	

구문 해석 TEST

01 Specifically, some equipment intended for recreational use has become non-functional, and numerous seating areas appear to be in disrepair.

02 Increasing concerns regarding air, water, and soil pollution caused by industrial activities of local public enterprises have raised alarm among community members.

03 Besides providing financial support, the agency educates the public on the application process, ensuring fairness and timeliness in distribution.

04 One of the main features of the app is to cover topics such as labor contracts, labor laws, and workers' rights to help users be fully aware of their working conditions.

정답 및 해설 p.51

05 Experts warn that if climate change continues at the current pace, many species could face massive extinction events that are likely to occur within decades.

06 When dedicated conservationists praise the value of wildernesses, they can unconsciously weaken their position, as in the context of conservation they are often equated with inaction.

07 The rise and fall of different empires give us valuable insights into the relationships of power and the cultural exchanges that occurred between different groups of people.

08 Technology is a double-edged sword, as it ultimately disseminates and becomes accessible to opponents who may possess more basic capabilities but are also less dependent on advanced technologies.

09 In these situations, the person being imitated (the model) acts as a "demonstrator" and helps facilitate the imitator's efforts through positive feedback, such as smiling and encouragement.

10 While we may empathize with the victims and criticize the UN and its member states for not fulfilling their commitments, understanding the divide between human rights ideals and the reality of violations cannot be achieved solely through sympathy or legal scrutiny.

11 To understand how "remarkable capacities for caring and sympathy" relate to the process of natural selection, let's examine a hypothetical scenario involving life and death.

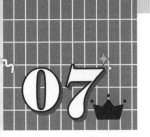

독해 실력 강화 연습문제

제한 시간 | 15 ~ 20 분
풀이 시간 | _____ 분

[01~02] 다음 글을 읽고 물음에 답하시오.

✎	**Send**	Preview	Save

To	Finance Division
From	Human Resources Division
Date	June 18
Subject	Review of Fiscal Distribution for Employee Development Initiatives

📎 [My PC] [Browse]

[Times New ▼] [10pt ▼] [G G *G* G̲ G] [▤ ▤ ▤ ▤]

Dear Esteemed Finance Division,

I would like to inform you about an urgent matter regarding the financial distribution allocated to the forthcoming employee development initiative. It has come to our notice that the current financial supports are inadequate to encompass essential expenses, including facilitators, educational resources, and venue rentals.

In light of this, I kindly urge you to reassess the existing fiscal <u>distribution</u> and contemplate an augmentation of the allocated budget. These adjustments are essential to providing excellent training to personnel, enhancing their capabilities and improving the overall efficiency of the organization. Your prompt action in this regard would be greatly appreciated and would greatly contribute to our common goal of fostering a great workforce.

Thank you for your consideration.

Best regards,
Human Resources Division

01 윗글의 목적으로 가장 적절한 것은?

① 신규 인력 채용을 위한 재정을 요청하려고

② 직원 개발 계획 예산 조정을 요청하려고

③ 교육 자원의 효율적인 배분을 제안하려고

④ 예산 삭감에 대한 이의를 제기하려고

02 밑줄 친 "distribution"의 의미와 가장 가까운 것은?

① allocation

② expenditure

③ reduction

④ examination

[03~04] 다음 글을 읽고 물음에 답하시오.

(A)

To esteemed residents,

Growing concerns over the need for improved public infrastructure in our community have prompted local public enterprises to take action. Many residents have expressed dissatisfaction with deteriorating roads, insufficient public transportation, and inadequate recreational facilities. To address these pressing issues, a special meeting will be held to discuss potential investments in public infrastructure. Your insights will be invaluable in shaping our plans, and experts will be present to offer guidance and share successful case studies from other communities.

Meeting Details

• **Location**: Community Hall, Main Room
  (in case of overflow: Room B)
• **Date**: Thursday, February 15, 2025
• **Time**: 7:00 p.m.

We strongly encourage your participation as we work together to enhance our community's infrastructure. For further information, please visit our website at www.publicinfrastructureforum.org or contact us directly at (555) 321-9870.

---

03 윗글의 제목으로 가장 적절한 것은?

① Investing in Our Community's Future
② Joining the Discussion on Public Transportation
③ Enhancing Infrastructure: A Community Initiative
④ Collaborating for Public Enterprises

04 위 안내문의 내용과 일치하지 않는 것은?

① 지역 주민들이 불충분한 여가 시설에 대해 불만을 표명하고 있다.
② 공공 인프라에 대한 잠재적 투자 방안이 회의에서 논의될 것이다.
③ 회의에서는 다른 지역 사회의 성공 사례가 공유될 것이다.
④ 회의에서는 도로 개선과 관련된 주제만 다룰 예정이다.

정답 및 해설 p.53~54

05 Internal Revenue Service에 관한 다음 글의 내용과 일치하는 것은?

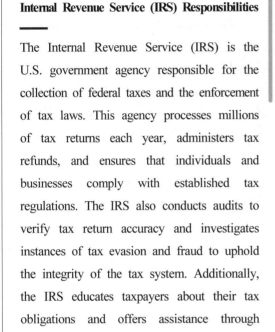

Internal Revenue Service (IRS) Responsibilities

The Internal Revenue Service (IRS) is the U.S. government agency responsible for the collection of federal taxes and the enforcement of tax laws. This agency processes millions of tax returns each year, administers tax refunds, and ensures that individuals and businesses comply with established tax regulations. The IRS also conducts audits to verify tax return accuracy and investigates instances of tax evasion and fraud to uphold the integrity of the tax system. Additionally, the IRS educates taxpayers about their tax obligations and offers assistance through various resources to promote accurate and timely filing. By efficiently collecting revenues, the IRS plays a crucial role in funding essential government programs and services, thereby contributing to the overall economic stability of the nation.

① It is is responsible for gathering both federal and state taxes.

② It only processes tax returns for businesses, not individuals.

③ It strives to maintain the fairness of the tax system.

④ It provides no educational resources or assistance to taxpayers.

06 Seoul Foreign Resident Support Center 앱에 관한 다음 글의 내용과 일치하지 않는 것은?

Seoul Foreign Resident Support Center App

The Seoul Foreign Resident Support Center app is an essential app for foreigners living in Seoul, providing services necessary to facilitate city life. Its primary features include comprehensive information on community spaces, legal counseling, and social services for foreigners. This app greatly improves convenience by facilitating the process of integration into the community, allowing users to receive useful support. Future updates are expected to expand its services and resources, further enhancing the user experience. To make the most of your time in Seoul, download the app from the app store for easy access to its benefits. Additionally, a web version is available for desktop users, ensuring everyone can access important information effortlessly.

① It provides information on community resources and legal advice for foreigners.

② It is optimized to make the most of your time in Seoul.

③ It helps the community integrate more easily.

④ It requires a subscription fee to access its services.

07 다음 글의 주제로 가장 적절한 것은?

The rise of fast fashion has significantly altered the clothing industry, enabling consumers to acquire stylish items at low prices. Despite this, the rapid production and disposal of fast fashion items have raised concerns. Fast fashion brands frequently depend on inexpensive labor in developing nations, where workers endure poor working conditions and receive minimal wages. Moreover, the mass production of clothing leads to excessive waste, as many garments are created for short-term use and are quickly discarded. Additionally, the textile industry is a prominent contributor to water pollution, with harmful dyes and chemicals being discharged into rivers and oceans. As a result, consumers are increasingly encouraged to explore sustainable fashion options to lessen their impact.

① the issues of fast fashion and the need for sustainable alternatives
② influences on consumer behavior in fashion trends
③ exploitative characteristics in the global apparel industry
④ fast fashion with potential possibilities

08 다음 글의 요지로 가장 적절한 것은?

Mark Twain once remarked, "We are all ignorant, but about different things." A common error that technical experts make when communicating with non-professional audiences is to assume that the reader has the same level of knowledge as himself. This assumption can lead to significant confusion and frustration for the audience. Additionally, much time may be wasted in crafting follow-up explanations for concepts that should have been clear from the outset. What is evident to the writer may not be so for the reader. For example, if you are talking to colleagues in the same field as an engineer or accountant, extensive explanation may not be required. However, when communicating with vice presidents in marketing departments who lack understanding of software applications, it is essential to guide readers to understand the message step by step. It is crucial to recognize that in terms of technical understanding, writers and readers are rarely on the same level.

① Writing about specialized knowledge should be tailored to the reader's perspective.
② Expertise does not always guarantee accuracy in knowledge.
③ It is challenging to fully convey specialized knowledge to non-experts.
④ Having extensive technical knowledge does not necessarily improve writing skills.

정답 및 해설 p.55~56

09 다음 글의 흐름상 어색한 문장은?

The human brain is an incredibly intricate organ responsible for managing various bodily functions and processes. Neuroscientists focus on studying how the brain operates in order to gain insights into cognitive processes and human behavior. ① Research into brain plasticity reveals how our experiences and interactions can change the connections between neurons in the brain. ② Additionally, advancements in neuroimaging technology have significantly enhanced our capability to observe and analyze different brain structures in detail. ③ However, the increasing reliance on renewable energy sources is leading to a decrease in carbon emissions. ④ Gaining a deeper understanding of neurological disorders can pave the way for developing more effective treatments and therapies for those affected by these conditions. Understanding the brain's functions is crucial for advancing medical research and improving mental health care.

10 주어진 문장이 들어갈 위치로 가장 적절한 것은?

Thus born were the violence and rivalries that characterize today's culture of honor.

The culture of honor, marked by a willingness to protect reputation through violence, emerged in some U.S. regions due to factors like northern states being settled by farmers who benefited from stronger legal systems from the start. (①) On the other hand, the South and West were inhabited by ranchers, whose livelihoods could be threatened by thieves. (②) Crimes were difficult to punish in the expansive South and West, so herders were forced to take action themselves. (③) Meanwhile, warmer weather and poverty only encouraged violence. (④) Although some experts dispute this causal chain, it is clear that settlers in the South and West embraced combat and military law more deeply than their northern counterparts, leading to a culture of honor that fostered violent responses, in contrast to the mild reactions in the North.

07

11 주어진 글 다음에 이어질 글의 순서로 가장 적절한 것은?

Spending a night in a tent can be a unique outdoor experience.

(A) Finally, entering a tent and having a comfortable bed under the stars completes the camping experience. A restful night in your tent provides a fitting end to a day spent in nature.

(B) After setting up, you could start a campfire to cook dinner and enjoy some time socializing with fellow campers. Gathering around a bonfire can have a fun evening eating and talking in nature.

(C) You might begin by setting up your tent and arranging your sleeping gear for the night. This initial step ensures that you have a comfortable and organized place to rest after a day of outdoor activities.

① (A) − (C) − (B)
② (B) − (C) − (A)
③ (C) − (A) − (B)
④ (C) − (B) − (A)

12 밑줄 친 부분에 들어갈 말로 가장 적절한 것은?

We already understand that our emotions often focus on the experiences of others. It appears that we also consider their evaluations and interpretations when forming our own judgments about other emotional situations. For instance, we might find a comedy film less enjoyable if our friends seem offended by it, or we may feel more anxious because those who share our situation appear to be worried. Essentially, we adjust our perceptions of emotional significance based on the viewpoints of important others. Since these social appraisal processes operate in both directions, our evaluations can also influence others. In fact, we might sometimes reach emotional conclusions as a result of discussing with one another or by noticing each other's reactions (like smiles, frowns, or averted gazes). In these scenarios, the judgments that shape emotions are _____ _____.

① shaped by your self-talk
② triggered in us by various things and events
③ viewed as a highly influential mechanism
④ affected by a fundamentally interpersonal process

정답 및 해설 p.57~58

13 밑줄 친 부분에 들어갈 말로 가장 적절한 것은?

Genetic instructions tell neurons in the brain to form many connections. This creates a large number of links between neurons. After this phase, a process called "pruning" happens, where some connections are cut. About four out of ten connections are lost, with around 100,000 connections disappearing every second during the busiest time. This drop in connections is surprising. Why would nature create so many connections just to remove them later? It seems this process helps the brain get ready for different situations. The brain forms many connections to prepare for any experience. However, only neurons that work together keep their connections. If neurons don't work together, nature cuts their links due to inactivity. To explain this with a neighborhood example, _____.

① If your neighbor smiles at you, you tend to look away

② If you don't love yourself, you can't love your neighbor

③ If your neighbor's house is on fire, you too are not safe

④ If you don't return my call, I won't bother reaching out to you

어휘 TEST 👍

1	distribution		26	discharge	
2	allocate		27	lessen	
3	forthcoming		28	ignorant	
4	encompass		29	assumption	
5	expense		30	confusion	
6	contemplate		31	outset	
7	budget		32	accountant	
8	personnel		33	extensive	
9	foster		34	intricate	
10	resident		35	capability	
11	transportation		36	structure	
12	potential		37	reliance	
13	invaluable		38	characterize	
14	administer		39	reputation	
15	audit		40	punish	
16	instance		41	causal	
17	integrity		42	dispute	
18	obligation		43	embrace	
19	necessary		44	socialize	
20	integration		45	arrange	
21	receive		46	interpretation	
22	ethical		47	anxious	
23	minimal		48	notice	
24	wage		49	disappear	
25	discard		50	remove	

정답 및 해설 p.59

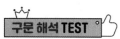

01 It has come to our notice that the current financial supports are inadequate to encompass essential expenses, including facilitators, educational resources, and venue rentals.

_____

_____

_____

02 Growing concerns over the need for improved public infrastructure in our community have prompted local public enterprises to take action.

_____

_____

_____

03 This agency processes millions of tax returns each year, administers tax refunds, and ensures that individuals and businesses comply with established tax regulations.

_____

_____

_____

04 This app greatly improves convenience by facilitating the process of integration into the community, allowing users to receive useful support.

_____

_____

_____

정답 및 해설 p.60

05 Fast fashion brands frequently depend on inexpensive labor in developing nations, where workers endure poor working conditions and receive minimal wages.

_____

_____

_____

06 A common error that technical experts make when communicating with non-professional audiences is to assume that the reader has the same level of knowledge as himself.

_____

_____

_____

07 Gaining a deeper understanding of neurological disorders can pave the way for developing more effective treatments and therapies for those affected by these conditions.

_____

_____

_____

08 The culture of honor, marked by a willingness to protect reputation through violence, emerged in some U.S. regions due to factors like northern states being settled by farmers who benefited from stronger legal systems from the start.

_____

_____

_____

_____

정답 및 해설 p.60~61

09 This initial step ensures that you have a comfortable and organized place to rest after a day of outdoor activities.

_____

_____

_____

10 For instance, we might find a comedy film less enjoyable if our friends seem offended by it, or we may feel more anxious because those who share our situation appear to be worried.

_____

_____

_____

11 About four out of ten connections are lost, with around 100,000 connections disappearing every second during the busiest time.

_____

_____

독해 실력 강화 연습문제

제한 시간 | 15 ~ 20 분
풀이 시간 | _____ 분

[01~02] 다음 글을 읽고 물음에 답하시오.

To	IT Division
From	Sales Division
Date	November 5
Subject	Issues Pertaining to Platform Connectivity

Respected Members of the IT Division,

I trust this message finds you well. We would like to inform you that we have been experiencing continuous problems with the connection of our sales platform over the past week. Over the last week, we have seen repeated <u>interruptions</u>, which have a negative impact on operational efficiency and are delaying transaction processing.

I kindly request your expertise in diagnosing this issue and restoring optimal connectivity to the platform. This resolution is imperative for the seamless continuation of our sales activities and the upholding of client satisfaction.

Your prompt and thorough attention to this matter would be greatly appreciated, as it significantly influences our overall performance. Thank you for your cooperation.

Sincerely,
Sales Division

01 윗글의 목적으로 가장 적절한 것은?

① 판매 플랫폼의 연결 문제 해결을 요청하려고
② 판매 플랫폼의 기능 개선을 요청하려고
③ 판매 중단에 대해 알리기 위해
④ 판매 실적 보고를 제출하려고

02 밑줄 친 "interruptions"의 의미와 가장 가까운 것은?

① intersections
② disruptions
③ torments
④ postponements

정답 및 해설 p.62

[03~04] 다음 글을 읽고 물음에 답하시오.

(A)

Dear valued community members,

The recent surge in rental costs and the persistent shortage of affordable housing have heightened concerns about the stability of our community's housing market. For example, many families are struggling to keep up with rising rents, with some facing the real threat of being priced out of their homes. In response to these urgent challenges, a special meeting has been arranged to explore potential strategies to improve housing affordability and stability. We encourage you to contribute your insights on how we can tackle these issues effectively. Experts will be present to provide guidance based on your valuable feedback, helping shape the future of housing policy in our area.

Who wants to live in a community where housing is unaffordable?

Sponsored by the Community Housing Advocacy Group

Meeting Details

- **Location**: Community Center, Room 403
  (Room 401 will be used if capacity is exceeded)
- **Date**: Thursday, December 12, 2024
- **Time**: 6:30 p.m.

Your involvement is crucial in addressing these challenges. For further information, please visit www.housingforum2024.org or contact us at (555) 321-0987.

---

03 윗글의 제목으로 가장 적절한 것은?

① Confront the Housing Affordability Crisis
② Discuss Rental Inflation in Our Community
③ Craft Solutions for Housing Instability
④ Build Collaborative Solutions for amenities

08

04 위 안내문의 내용과 일치하지 않는 것은?

① 최근 임대료 상승과 저렴한 주택 부족이 있었다.
② 전문가들의 조언은 주택을 소유하고 있는 사람들을 위한 것이다.
③ 회의와 관련된 자세한 정보는 웹사이트에서 확인 할 수 있다.
④ 회의는 2024년 12월 12일 목요일에 열릴 예정이다.

05 Federal Communications Commission에 관한 다음 글의 내용과 일치하는 것은?

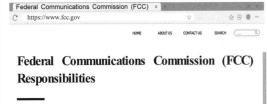

Federal Communications Commission (FCC) Responsibilities

The Federal Communications Commission (FCC) regulates interstate and international communications across various mediums, including radio, television, wire, satellite, and cable. Its primary mission is to promote competition, innovation, and investment in broadband services and communication technologies essential for economic growth. The FCC enforces regulations that protect consumers from fraud and ensures access to emergency services, enhancing public safety. Additionally, the communication works to make telecommunications services available to all Americans, especially in underserved areas. By focusing on consumer privacy and promoting a diverse media environment, the FCC aims to create a more equitable communication environment for everyone.

① It regulates interstate communications more than international communications.

② It barely guarantees access to emergency services.

③ It enforces anti-fraud regulations to protect consumers.

④ It has no interest in consumer privacy.

06 Seoul Transportation Corporation 앱에 관한 다음 글의 내용과 일치하지 않는 것은?

Seoul Transportation Corporation App

The Seoul Transportation Corporation App is essential for anyone navigating Seoul's extensive public transportation system, especially foreign visitors. One of its key features is the comprehensive information it provides on subway and bus routes, schedules, and fare details, all available in multiple languages. This app helps you find the best route, efficiently plan your trip, and provides convenience for travelers. Future updates are anticipated to improve its functionalities and add more features for users. Download the Seoul Transportation Corporation app from the app store to travel smoothly through downtown Seoul. Additionally, a web version for desktop users is also available, making it easy to access the traffic information you need online.

① It allows information to be viewed in various languages.

② It assists users in organizing their trips.

③ It allows users to purchase tickets directly through the app.

④ It is expected to have more functions added than before.

07 다음 글의 주제로 가장 적절한 것은?

Gabriela Casas, a researcher at the Institute of Ecology at the National Autonomous University of Mexico (UNAM), asserts that certain insects and their eggs can provide nutritional benefits for individuals with diabetes. A decade ago, after being diagnosed with the disease herself, she sought ways to establish a more balanced, sugar-free diet. In her research, she discovered that many insects are rich in protein and amino acids, and when dried and ground, insect powder can serve as a substitute for wheat flour. Adopting an insect-based diet has proven effective in managing her condition. Casas also highlights the environmental benefits of consuming insects. She gives a lecture on the merits of ingesting insects as part of her educational activities. Children tend to be more open to these ideas than their parents, which they say is a positive sign for the future.

① the pros and cons in the nutrition of insects
② the advantages of insect consumption
③ the potential side effects of eating insects
④ effective methods for managing diabetes

08 다음 글의 요지로 가장 적절한 것은?

Companies within the same industry can often copy each other more easily when they are located near one another. This proximity allows them to quickly react to changes in their field compared to being far away from their rivals. In industries with many new ideas, like fashion or video games, all companies may perform better if they can quickly copy each other. Additionally, a company that adopts changes from others is more likely to create new innovations by combining or adapting these changes. Therefore, in rapidly changing industries, the benefits from copying, modifying, and innovating tend to be important reasons for companies to cluster together.

① Companies needing quick adaptation through imitation should be nearby.
② Businesses have to make various efforts to secure their products.
③ Imitating products from other companies is necessary.
④ Proximity has nothing to do with technological innovation.

08

09 다음 글의 흐름상 어색한 문장은?

Genetics involves the study of how traits and characteristics are inherited and vary among living organisms. Advances in DNA sequencing technology have dramatically changed our ability to analyze and understand genetic data. ① Genetics can provide technologies to address various diseases and health issues caused by mutations. ② Modern gene editing techniques, including CRISPR, have transformative potential for medical treatments and interventions. ③ Furthermore, genetic research plays a crucial role in agriculture by enhancing the durability and productivity of crops. ④ The exploration of genetic diversity among various species is essential for understanding the process of evolution. Therefore, understanding genetics is vital for advancements in medicine and agriculture.

10 주어진 문장이 들어갈 위치로 가장 적절한 것은?

But many other processes are also at play, and many of these reflect changes in how the person comes to terms with their situation.

Factual errors in autobiographical recollection increase with temporal distance from the event, as shown by research indicating that accuracy in recalling how people heard about the September 11, 2001 attacks decreased significantly over 8 months. (①) Research on personal recollections of dramatic historical events suggests that despite people's beliefs to the contrary, accuracy for memories of the John F. Kennedy assassination or the 9/11 attacks may be no greater than for memories of any other events in life. (②) The temporal instability of autobiographical memory, therefore, contributes to change in the life story over time. (③) The most obvious one is that people accumulate new experiences over time, some of which may prove to be so important as to make their way into narrative identity. (④)

정답 및 해설 p.65~66

11 주어진 글 다음에 이어질 글의 순서로 가장 적절한 것은?

> If learning were just about memorizing facts, it wouldn't matter if the new information was a little familiar or completely new.

(A) On the other hand, when we encounter something completely new, we need to make bigger changes to our brain's existing patterns, which is harder and more tiring.

(B) The changes are smaller when the new information is only slightly new, as it fits better with what we already know. Our brain only needs to make small adjustments to fit the new knowledge.

(C) According to a theory, our knowledge is stored in patterns, and when we learn something new, we adjust these patterns to add the new information while keeping the old.

① (A) − (C) − (B)
② (B) − (C) − (A)
③ (C) − (A) − (B)
④ (C) − (B) − (A)

12 밑줄 친 부분에 들어갈 말로 가장 적절한 것은?

> So far, we have only observed instances where human intelligence is equal to or surpasses that of animals. It might be the case that the intelligence of wild animals is completely inferior to that of humans. Clearly, humans excel far beyond all terrestrial animals in their capacity to learn and utilize language. However, if we adopt this perspective, we may be making an incorrect assumption. Animals possess unique abilities that humans do not have. One of the most compelling examples is the dolphins' ability to acquire and process sound information. This skill is highly adaptable and qualifies as a form of intelligence by any reasonable general standard. Moreover, not only can unaided humans not compete with dolphins' abilities, but even the best human-engineered devices, computers, and software fall short. Only by _____ _____ can we dismiss the notion that this ability constitutes a type of intelligence.

① defining reasonably the intellectual abilities of all species
② adopting radically human-centered notions of intelligence
③ examining thoroughly the mental processes of other species
④ viewing animal behaviors as being conscious and considerate

13 밑줄 친 부분에 들어갈 말로 가장 적절한 것은?

For centuries, yoga instructors have advised, "Relax your body, relax your mind." They suggest that physical actions and emotions are interconnected, and by controlling physical actions, which are more directly influenced by our will, we can indirectly control our emotions. Social neuroscience now provides evidence to back up this advice. In fact, some research goes even further, indicating that adopting the physical behaviors of a happy person, like forcing a smile, can actually lead to feeling happier. My young son Nicolai seemed to grasp this naturally: after injuring his hand in an unexpected accident while playing basketball, he suddenly stopped crying and began to laugh — then explained that laughing seems to ease his pain. The old "_____" concept, which Nicolai instinctively understood, is now also being explored through serious scientific research.

① add fuel to the fire

② fake it till you make it

③ let go of all preconceptions

④ better late than never

정답 및 해설 p.67

독해 실력 강화 복습문제

어휘 TEST

1	interruption		26	rapidly	
2	transaction		27	trait	
3	diagnose		28	inherit	
4	imperative		29	disease	
5	uphold		30	edit	
6	surge		31	durability	
7	heighten		32	field	
8	stability		33	reflect	
9	investment		34	temporal	
10	underserved		35	decrease	
11	fare		36	accumulate	
12	anticipate		37	memorize	
13	improve		38	familiar	
14	insect		39	theory	
15	nutritional		40	surpasses	
16	diabetes		41	inferior	
17	substitute		42	incorrect	
18	prove		43	adaptable	
19	lecture		44	reasonable	
20	ingest		45	fall short	
21	proximity		46	advise	
22	compare		47	suggest	
23	imitate		48	grasp	
24	adopt		49	unexpected	
25	combine		50	laugh	

정답 및 해설 p.68

👑 **구문 해석 TEST** 👍

01 Over the last week, we have seen repeated interruptions, which have a negative impact on operational efficiency and are delaying transaction processing.

_____

_____

_____

02 The recent surge in rental costs and the persistent shortage of affordable housing have heightened concerns about the stability of our community's housing market.

_____

_____

_____

03 By focusing on consumer privacy and promoting a diverse media environment, the FCC aims to create a more equitable communication environment for everyone.

_____

_____

_____

04 One of its key features is the comprehensive information it provides on subway and bus routes, schedules, and fare details, all available in multiple languages.

_____

_____

_____

정답 및 해설 p.69

05 In her research, she discovered that many insects are rich in protein and amino acids, and when dried and ground, insect powder can serve as a substitute for wheat flour.

_____

_____

_____

06 However, imitated companies may suffer damage, so it may be better to be in an isolated position where it is more difficult to imitate.

_____

_____

_____

07 Genetics involves the study of how traits and characteristics are inherited and vary among living organisms.

_____

_____

_____

08 Factual errors in autobiographical recollection increase with temporal distance from the event, as shown by research indicating that accuracy in recalling how people heard about the September 11, 2001 attacks decreased significantly over 8 months.

_____

_____

_____

정답 및 해설 p.69~70

09 According to a theory, our knowledge is stored in patterns, and when we learn something new, we adjust these patterns to add the new information while keeping the old.

_____

_____

_____

10 Only by adopting radically human-centered notions of intelligence can we dismiss the notion that this ability constitutes a type of intelligence.

_____

_____

_____

11 They suggest that physical actions and emotions are interconnected, and by controlling physical actions, which are more directly influenced by our will, we can indirectly control our emotions.

_____

_____

_____

정답 및 해설 p.70

독해 실력 강화 연습문제

[01~02] 다음 글을 읽고 물음에 답하시오.

✎ **Send** Preview Save

To	Municipal Water Authority
From	David Thompson
Date	April 12
Subject	Urgent Request

📎 [My PC] [Browse]

[Times New ▼] [10pt ▼] | G G *G* G̲ G̶ | 틀 틀 틀 틀

Dear Municipal Water Authority,

I hope this message finds you well. I am compelled to highlight an urgent issue that has emerged within our residential area. Over the past week, we have been grappling with frequent and prolonged interruptions in our water supply, which have lasted for several hours at a time. These disruptions have caused significant inconvenience for residents, particularly during peak usage periods such as early mornings and late evenings.

I earnestly request that your department undertake a <u>comprehensive</u> investigation into this matter and institute all requisite measures to restore a reliable and continuous water supply to our community. Stable tap water service is essential to our daily lives and overall quality of life, so your prompt intervention is very important.

Thank you for your immediate attention to this pressing issue.

Best regards,
David Thompson

---

01 윗글의 목적으로 가장 적절한 것은?

① 수도 요금 문제를 해결하도록 요청하려고
② 급수 중단 문제를 신속히 해결하도록 요청하려고
③ 수도 시스템의 전반적인 개선을 요청하려고
④ 물 사용 규정을 수정하도록 요청하려고

02 밑줄 친 "comprehensive"의 의미와 가장 가까운 것은?

① subsequent
② superficial
③ exhaustive
④ restricted

[03~04] 다음 글을 읽고 물음에 답하시오.

| (A) |

To esteemed residents,

The growing inadequacy of care facilities and support programs for our aging population has become a matter of increasing urgency within our community. Numerous seniors have expressed feelings of loneliness and alienation, largely stemming from the insufficient availability of essential services. In response, a special meeting has been scheduled to address these challenges and explore viable solutions for improving elderly care. We encourage you to contribute your perspectives on what measures can be taken to better assist our seniors. Experts will be on hand to provide professional guidance, taking your suggestions into consideration to refine our community's approach.

Sponsored by the Community Elder Care Initiative

Meeting Information
- **Location**: Community Activity Center, Room 103 (Room 302 will be used in case of overflow)
- **Date**: Monday, November 25, 2024
- **Time**: 5:00 p.m.

Your active participation is crucial in shaping the future framework for senior care in our community. For more details, please visit our website at www.eldercareinitiative.org or contact our office at (555) 987-6543.

03 윗글의 제목으로 가장 적절한 것은?

① Build a Stronger Community for Seniors

② Take Legal Action on Senior Support

③ Respond to the Urgent Needs of Our Elderly

④ Collaborate to Improve financial aid for Seniors

04 위 안내문의 내용과 일치하지 않는 것은?

① 고령 인구를 위한 복지 시설과 지원 프로그램이 부족은 시급한 문제이다.

② 전문가들이 참석하여 전문적인 지침을 제공할 것이다.

③ 노인들의 자녀를 포함한 가족들에게도 지원이 필요하다.

④ 회의는 커뮤니티 활동 센터 302호는 더 많은 사람이 앉을 수 있도록 준비된다.

정답 및 해설 p.71~72

05 National Labor Relations Board에 관한 다음 글의 내용과 일치하는 것은?

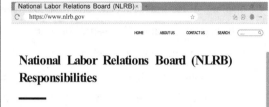

National Labor Relations Board (NLRB) Responsibilities

The National Labor Relations Board (NLRB) enforces labor laws that govern collective bargaining and address unfair labor practices. Its primary role is to protect employees' rights to organize and negotiate with their employers, ensuring they have a voice in their working conditions. The NLRB investigates complaints about unfair treatment in the workplace, mediates disputes between unions and employers, and ensures compliance with the National Labor Relations Act. Additionally, the board oversees union elections to ensure fair and transparent procedures. By defending workers' rights to form and join unions, the NLRB plays a crucial role in promoting equitable labor practices and preventing exploitative workplace environments.

① It is an independent agency that does not enforce labor laws at all.

② It helps employees assert their rights confidently in the workplace.

③ Its primary role is to regulate employee salaries and benefits.

④ It opposes workers' forming unions.

06 Customs Service 앱에 관한 다음 글의 내용과 일치하지 않는 것은?

Customs Service App

The Customs Service App is essential for foreign visitors to Korea, as it provides crucial information about customs regulations and procedures. Key features of this app include guidance on taxes, import and export processes, and essential information and tips for safe customs clearance. The app helps users understand their customs requirements and allows them to avoid potential problems on arrival, greatly enhancing the convenience of travelers. Future updates are expected to expand its features and improve user experience further. To stay informed about customs requirements during your stay, download the Customs Service App from the app store for easy access to important information. A web version is also available for desktop users, ensuring convenient access to customs information online.

① It offers information about customs duties to foreigners.

② It includes features for tracking packages and shipments.

③ Users can access information to ensure safe customs clearance.

④ It is expected to have more features expanded and provided.

07 다음 글의 주제로 가장 적절한 것은?

The spread of electric cars is often hailed as a solution to pollution and climate change. However, critics argue that the production of electric vehicles (EVs) comes with its own set of environmental costs. Mining for lithium, cobalt, and other minerals used in EV batteries can be harmful to ecosystems, particularly in regions where regulations are lax. Furthermore, the production process requires a significant amount of energy, and depending on the energy sources of a country, this could lead to increased carbon emissions. In addition, the battery recycling problem has not yet been fully solved, and many countries do not have the infrastructure to deal with the growing number of waste batteries. Despite these concerns, many still believe that the benefits of switching to electric vehicles outweigh the negatives, especially in the long term.

① the future of electric vehicles and their associated costs

② the environmental risks posed by EV batteries

③ the benefits of electric vehicles in reducing pollution

④ the belief that renewable energy will solve all of EV's problems

08 다음 글의 요지로 가장 적절한 것은?

In a job interview, the first ten seconds and the opening words you articulate are vital for making a lasting impression. To ensure the start of your interview is memorable, consider using a phrase or statement that effectively conveys your value to the potential employer. This should encapsulate your unique selling proposition (USP), which differentiates you from other candidates. Your USP functions like a brand's tag line, summarizing what is distinctive, relevant, and meaningful about your professional identity. You should aim for statements that are concise enough to fit easily into your business card. If the USP is too complex to put it succinctly, it may lack the clarity needed to gain consensus. This should be attractive enough to highlight key benefits, address specific requirements, and generate interest as a candidate.

① In a job interview, responses should be succinct and coherent.

② Marketing techniques should stimulate consumer curiosity.

③ For a brand's success, it must possess a distinctive value.

④ During a job interview, it's essential to communicate your unique strengths early on.

정답 및 해설 p.73~74

09 다음 글의 흐름상 어색한 문장은?

Photosynthesis is the vital process by which plants use chlorophyll to convert sunlight into chemical energy, transforming carbon dioxide and water into glucose and oxygen. ① This process is not only vital for the growth and development of plants but also plays a key role in supplying oxygen to the Earth's atmosphere, making it crucial for all living organisms. ② Photosynthesis not only directly impacts food production, but the organic matter generated through photosynthesis also serves as an energy source for other organisms, helping to circulate energy within the ecosystem. ③ Furthermore, regions lacking in photosynthesis not only face issues such as food shortages, air pollution, and a decrease in biodiversity, but also the lack of plants can lead to extreme changes in the local climate. ④ In other words, photosynthesis is fundamental for maintaining the balance of ecosystems, as it supports food chains and helps regulate carbon dioxide levels in the environment. Consequently, improving our understanding of photosynthesis can lead to sustainable agricultural practices and environmental conservation.

10 주어진 문장이 들어갈 위치로 가장 적절한 것은?

Its partner is the green alga, a microscopic single-celled plant that resides within the coral's tissues.

A coral reef stands out as one of the most diverse ecosystems on the planet, comparable only to tropical rainforests. The structure of the coral reef is developed over millennia through the life processes of countless coral animals. (①) The primary builder of the reef is the stony coral, a species related to sea anemones, which lives in tropical regions and secretes a nearly pure calcium carbonate skeleton. (②) These creatures have a symbiotic relationship where the algae within the corals use the carbon dioxide produced by the corals, while the corals benefit from the oxygen generated by the algae's photosynthesis. (③) Once the coral dies, its skeleton remains, providing a foundation for other organisms to colonize. (④) Over time, the accumulation of coral skeletons and those of other organisms forms the extensive underwater structure that divers admire.

정답 및 해설 p.74~75

11 주어진 글 다음에 이어질 글의 순서로 가장 적절한 것은?

> Wildlife watching offers a chance to observe animals in their natural habitats.

> (A) After observing various animals, it can help you record your observations or take pictures to remember them. Documenting what you saw will allow you to leave a detailed record of the observations of wildlife.
>
> (B) You might start by arriving early in the morning to discover as many wild animals as possible. Early morning is often the best time to see animals when they are most active and foraging.
>
> (C) To conclude the day, sharing your observations with others or visiting a nearby wildlife center can be a rewarding experience. Engaging with others about your findings or learning more at a center enriches your wildlife watching experience.

① (B) − (A) − (C)

② (B) − (C) − (A)

③ (C) − (A) − (B)

④ (C) − (B) − (A)

12 밑줄 친 부분에 들어갈 말로 가장 적절한 것은?

> Research has shown that many species possess some ability to monitor _____ in their surroundings. In one experiment, psychologists Russell Church and Warren Meck exposed rats to both sounds and flash lights. The rats were first trained to press the left lever when they heard two sounds and the right lever when they heard four sounds. They were also instructed to press the left lever for two light flashes and the right lever for four flash lights. What would the rats do when faced with one sound and one flash light? They quickly pressed the left lever, suggesting they interpreted the stimulus as 'two events,' and they promptly pressed the right lever in response to two sounds and two flash lights, indicating they perceived that stimulus as 'four events.'

① the optical instruments

② a homogeneous group

③ physical features

④ the mathematical characteristics of objects

정답 및 해설 p.75~76

13 밑줄 친 부분에 들어갈 말로 가장 적절한 것은?

Charlotte Linde observed in her study of police helicopter crews that when the immediate work demands decrease, the crew might engage in casual conversation, which would cease if work requirements re-emerged. She also found that the transition from work-related talk to casual talk was typically initiated by the pilot, who acted as the leader. For example, during a quiet period, the pilot might start a casual conversation by commenting on the view, revisiting a previous topic, or discussing the just-completed mission. This pattern was similarly observed by sociolinguist Janice Hornyak in an all-female office at an accounting firm. As the women in the office transitioned between work-related and personal conversations, the shift was always triggered by the highest-ranking person present, the office manager. If the office manager was occupied, no one else would start personal conversations or chat. However, if the office manager decided to take a break and engage in casual talk, the others would join in. In this way, _____ _____, even in the most informal and routine conversations.

① taking a break is very important

② no one takes any initiative to follow orders

③ everyone waits for superiors to stop talking

④ hierarchies are reflected throughout a workday

정답 및 해설 p.76

09

독해 실력 강화 복습문제

어휘 TEST

1	compel		26	lax	
2	residential		27	emission	
3	prolonged		28	deal with	
4	inconvenience		29	switch	
5	usage		30	outweigh	
6	undertake		31	articulate	
7	investigation		32	phrase	
8	reliable		33	encapsulate	
9	stable		34	candidate	
10	senior		35	summarize	
11	loneliness		36	concise	
12	alienation		37	clarity	
13	viable		38	convert	
14	approach		39	population	
15	negotiate		40	maintain	
16	mediate		41	tropical	
17	compliance		42	countless	
18	election		43	symbiotic	
19	transparent		44	admire	
20	procedure		45	observe	
21	exploitative		46	conclude	
22	import		47	rewarding	
23	export		48	instruct	
24	process		49	perceive	
25	requirement		50	casual	

정답 및 해설 p.77

구문 해석 TEST

01 These disruptions have caused significant inconvenience for residents, particularly during peak usage periods such as early mornings and late evenings.

_____

_____

_____

02 The growing inadequacy of care facilities and support programs for our aging population has become a matter of increasing urgency within our community.

_____

_____

_____

03 By defending workers' rights to form and join unions, the NLRB plays a crucial role in promoting equitable labor practices and preventing exploitative workplace environments.

_____

_____

_____

04 The app helps users understand their customs requirements and allows them to avoid potential problems on arrival, greatly enhancing the convenience of travelers.

_____

_____

_____

05 Furthermore, the production process requires a significant amount of energy, and depending on the energy sources of a country, this could lead to increased carbon emissions.

_____

_____

_____

06 To ensure the start of your interview is memorable, consider using a phrase or statement that effectively conveys your value to the potential employer.

_____

_____

_____

07 Photosynthesis not only directly impacts food production, but the organic matter generated through photosynthesis also serves as an energy source for other organisms, helping to circulate energy within the ecosystem.

_____

_____

_____

_____

08 These creatures have a symbiotic relationship where the algae within the corals use the carbon dioxide produced by the corals, while the corals benefit from the oxygen generated by the algae's photosynthesis.

_____

_____

_____

_____

정답 및 해설 p.78~79

09 Engaging with others about your findings or learning more at a center enriches your wildlife watching experience.

---

10 They quickly pressed the left lever, suggesting they interpreted the stimulus as 'two events,' and they promptly pressed the right lever in response to two sounds and two flash lights, indicating they perceived that stimulus as 'four events.'

---

11 As the women in the office transitioned between work-related and personal conversations, the shift was always triggered by the highest-ranking person present, the office manager.

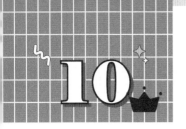

독해 실력 강화 연습문제

[01~02] 다음 글을 읽고 물음에 답하시오.

	Send Preview Save
To	Facilities Management
From	Health and Safety Division
Date	July 20
Subject	Maintenance of Fire Safety Equipment

My PC   Browse

Times New ▼ 10pt ▼ G G *G* G̲ G

Dear Facilities Management Team,

I hope this message finds you well. I am reaching out to underscore the urgent inspection concerning the fire safety apparatus within our premises. In recent internal inspections, several fire extinguishers have been found to be missing or exceeding the regular inspection schedule. This situation presents a considerable safety hazard, necessitating that all equipment be in optimal working condition prior to the forthcoming safety evaluation.

We ask you to expedite the necessary <u>maintenance</u> procedures and ensure that all fire safety systems comply with the latest standards. The integrity of our safety measures is paramount for the safety of all personnel and visitors.

Thank you for your prompt response to this important issue.

Sincerely,
Health and Safety Division

---

01 윗글의 목적으로 가장 적절한 것은?

① 화재 시 대피 방법을 안내하려고
② 화재 안전 장비의 유지보수를 요청하려고
③ 화재 감사 결과에 관해 설명하려고
④ 화재 예방 교육을 요청하려고

02 밑줄 친 "maintenance"의 의미와 가장 가까운 것은?

① installation
② component
③ upkeep
④ replacement

[03~04] 다음 글을 읽고 물음에 답하시오.

(A)

To esteemed residents,

Growing concerns over the harmful effects of emissions from nearby industrial plants have significantly deteriorated the community's air and water quality. Residents have reported increasing health issues, including respiratory disorders and skin irritations, directly tied to this pollution. To deal with these critical concerns, a special meeting will be convened to discuss practical solutions for reducing pollution levels. Your input will be key to shaping actionable strategies, and environmental experts will be on hand to provide analysis and guidance based on your proposals.

Sponsored by Green City Environmental Coalition

- **Location**: Riverside Park, adjacent to the City Hall (in case of rain: City Hall, Room 101)
- **Date**: Tuesday, January 14, 2025
- **Time**: 6:00 p.m.

We highly encourage your participation as we work together to secure a healthier future for our environment. For further information, please visit our website at www.environmentalforum.org or contact us directly at (555) 456-7890.

03 윗글의 제목으로 가장 적절한 것은?

① Safeguard Our Earth and Ecological System
② Join the Discussion on Industrial Expansion
③ Improve Facilities in Industrial Plants
④ Address the Pollution Crisis in Our Community

04 위 안내문의 내용과 일치하지 않는 것은?

① 지역 주민들의 건강 문제가 보고되었다.
② 환경 전문가들이 참석한다.
③ 회의는 화요일 저녁 6시에 시작된다.
④ 회의에 참석하기 위해 사전 등록을 해야 한다.

10

정답 및 해설 p.80~81

05 U.S Commission on Civil Rights에 관한 다음 글의 내용과 일치하는 것은?

U.S. Commission on Civil Rights Responsibilities

⎯⎯

The U.S. Commission on Civil Rights plays a vital role in investigating and addressing a variety of civil rights issues, with a specific focus on racial and gender discrimination. The commission collects and analyzes data on discrimination patterns and provides informed policy recommendations to Congress and the President. It also holds public hearings and publishes reports emphasizing the need to strengthen or better enforce civil rights laws. Through its efforts in research and advocacy, the commission strives to promote equality and combat discrimination in various sectors like housing, education, and employment.

① It provides policy recommendations only to the President.
② It does not consider data related to discrimination as important.
③ It conducts public hearings to discuss civil rights issues.
④ It focuses only on discrimination in a single area.

06 Korea Tourism Organization 앱에 관한 다음 글의 내용과 일치하지 않는 것은?

Korea Tourism Organization App

⎯⎯

The Korea Tourism Organization App is an essential app for international visitors who want to explore Korea's rich cultural assets. Its main features include a wide range of information about tourist attractions, festivals, and cultural events across the country. This app greatly improves the convenience of travel by guiding users to easily plan their itinerary and have a memorable experience. Future updates are anticipated to introduce even more features and information, enriching the travel experience further. Download the Korea Tourism Organization app from the app store to be useful and get a lot of information in a short period of time. A web version is also available for desktop users, ensuring everyone can conveniently access essential travel information online.

① It provides extensive information about tourist attractions and cultural events in Korea.
② It allows users to book accommodations directly through the app.
③ It helps users plan their itineraries and discover unique experiences.
④ It continues to update to enrich users' travel experiences.

정답 및 해설 p.81~82

07 다음 글의 주제로 가장 적절한 것은?

The idea of slow aging focuses on seeing aging as a chance for positive growth instead of linking it to weakness and decline. On the other hand, the anti-aging movement often makes aging seem scary and something to avoid, playing on fears without really helping. This view is both unrealistic and unnecessary. Instead, we should try to slow the aging process without being afraid of it. Maintaining a positive outlook is the key to aging healthily. It encourages healthy habits and helps people feel in control, often making up for other challenges that come with age. Aging should be seen as a valuable experience, not just for individuals but for society as a whole.

① biological reasons for aging and related illnesses
② The value of maintaining an optimistic outlook on aging
③ effective ways to slow down the aging process
④ knowledge and attitudes about aging among older adults

08 다음 글의 요지로 가장 적절한 것은?

Life operates according to certain rules, and while it is unwise to completely disregard them, an over-reliance on these established frameworks can constrain us. When we rigidly adhere to patterns that no longer serve their purpose, our creativity can be restrained. To foster creative thinking, it is essential to question these rules. For example, Steve Jobs transformed the tech industry by challenging the existing design and functionality of personal computers, paving the way for intuitive interfaces and sleek product designs. Similarly, Marie Curie's groundbreaking discoveries in radioactivity came from her refusal to accept the limitations of current scientific knowledge. By questioning long-held assumptions, she unlocked new frontiers in physics and chemistry. Creativity often stems from the realization that we are not bound to follow tradition but can forge new paths by challenging the status quo.

① Only creative and daring individuals accelerate the progress of history.
② Creativity is not a product of chance but the result of consistent effort.
③ Embracing desirable social rules is beneficial for enhancing creativity.
④ Questioning and challenging existing rules increases creativity.

10

정답 및 해설 p.82~83

09 다음 글의 흐름상 어색한 문장은?

The title of a scientific paper should be carefully selected so that the content of the paper can be clearly communicated to readers in the future within the length limit, and the title helps readers decide if they want to read more. ① In reality, titles are the primary source of information used mainly by indexers. ② So, if possible, it is good to include key keywords in your title, such as the words to use when listing papers in your index. ③ As a result, most journal articles are between two to twenty pages long, which makes authors put all the important information into a small space. ④ For instance, if the paper studies a few chemical compounds, it's important to include their names in the title so that the paper can be indexed under those names. Therefore, an effective title not only conveys the research focus but also enhances the visibility of the paper in academic databases.

10 주어진 문장이 들어갈 위치로 가장 적절한 것은?

His philosophy promotes abandoning personal property, family ties, and societal values to eliminate "illusory" emotional connections.

Diogenes, the Greek philosopher, argued that self-mastery or self-sufficiency leads to happiness and freedom but requires continuous practice and resilience. (①) Despite its radical nature, Diogenes' approach finds parallels in the teachings of Eastern philosophies such as Buddhism and Taoism. (②) Critics argue that Diogenes' way of life is self-centered and depends on the charity and productivity of others, undermining his own lifestyle. (③) This highlights a deeper philosophical issue, not merely a practical one, about the universal application of ethical principles. (④) If everyone adopted Diogenes' approach, it would lead to societal collapse, making it impractical for anyone, including Diogenes, to focus on self-mastery.

11 주어진 글 다음에 이어질 글의 순서로 가장 적절한 것은?

Mountain biking can be an exciting and challenging outdoor activity.

(A) After a thrilling ride on rugged terrain, taking a break to rest and hydrate is important. This helps you recover and ensures you're ready for the rest of your biking adventure.

(B) Finally, after returning from your ride, cleaning your bike and reflecting on the day's adventure can be a satisfying conclusion. Taking care of your bike and thinking about the experience helps you appreciate the ride and prepares you for future outings.

(C) You might start by checking your bike for safety and ensuring your riding gear is in good condition before heading out on the trails. This preparation is crucial for a safe and enjoyable ride.

① (B) − (A) − (C)
② (B) − (C) − (A)
③ (C) − (A) − (B)
④ (C) − (B) − (A)

정답 및 해설 p.83~84

12 밑줄 친 부분에 들어갈 말로 가장 적절한 것은?

We established a tasting area in a local supermarket and invited shoppers passing by to sample two different types of jam and tea, asking them to choose which option they preferred from each pair. Right after the participants made their selections, we had them sample their chosen option again and verbally explain their reasoning for that choice. The clever part of the study was that we secretly swapped the contents of the sample containers, intending for the participants to describe a choice they did not actually make. Most of them were unaware that their selection was not genuine and proceeded to explain their reasoning. In total, fewer than one-third of the manipulated trials were recognized. Even with distinctly different flavors like Cinnamon-Apple and bitter Grapefruit, or the scent of Mango and strongly flavored wine, less than half of the trials were detected, indicating a significant degree of choice blindness regarding the taste and smell of two different consumer products. It appears that once we have established a preference, we _____.

① try to avoid adding new preferences

② are committed to justifying our decision

③ consistently explore other possible choices

④ fear loss greater than the potential for gains

13 밑줄 친 부분에 들어갈 말로 가장 적절한 것은?

Peter Norvig, an expert in artificial intelligence, likes to compare big data to images. He begins by asking us to visualize the iconic horse depicted in the cave paintings of Lascaux, France, which are approximately 17,000 years old. Next, he prompts us to think of a photograph of a horse — or even better, the brush strokes of Pablo Picasso, which bear a resemblance to the cave paintings. When Picasso saw the Lascaux images, he famously stated that since then, "We have invented nothing." While Picasso's statement holds some truth, it also has its limitations. Consider the photograph of the horse again. Creating a drawing of a horse used to take a long time, but now it can be captured much more quickly through photography. This represents a change, but it might not be the most significant one, as it still fundamentally depicts a horse. Now, Norvig suggests, imagine capturing an image of a horse and playing it at 24 frames per second. This quantitative change results in a qualitative transformation; a movie is fundamentally different from a still photograph. The same principle applies to big data: _____ _____.

① paradigm shift in data analysis promises change

② by changing the amount, we change the essence

③ new technologies have brought quantitative data

④ the more data you have, the less use you make of it

어휘 TEST 👍

1	underscore		26	restrain	
2	apparatus		27	intuitive	
3	premise		28	groundbreaking	
4	exceed		29	realization	
5	evaluation		30	limit	
6	expedite		31	author	
7	paramount		32	compound	
8	detrimental		33	convey	
9	respiratory		34	abandon	
10	disorder		35	undermine	
11	irritation		36	universal	
12	input		37	impractical	
13	racial		38	challenging	
14	congress		39	outing	
15	advocacy		40	prefer	
16	cultural		41	selection	
17	asset		42	clever	
18	memorable		43	intend	
19	enrich		44	manipulate	
20	period		45	visualize	
21	weakness		46	depict	
22	challenge		47	prompt	
23	valuable		48	invent	
24	strength		49	limitation	
25	constrain		50	represent	

정답 및 해설 p.86

구문 해석 TEST

01 This situation presents a considerable safety hazard, necessitating that all equipment be in optimal working condition prior to the forthcoming safety evaluation.

02 Growing concerns over the harmful effects of emissions from nearby industrial plants have significantly deteriorated the community's air and water quality.

03 Through its efforts in research and advocacy, the commission strives to promote equality and combat discrimination in various sectors like housing, education, and employment.

04 This app greatly improves the convenience of travel by guiding users to easily plan their itinerary and have a memorable experience.

05 On the other hand, the anti-aging movement often makes aging seem scary and something to avoid, playing on fears without really helping.

06 For example, Steve Jobs transformed the tech industry by challenging the existing design and functionality of personal computers, paving the way for intuitive interfaces and sleek product designs.

07 As a result, most journal articles are between two to twenty pages long, which makes authors put all the important information into a small space.

08 If everyone adopted Diogenes' approach, it would lead to societal collapse, making it impractical for anyone, including Diogenes, to focus on self-mastery.

09 You might start by checking your bike for safety and ensuring your riding gear is in good condition before heading out on the trails.

_____

_____

_____

10 We established a tasting area in a local supermarket and invited shoppers passing by to sample two different types of jam and tea, asking them to choose which option they preferred from each pair.

_____

_____

_____

11 Next, he prompts us to think of a photograph of a horse — or even better, the brush strokes of Pablo Picasso, which bear a resemblance to the cave paintings.

_____

_____

_____

10

MEMO

진가영

주요 약력

現) 박문각 공무원 영어 온라인, 오프라인 대표교수
서강대학교 우수 졸업
서강대학교 영미어문 심화 전공
중등학교 정교사 2급 자격증
단기 공무원 영어 전문 강의(개인 운영)

주요 저서

New Trend 진가영 영어 단기합격 문법 All In One(박문각)
New Trend 진가영 영어 단기합격 독해 All In One(박문각)
New Trend 진가영 영어 단기합격 VOCA(박문각)
New Trend 진가영 영어 단판승 문법 적중 포인트 100(박문각)
New Trend 진가영 영어 반한다 기출 문법·어휘 & 생활영어(박문각)
New Trend 진가영 영어 반한다 기출 독해(박문각)
New Trend 진가영 영어 어휘끝판왕[어판왕](박문각)
New Trend 진가영 영어 독해끝판왕[독판왕](박문각)
New Trend 진가영 영어 문법끝판왕[문판왕](박문각)
진가영 영어 신독기 구문독해(박문각)
진가영 영어 신경향 어휘 마스터(박문각)
진가영 영어 신경향 독해 마스터 시즌1(박문각)
진가영 영어 신경향 독해 마스터 시즌2(박문각)
진가영 영어 진독기 구문독해 시즌1(박문각)
진가영 영어 단판승 생활영어 적중 70(박문각)
진가영 영어 하프 모의고사(박문각)
2024 박문각 공무원 봉투모의고사(박문각)

진가영 영어 ✧✦ 독해 끝판왕

초판 인쇄 2024. 12. 5. | **초판 발행** 2024. 12. 10. | **편저자** 진가영
발행인 박 용 | **발행처** (주)박문각출판 | **등록** 2015년 4월 29일 제2019-000137호
주소 06654 서울시 서초구 효령로 283 서경 B/D 4층 | **팩스** (02)584-2927
전화 교재 문의 (02)6466-7202

저자와의
협의하에
인지생략

정가 17,000원
ISBN 979-11-7262-322-7

꿈은 이루어진다 ✚
Dreams come true!

★★★★★ **철도경찰직 합격, 영어 95점** 이**

저는 공부 마무리를 교수님의 단판승 문법 킬포인트 100이라는 강의로 했습니다. **잠깐 까먹었던 개념들이나 아직 살짝 헷갈렸던 개념들을 빠르게 정리하는 강의**였습니다. 마무리로 양을 늘리는 것이 아니라 아는 내용, 시험에 꼭 나오는 내용을 다시 한 번 꼼꼼히 짚고 넘어갈 수 있어 좋았습니다. 또 마지막엔 안 그래도 짧은 단판승을 3시간으로 요약한 강의를 제공해 주셔서 시험 직전 마무리 공부에 정말 큰 도움을 받았습니다.

★★★★★ **충남 교행 수석 합격, 영어 100점** 김**

매번 가영쌤이 고유명사처럼 Mr.판승을 애타게 부르짖으며 홍보하는 **존재감 넘치는 강의**입니다.
문법의 핵심 킬포인트를 **반복하며 확실하게 내 것으로 만들 수 있도록** 많은 노력을 기울여 주십니다. 기존에 확실히 배우고 넘어갔다 생각한 문법 포인트들도 어느 순간 기억 속에서 잘 안 꺼내지는 경우가 많은데 그런 상황을 해결하는 데 많은 도움을 줍니다. 더 확실하게 기억할 수 있게 매번 특강들을 통해서도 요점들을 반복하여 계속 언급해 주시기 때문에 수험생 입장에서는 **반복 회독하는 부분까지 그냥 떠먹여 주는 대로 받아먹으면 되는** 든든한 강의입니다.

★★★★★ **일반행정직 합격, 영어 95점** 김**

가영쌤의 수업이 정말 좋았던 이유는 문법, 독해를 체계적으로 잘 가르쳐 주시고 매일매일 단어인증을 숙제로 내주셔서 의무감으로라도 단어를 꾸준히 외울 수 있도록 도와 주셨다는 점입니다!! 또, 엄청나게 지엽적인 문제들 위주로 가르쳐 주시기보다는 정말 시험에 나오는 것들, **출제 포인트를 딱 집어서 가르쳐 주셔서 시험장 가서도 '내가 어떤 출제 포인트에 집중하면 되겠다!'라는 부분을 알 수 있도록 도와 주셨습니다.** 가영쌤 400제, 동형, 단판승 **정말 최고입니다!!!** 이 세 개의 커리만 제대로 따라가도 충분히 고득점 가능하다고 생각합니다.

★★★★★ **사회복지직 합격, 영어 95점** 강**

선생님은 자칫 지루할 수 있는 **문법 수업을 정말 쉽고 재미있고 어려운 부분까지 정확하게 다루어 주셨습니다!** 선생님의 단판승 요약서를 보고 선생님의 문법 특강 강좌에 참여하면서 선생님과 호흡하는 재미있는 수업을 하였고, 수업이 끝난 후에는 **어느 순간 리틀 가영(?)이 되어 선생님이 알려준 재밌는 암기법과 챈트들로 재미있게 문법을 푸는 제 자신을 발견하게 되었습니다.** 단판승 요약서를 활용한 문법 강의를 진행하여 수험생들에게 문법에 대한 두려움을 없애고 중요한 내용을 토가 나올 정도로 반복하여 시험이 가까워질 때는 완벽에 가깝게 암기하여 적용을 원활하게 잘할 수 있도록 좋은 강의를 진행해 주셨습니다.

2025년
신경향(New Trend) ✦
정규 커리큘럼

합격을 위한
필수 과정

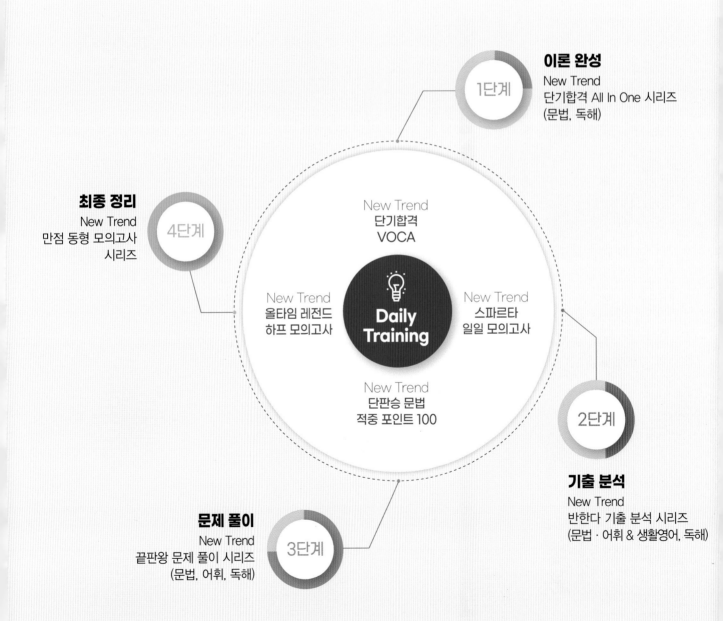

이론 완성
New Trend
단기합격 All In One 시리즈
(문법, 독해)

1단계

최종 정리
New Trend
만점 동형 모의고사
시리즈

4단계

New Trend
단기합격
VOCA

New Trend
올타임 레전드
하프 모의고사

Daily Training

New Trend
스파르타
일일 모의고사

New Trend
단판승 문법
적중 포인트 100

2단계

기출 분석
New Trend
반한다 기출 분석 시리즈
(문법 · 어휘 & 생활영어, 독해)

문제 풀이
New Trend
끝판왕 문제 풀이 시리즈
(문법, 어휘, 독해)

3단계

9급 공무원 영어 시험대비

박문각
공무원

예상문제

진가영
영어

진가영 편저

New Trend
단기합격 길라잡이

2025년 출제 기조 전환 대비

필수 독해 예상 문제 수록

독해
끌판왕 정답 및 해설

동영상 강의 www.pmg.co.kr

진가영
영어

진가영 편저

New Trend
단기합격 길라잡이

2025년 출제 기조 전환 대비

필수 독해 예상 문제 수록

독해
끝판왕 정답 및 해설

동영상강의 www.pmg.co.kr

독해 실력 강화 연습문제 정답 및 해설

[01~02]

> 수신인 : 지역 교통 부서
>
> 발신인 : James Kim
>
> 날짜 : 8월 3일
>
> 제목 : Maple Avenue의 악화되고 있는 상태
>
> 안녕하세요 선생님,
>
> 이 메시지가 잘 전달되기를 바랍니다. 저는 Maple Avenue의 악화되고 있는 상태에 대해 당신의 관심을 요청하기 위해 이 글을 씁니다. 최근 몇 주 동안, 여러 개의 깊은 움푹 패인 곳이 생겨, 이는 운전자와 보행자 모두에게 심각한 위험을 초래하고 있습니다. 도로의 현재 상태는 이미 몇 차례의 사고를 유발했으며, 이러한 위험이 해결되지 않으면서 위험은 계속 커지고 있습니다.
>
> 저는 당신의 부서가 이 도로의 중요한 구간에 대한 수리를 <u>신속히 처리하여</u> 추가 사고를 방지할 것을 강력히 촉구합니다. 이 주요 도로를 이용하는 사람들의 안전을 확보하는 것이 최우선 과제가 되어야 합니다. 이 긴급한 문제에 즉각적인 관심을 가져주셔서 대단히 감사드립니다.
>
> 진심을 담아,
>
> James Kim

01 정답 ①

정답 해설

이 글의 주된 목적은 Maple Avenue의 위험한 도로 상태에 대한 긴급성을 강조하며, 이를 신속하게 수리해 줄 것을 요청하고 있으며 도로 안전을 최우선으로 고려해야 한다고 언급하고 있다. 따라서 글의 목적으로 가장 적절한 것은 ①이다.

오답 해설

② 이 글에서는 교통량에 대한 언급이 없으며, 주된 초점은 도로의 상태와 안전 문제에 있다.

③ 항의보다는 문제 해결을 요청하는 내용이므로 부적절하다.

④ 이 글에서는 구체적인 장기 계획에 대한 요청이 아니라, 즉각적인 수리를 요청하고 있다.

02 정답 ④

정답 해설

밑줄 친 'expedite'는 문맥에서 '신속히 처리하여~'의 뜻으로 해석되며, 이와 의미가 가장 가까운 것은 ④ 'accelerate(가속화하다)'이다.

오답 해설

① exonerate 무죄임을 밝혀주다

② impose 부과하다

③ evaluate 평가하다

어휘

☐ deteriorating 악화되어가고 있는, 악화중인, 열악한

☐ pothole (도로에) 움푹 패인 곳

☐ endanger 위험에 빠뜨리다, 위태롭게 만들다

☐ motorist 운전자

☐ pedestrian 보행자

☐ incident 일, 사건

☐ thoroughfare 주요 도로

[03~04]

> 교육 시설의 부족 문제 해결하기
>
> 존경하는 지역 주민 여러분,
>
> 교육 시설의 불충분함에 대한 최근의 우려가 점점 더 뚜렷해지고 있으며, 특히 많은 지역 학교들이 과밀화와 열악한 조건으로 어려움을 겪고 있습니다. 이러한 긴급한 문제를 해결하기 위해 특별 회의가 소집될 예정이며, 모든 학생들을 위한 교육 환경을 개선하기 위해 전략을 논의할 것입니다.
>
> 당신의 통찰과 제안을 공유해 주시기를 기대하며, 당신의 의견을 바탕으로 우리 지역 사회의 계획에 대해 귀중한 관점을 제공할 전문가들도 참석할 것입니다.
>
> **회의 세부 사항**
>
> • **장소** : 커뮤니티 교육 센터, 메인 강당
>
>   (인원이 초과할 경우 : 회의실 201)
>
> • **날짜** : 2025년 4월 14일 월요일
>
> • **시간** : 오후 6:30
>
> 당신의 참여는 우리 학생들의 교육 경험의 미래를 형성하는 데 매우 중요합니다. 추가 정보는 저희 웹사이트 www.educationforum.org 를 방문하시거나 (555) 345-6789로 저희 사무실에 연락해 주십시오.

03 정답 ③

정답 해설

교육 시설 부족 문제를 해결하기 위한 특별 회의에 대한 글이다. 본문에서 다루고 있는 교육 시설의 부족 문제를 직접적으로 반영하면서, 회의의 주제를 잘 나타내는 것으로 윗글의 제목으로 적절한 것은 ③이다.
① 학생 학습 향상을 위한 전략을 개발하세요
② 환경에 관한 토론에 참여하세요
③ 교육 시설 부족 문제를 해결하세요
④ 포괄적인 교육 개혁을 위해 협력하세요

오답 해설

① 회의에서는 학생들의 학습 향상을 위한 전략을 개발하는 것이 아니다. 학생들을 위한 교육 환경을 개선하기 위한 전략을 논의한다.
② 환경에 관한 논의를 언급하고 있는 것은 아니다. 본문은 학교 시설의 부족 문제를 언급하고 있다.
④ 본문에서 다루고 있는 중심 내용은 교육 시설 문제를 해결하는 것에 있으므로 포괄적인 교육 개혁이 아니다.

04 정답 ③

정답 해설

본문의 3번째 문장에서 회의의 주된 목적은 학생들을 위한 교육 환경을 개선하기 위한 전략을 논의하는 것이라고 언급하고 있다. 따라서 위 안내문의 내용과 일치하지 않는 것은 ③이다.

오답 해설

① 본문의 3번째 문장에서 교육 환경 개선을 위한 방안 논의가 회의의 목적임을 언급하고 있으므로, 안내문의 내용과 일치한다.
② 본문의 4번째 문장에서 언급하고 있으므로 위 안내문의 내용과 일치한다.
④ 본문의 6번째 문장에서 언급하고 있으므로 위 안내문의 내용과 일치한다.

어휘

- [ ] inadequacy 부족함, 무능함, 불충분함
- [ ] facility 시설, 기관, 기능
- [ ] overcrowding 과밀, 혼잡, 과잉 수용
- [ ] convene 소집하다, 회합하다
- [ ] insight 통찰력, 이해
- [ ] suggestion 제안, 의견, 시사, 암시
- [ ] perspective 관점, 시각, 균형감, 원근법
- [ ] auditorium 강당, 객석
- [ ] overflow 넘침, 초과됨, 범람, 넘치다
- [ ] participation 참여, 참가

05 정답 ①

> 소비자 보호국(CPB) 책임
>
> 소비자 보호국은 금융 시장에서 불공정하고 기만적이며 악용하는 관행으로부터 소비자를 보호하는 데 중점을 두고 있습니다. 이 기관은 금융 기관이 소비자를 공정하게 대우하고, 그들의 서비스에서 투명성을 유지하도록 하기 위해 연방법을 집행합니다. 게다가, CPB는 소비자들에게 그들의 권리에 대해 교육하고 그들이 복잡한 금융 상황을 헤쳐 나갈 수 있도록 중요한 정보를 제공합니다. 그것은 또한 소비자 불만을 효과적으로 처리하며, 금융 기관들이 책임을 다하도록 촉진합니다. 신용 카드 회사, 대출 기관 및 채권 추심 업체를 규제함으로써 CPB는 법적 기준을 준수하도록 하는 중요한 역할을 합니다. 궁극적으로, CPB는 집행 및 교육 노력을 통해 소비자가 현명한 결정을 내리고 사기를 피할 수 있도록 돕습니다.

① 이것은 소비자를 보호하기 위해 불공정하고 기만적인 금융 관행을 단속한다.
② 이것은 소비자들에게 그들의 권리를 보호하는 방법을 알려주지 않는다.
③ 이것은 대출업체에 대해서는 관여하지 않는다.
④ 이것은 소비자의 불만을 주로 관리한다.

정답 해설

본문의 1번째 문장에서 언급하고 있으므로 윗글의 내용과 일치하는 것은 ①이다.

오답 해설

② 본문의 3번째 문장에서 '소비자 교육을 제공한다'라고 언급하고 있으므로 윗글의 내용과 일치하지 않는다.
③ 본문의 5번째 문장에서 '대출 기관을 규제한다'라고 언급하고 있으므로 윗글의 내용과 일치하지 않는다.
④ 본문의 4번째 문장에서 '소비자 불만도 효과적으로 처리한다'라고 언급하고 있지만 이 기관의 주로 관리하는 업무는 아니므로 윗글의 내용과 일치하지 않는다.

어휘

- [ ] unfair 불공정한, 부당한
- [ ] deceptive 기만적인, 현혹하는
- [ ] abusive 악용하는, 남용하는, 모욕적인, 폭력적인
- [ ] federal law 연방법
- [ ] institution 기관, 단체, 협회, 제도
- [ ] transparency 투명성, 명백함
- [ ] complaint 불평, 고소
- [ ] regulate 규제하다, 조절하다
- [ ] comply 준수하다, 따르다
- [ ] standard 기준, 수준, 일반적인, 보통의
- [ ] fraud 사기(죄), 가짜

06 정답 ②

> 외국인 건강보험 안내 앱
>
> 외국인 건강보험 안내 앱은 한국에 있는 외국인에게 필수적인 앱으로, 건강보험 옵션에 대한 중요한 정보를 제공합니다. 이 앱의 주요 기능은 등록, 혜택 및 의료 서비스 이용에 대한 자세한 안내가 포함되어 있어 사용자가 한국의 의료 시스템을 효과적으로 활용할 수 있도록 돕습니다. 이 앱은 외국인이 체류 기간 동안 건강을 유지하는 데 필요한 정보를 제공하여 편의성을 크게 향상시킵니다. 향후 업데이트를 통해 자료와 기능을 확장하여 사용자의 요구를 더욱 지원할 것으로 예상됩니다. 시작하려면 앱 스토어에서 외국인 건강보험 안내 앱을 다운로드하여 잘 준비되었는지 확인하세요. 데스크톱 사용자를 위한 웹 버전도 제공되어 온라인에서 중요한 정보에 쉽게 접근할 수 있습니다.

① 이것은 사용자들이 한국의 의료 시스템을 잘 활용할 수 있도록 돕는다.
② 이것은 의료 제공자와의 직접 통신 기능을 포함한다.
③ 이것은 외국인들의 편리함을 향상시킨다.
④ 이것은 개선 사항을 위한 업데이트를 제공할 것이다.

정답 해설

본문에서 '직접 의료 제공자와 소통하는 기능'에 대해서는 언급되지 않았다. 따라서 윗글의 내용과 일치하지 않는 것은 ②이다.

오답 해설

① 본문의 2번째 문장에서 언급하고 있으므로 윗글의 내용과 일치한다.
③ 본문의 3번째 문장에서 언급하고 있으므로 윗글의 내용과 일치한다.
④ 본문의 4번째 문장에서 언급하고 있으므로 윗글의 내용과 일치한다.

어휘

□ insurance 보험, 보험료
□ foreigner 외국인, 국외자
□ enrollment 등록, 기재, 입학, 입대
□ enhance 향상시키다, 높이다
□ convenience 편의, 편리
□ expect 예상하다, 기대하다
□ expand 확대[확장]되다

07 정답 ①

> 일과 삶의 균형 개념은 개인 생활과 직장 생활의 경계가 점점 모호해지면서, 특히 원격 근무의 증가와 함께 더욱 두드러지고 있다. 많은 조직들이 이제 유연한 근무 시간을 제공하여 직원들이 시간을 더 효과적으로 관리할 수 있도록 하고 있다. 그러나 이러한 재택근무의 자유는 "항상 연결된" 문화에 기여하여, 직원들이 직장에서 분리되기 어려워지게 만들었다. 그 결과, 일부 사람들은 유연성이 장점을 제공하는 반면, 제대로 관리되지 않으면 스트레스를 높이고 번아웃을 초래할 수 있다고 주장한다.

반면에, 다른 사람들은 명확한 경계를 설정하고 효과적인 시간 관리를 실천하면서 개인이 이러한 유연성을 충분히 활용할 수 있으며, 궁극적으로는 더 균형 잡히고 만족스러운 삶을 살 수 있다고 반박한다.

① 원격 근무에서 유연성과 극도의 피로의 균형 맞추기
② 원격 근무에서 생산성을 향상시키는 방법
③ 원격 팀 관리의 어려움
④ 일과 삶의 균형 문제에 대한 완전한 해결책인 원격 근무

정답 해설

'원격 근무'와 '일과 일의 균형'에 대한 글로, 원격 근무의 확산으로 개인 생활과 직장 생활의 경계가 흐려지면서, 일과 삶의 균형의 중요성이 더욱 커지고 있음을 설명하고 있다. 특히 네 번째 문장에서 유연한 근무 시간이 직원들의 시간 관리에 긍정적인 영향을 미치지만, 문제를 초래할 수 있음을 강조하고 있으며, 이에 대한 해결책으로 마지막 문장에서 '균형 잡힌 삶'을 강조하고 있다. 따라서 글의 주제로 가장 적절한 것은 ①이다.

어휘

□ blurred 모호한, 희미한, 흐릿한
□ remote work 원격 근무
□ flexible 유연한, 융통성 있는
□ disconnect 분리하다, 연결[접속]을 끊다
□ counter 반박[논박]하다, 대응하다
□ boundary 경계[한계](선), 분계선
□ satisfy 만족시키다, 납득시키다

08 정답 ②

> 삶은 새로운 환경에 적응하는 지속적인 과정이며, 이는 종종 다루기 어려울 수 있다. 염두에 두어야 할 유용한 통찰은, 산만함이 일반적으로 중요한 일이 일어나고 있다는 신호라는 것이다. 산만함은 익숙하지 않거나 예상치 못한 일이 벌어지고 있음을 암시하는 것으로 해석할 수 있으며, 이러한 감각에 주의를 기울여야 한다. 이러한 산만함은 우리의 습관적인 반응과 현재 상황 간의 불일치를 강조할 수 있다. 일상이 중단되면, 보통 알아차리지 못하는 패턴을 인식하게 된다. 이러한 고양된 인식은 환경이나 자신의 행동을 조정할 수 있도록 해준다. 궁극적으로, 산만함은 혁신의 강력한 촉매제 역할을 할 수 있으며, 우리의 주의를 전환하고 새로운 관점을 모색할 수 있도록 한다. 이러한 예상치 못한 만남을 통해 우리는 다른 방법으로는 인식하지 못했을 맹점을 발견하게 된다.

① 우리는 학습 효율성을 높이기 위해 방해하는 환경을 관리해야 한다.
② 우리는 산만함의 감정을 혁신의 촉매로 활용해야 한다.
③ 변화에 적응하기 위해 유연한 사고방식을 유지하는 것이 중요하다.
④ 위기를 기회로 전환하기 위해 시각의 변화가 필요하다.

정답 해설

산만함과 혁신의 관계에 대한 글로, 삶의 산만함은 ·적응의 신호이며, 이를 통해 우리는 새로운 관점을 탐색하고 혁신을 촉진할 수 있음을 특히 일곱 번째 문장에서 강조하고 있다. 따라서 글의 요지로 가장 적절한 것은 ②이다.

어휘

□ continuous 지속적인, 계속되는
□ adapt 적응하다, 조정하다, 각색하다
□ keep in mind 염두에 두다, 명심하다
□ distraction 산만함, 주의 산만, 기분 전환
□ interpret 해석하다, 설명하다, 이해하다
□ indication 말, 암시, 조짐
□ sensation 감각, 느낌
□ discrepancy 차이, 불일치
□ catalyst 촉매(제), 기폭제
□ perspective 관점, 시각, 균형감, 원근법
□ encounter 만남, 접촉, 접하다, 마주치다
□ blind spot 맹점, 약점, 사각 지대

09 정답 ④

도시화는 도시 환경과 사람들의 생활 방식에 상당한 변화를 가져왔다. 도시 지역의 확장은 종종 오염 수준 상승과 교통 체증과 관련이 있다. ① 주민들의 복지를 증진하기 위해 많은 도시들이 녹지 공간을 조성하였다. ② 도시에 거주하는 사람들이 증가함에 따라 효율적인 대중교통 시스템에 대한 필요성도 커졌다. ③ 한편, 더 많은 사람들이 도시 중심지로 이동하면서 농촌 지역은 인구 감소를 겪고 있다. (④ 원격 근무의 추세는 주로 기술 발전에 의해 나타났다.) 결과적으로, 도시 계획자들은 이러한 문제를 해결하기 위해 지속 가능한 발전에 점점 더 치중하고 있다.

정답 해설

'도시화의 영향과 문제'에 대한 글로, 도시화는 환경과 생활 방식을 변화시키며, 오염과 교통 혼잡을 증가시키고, 공공 교통과 녹지 공간의 필요성을 높이고 있음을 설명하고 있다. 나머지 문장들은 도시화가 가져온 환경 변화와 그에 따른 문제들에 대해 설명하고 있지만 ④만 '원격 근무의 추세'에 관한 내용으로, 도시화와의 관련성이 없다. 따라서 글의 흐름상 어색한 문장은 ④이다.

어휘

□ urbanization 도시화
□ considerable 상당한, 많은
□ expansion 확장, 확대, 팽창
□ traffic jam 교통 체증
□ rural 시골의, 농촌의, 지방의
□ urban 도시의, 도회지의
□ remote work 원격 근무
□ advancement 발전, 진보, 승진, 출세

10 정답 ③

플라시보 효과는 치료적 가치가 인정되지 않은 물질이나 절차로 인해 나타나는 건강 개선 현상으로, 환자들이 단순한 설탕 알약을 효과적인 약으로 생각하고 복용한 후 기대나 믿음에 기반해 보고하는 경우가 많다. (①) 플라시보 효과는 뇌의 보상 시스템과 관련이 있으며, 마케팅의 많은 부분이 고객의 마음에서 비의료적 플라시보 효과를 달성하려는 시도라고 말하는 것은 그리 큰 비약이 아니다. (②) 인구의 약 10%는 암시에 매우 취약한 것으로 알려져 있으며, 이들은 공격적인 마케팅의 쉬운 표적이 될 수 있다. (③ 플라시보 효과는 일반적으로 해롭지 않지만, 매년 건강 제품과 서비스에 수백만 달러의 지출이 발생하며, 그들이 그 수치의 원인이 된다.) 예를 들어, 비타민 C의 대량 복용은 암을 치료하는 것으로 입증된 적이 없지만, 이에 대한 지출은 연간 300억 달러를 초과한다. (④) 의료 치료가 긴급히 필요한 상황에서 잘못된 플라시보를 잘못 사용하는 사람들은 건강 문제의 위험을 증가시킨다.

정답 해설

플라시보 효과와 건강 제품에 대한 지출에 대한 글로, 플라시보 효과는 치료적 가치가 없는 물질로 인한 건강 개선을 의미하며, 연간 수억 달러의 소비를 초래함을 설명하고 있다. 주어진 문장은 플라시보 효과가 건강 제품과 서비스에 대한 막대한 지출을 초래한다는 내용을 담고 있다. ③ 뒤에서 비타민 C의 예시를 통해 이러한 지출이 어떻게 발생하는지를 구체적으로 설명하며, 주어진 문장과 잘 연결된다. 따라서 주어진 문장이 들어갈 위치로 가장 적절한 것은 ③이다.

어휘

□ placebo effect 플라시보 효과
　(위약 투여에 의한 심리 효과로 실제로 호전되는 일)
□ expenditure 지출, 비용, 소비[소모]
□ apparent 분명한, 명백한
□ substance 물질, 실체, 본질, 핵심
□ therapeutic 치료상의, 치료법의
□ expectation 예상, 기대
□ megadose 대량 투여(량), 대량 투여하다
□ mistakenly 잘못하여, 실수로

11 정답 ③

조깅은 야외에서 즐기면서 체력을 유지하는 훌륭한 방법을 제공한다.
(C) 조깅을 효과적으로 시작하려면, 가벼운 스트레칭이나 빠른 걸음으로 워밍업을 하여 근육을 준비시켜야 한다.
(A) 조깅을 마친 직후에는, 부드러운 스트레칭으로 몸을 식히고, 회복을 돕기 위해 물을 충분히 마시는 것이 중요하다.
(B) 조깅을 마치고 집으로 돌아온 후에는, 건강한 간식이나 스무디를 즐기고, 휴식을 취하며 긴장을 푸는 것이 좋다.

정답 해설

조깅으로 건강 유지하기에 대한 글로, 조깅의 과정을 설명하고 있다. 조깅의 시작에 대한 설명을 하는 (C)로 이어져야 하며, 조깅을 마친 바로 직후 부드러운 스트레칭으로 몸을 식히고 수분을 보충하는 것이 회복에 중요하다고 강조하는 (A)로 이어져야 하며, 마지막으로 집에 돌아오면 건강한 간식이나 스무디를 즐기고 휴식을 취하는 것이 좋다는 (B)로 이어져야 한다. 따라서 글의 순서로 가장 적절한 것은 ③이다.

어휘

☐ maintain 유지하다, 지키다
☐ outdoor 야외의, 옥외의
☐ recover 회복되다, 되찾다
☐ unwind 긴장을 풀다
☐ lightly 가볍게, 부드럽게

12 **정답** ①

2013년, 포브스 잡지는 워런 버핏이 자신의 기존의 신념을 지지하는 방식으로 정보를 해석하고 기억하게 만드는 확증 편향의 함정에 빠지지 않기 위해 어떻게 노력하는지, 그리고 이것이 재무 투자자에게 미치는 영향에 대해 조사했다. 잡지는 "확증 편향은 투자자에게 특히 위험하다. 예를 들어, 투자자가 한 회사에 대해 긍정적인 시각을 갖게 되면 부정적인 정보는 중요하지 않거나 틀린 것으로 무시할 수 있다고." 경고했다. 이러한 위험은 기업가와 비즈니스 전문가에게도 해당된다. 포브스는 이른바 '버핏 접근법'을 논의하면서 버핏이 CEO로 재직 중인 다국적 기업 Berkshire Hathaway의 2013년 연례 주주 총회를 회상했다. 버핏은 자신이 하는 모든 것을 응원할 전문 지지자를 초청하는 대신, 버핏과 Berkshire Hathaway에 대해 비판적인 입장을 가진 펀드 매니저 Doug Kass를 초청 연사로 선택했다. 포브스는 이를 "대부분 전례 없는" 일로 언급하며, 이 솔직한 결정에 대해 버핏을 칭찬했다. 사실, <u>도전 문화를 조성하는 것</u>은 확증 편향에 대항하기 위한 권장 사항 중 하나였다.

① 도전 문화를 조성하는 것
② 상세한 반박 요청하는 것
③ 문제가 있다는 것을 인정하는 것
④ 전략의 결함 파악하는 것

정답 해설

Warren Buffett(워런 버핏)과 확증 편향의 극복에 대한 글로, 포브스 잡지는 워런 버핏이 확증 편향을 피하기 위해 비판적인 목소리를 수용하는 방법을 분석하며, 이로 인해 투자자들에게 미치는 영향을 경고하고 있다. 워런 버핏이 확인 편향을 피하기 위해 선택한 방법은 비판적 사고를 촉진하고 다양한 의견을 수용하는 문화를 만드는 것이다. 따라서 밑줄 친 부분에 들어갈 말로 가장 적절한 것은 ①이다.

어휘

☐ examine 조사[검토]하다, 검사[진찰]하다
☐ confirmation bias 확증 편향
☐ existing 기존의, 현재 사용되는
☐ implication 영향, 결과, 함축, 연루

☐ caution 경고[주의]를 주다, 조심, 경고
☐ disregard 무시하다, 묵살하다
☐ entrepreneur 사업가, 기업가
☐ discuss 논의[상의/의논]하다
☐ multinational 다국적의, 다국적 기업
☐ unprecedented 전례 없는
☐ straightforward 솔직한, 간단한, 쉬운

13 **정답** ③

'허수아비'라는 용어는 토론과 논쟁에서 흔히 발견되는 비공식적 오류의 한 유형을 묘사한다. 이 수사적 기법은 <u>상대방의 입장의 일부를 과장하는 것</u>에 의존한다. 일반적으로 허수아비 주장은 실제 주장보다 더 말도 안 되게 만들어져 반박하기가 더 쉽다. 예를 들어, 당신이 친구와 지구 온난화에 대해 논쟁하고 있으며 정부가 향후 20년 동안 CO_2 배출량을 줄이기 위해 연료 효율 기준을 높여야 한다고 믿고, 반면 친구는 자동차가 이 문제와 무관하다고 믿고 있다고 가정해보자. 그러면 친구는 "우리 도시는 자동차가 필요하도록 설계되었어. 너의 해결책은 경제를 망칠 거야. 사람들이 자동차 없이 어떻게 통근하겠어? 그건 절대 성공하지 않아."와 같은 식으로 반응할 수 있다. 이 경우, 그는 당신의 제안을 과장된 형태로 다루고 있으며, 이는 당신의 실제 입장을 반박하기보다 더 간단하게 반박할 수 있다. 그는 연료 효율성이라는 보다 온건한 제안에 관여하는 대신 모든 자동차를 없애야 한다는 극단적인 의견에 반박하고 있다.

① 해당 분야의 권위자에게 호소하는 것
② 증거로 상대방의 주장을 반박하는 것
③ 상대방의 입장의 일부를 과장하는 것
④ 논쟁 자체보다는 상대방을 공격하는 것

정답 해설

허수아비 논쟁과 그 문제점에 대한 글로, 허수아비 논쟁은 상대방의 주장을 과장하여 반박하기 쉽게 만드는 비형식적 오류로, 토론에서 자주 발생하는 문제임을 설명하고 있다. 특히 일곱 번째 문장에서 '그는 당신의 제안을 과장하여 다루고 있으며, 이는 당신의 실제 입장보다 반박하기 쉬운 터무니없는 것'이라고 언급하고 있다. 따라서 밑줄 친 부분에 들어갈 말로 가장 적절한 것은 ③이다.

어휘

☐ describe 묘사하다, 말하다
☐ fallacy 오류, 틀린 생각
☐ rhetorical 수사적인, 수사 의문문의, 미사여구식의
☐ argument 주장, 논거, 언쟁, 논쟁
☐ ridiculous 말도 안 되는, 웃기는
☐ global warming 지구 온난화
☐ standard 기준, 수준, 일반적인, 보통의
☐ ruin 망치다, 엉망으로 만들다, 붕괴, 몰락
☐ commute 통근하다
☐ exaggerated 과장된, 부풀린, 지나친
☐ refute 반박하다, 부인하다
☐ eliminate 없애다, 제거하다

독해 실력 강화 복습문제 정답 및 해설

어휘 TEST

1	deteriorating	악화되어가고 있는, 악화중인, 열악한	26	blurred	모호한, 희미한, 흐릿한
2	endanger	위험에 빠뜨리다, 위태롭게 만들다	27	flexible	유연한, 융통성 있는
3	pedestrian	보행자	28	counter	반박[논박]하다, 대응하다
4	incident	일, 사건	29	satisfy	만족시키다, 납득시키다
5	inadequacy	부족함, 무능함, 불충분함	30	continuous	지속적인, 계속되는
6	facility	시설, 기관, 기능	31	adapt	적응하다, 조정하다, 각색하다
7	overcrowding	과밀, 혼잡, 과잉 수용	32	interpret	해석하다, 설명하다, 이해하다
8	convene	소집하다, 회합하다	33	indication	말, 암시, 조짐
9	suggestion	제안, 의견, 시사, 암시	34	discrepancy	차이, 불일치
10	auditorium	강당, 객석	35	blind spot	맹점, 약점, 사각 지대
11	overflow	넘침, 초과됨, 범람, 넘치다	36	considerable	상당한, 많은
12	unfair	불공정한, 부당한	37	expansion	확장, 확대, 팽창
13	deceptive	기만적인, 현혹하는	38	advancement	발전, 진보, 승진, 출세
14	abusive	악용하는, 남용하는, 모욕적인, 폭력적인	39	expenditure	지출, 비용, 소비[소모]
15	institution	기관, 단체, 협회, 제도	40	substance	물질, 실체, 본질, 핵심
16	complaint	불평, 고소	41	unwind	긴장을 풀다
17	regulate	규제하다, 조절하다	42	examine	조사[검토]하다, 검사[진찰]하다
18	comply	준수하다, 따르다	43	existing	기존의, 현재 사용되는
19	standard	기준, 수준, 일반적인, 보통의	44	implication	영향, 결과, 함축, 연루
20	fraud	사기(죄), 가짜	45	disregard	무시하다, 묵살하다
21	insurance	보험, 보험료	46	entrepreneur	사업가, 기업가
22	enrollment	등록, 기재, 입학, 입대	47	straightforward	솔직한, 간단한, 쉬운
23	convenience	편의, 편리	48	fallacy	오류, 틀린 생각
24	expect	예상하다, 기대하다	49	exaggerated	과장된, 부풀린, 지나친
25	expand	확대[확장]되다	50	refute	반박하다, 부인하다

구문 해석 TEST 👍

01 The current condition of the road has already resulted in several accidents, and the risk continues to grow as these hazards are left unaddressed.

> **해석** 도로의 현재 상태는 이미 몇 차례의 사고를 유발했으며, 이러한 위험이 해결되지 않으면서 위험은 계속 커지고 있습니다.

02 Recent concerns regarding the inadequacy of educational facilities have become increasingly pronounced, particularly as many local schools grapple with overcrowding and deteriorating conditions.

> **해석** 교육 시설의 불충분함에 대한 최근의 우려가 점점 더 뚜렷해지고 있으며, 특히 많은 지역 학교들이 과밀화와 열악한 조건으로 어려움을 겪고 있습니다.

03 The agency enforces federal laws to ensure that financial institutions treat consumers fairly and maintain transparency in their services.

> **해석** 이 기관은 금융 기관이 소비자를 공정하게 대우하고, 그들의 서비스에서 투명성을 유지하도록 하기 위해 연방법을 집행합니다.

04 Its main features include detailed guidance on enrollment, benefits, and accessing healthcare services, helping users navigate the Korean healthcare system effectively.

> **해석** 이것의 주요 기능은 등록, 혜택 및 의료 서비스 이용에 대한 자세한 안내가 포함되어 있어 사용자가 한국의 의료 시스템을 효과적으로 활용할 수 있도록 돕습니다.

05 On the other hand, others counter that individuals can fully utilize this flexibility while setting clear boundaries and practicing effective time management, ultimately leading a more balanced and satisfying life.

> **해석** 반면에, 다른 사람들은 명확한 경계를 설정하고 효과적인 시간 관리를 실천하면서 개인이 이러한 유연성을 충분히 활용할 수 있으며, 궁극적으로는 더 균형 잡히고 만족스러운 삶을 살 수 있다고 반박한다.

06 Distraction can be interpreted as an indication of unfamiliar or unexpected events taking place, and it's essential to pay attention to these sensations.

> **해석** 산만함은 익숙하지 않거나 예상치 못한 일이 벌어지고 있음을 암시하는 것으로 해석할 수 있으며, 이러한 감각에 주의를 기울여야 한다.

07 The growing number of people living in cities has also created a greater need for efficient public transportation systems.

해석 ▪ 도시에 거주하는 사람들이 증가함에 따라 효율적인 대중교통 시스템에 대한 필요성도 커졌다.

08 The placebo effect is an apparent improvement in health resulting from a substance or procedure with no recognized therapeutic value, often reported by patients based on their expectations or beliefs after taking simple sugar pills they thought were effective drugs.

해석 ▪ 플라시보 효과는 치료적 가치가 인정되지 않은 물질이나 절차로 인해 나타나는 건강 개선 현상으로, 환자들이 단순한 설탕 알약을 효과적인 약으로 생각하고 복용한 후 기대나 믿음에 기반해 보고하는 경우가 많다.

09 Immediately after you finish jogging, it is important to cool down your body with gentle stretching and drink enough water to help you recover.

해석 ▪ 조깅을 마친 직후에는, 부드러운 스트레칭으로 몸을 식히고, 회복을 돕기 위해 물을 충분히 마시는 것이 중요하다.

10 Once an investor develops a favorable view of a company, for instance, they might disregard negative information as unimportant or incorrect."

해석 ▪ 예를 들어, 투자자가 한 회사에 대해 긍정적인 시각을 갖게 되면 부정적인 정보는 중요하지 않거나 틀린 것으로 무시할 수 있다."고 경고했다.

11 For instance, suppose that you are debating with a friend about global warming and believe that the government should increase fuel efficiency standards to reduce CO_2 emissions over the next two decades, while your friend believes that cars are unrelated to the issue.

해석 ▪ 예를 들어, 당신이 친구와 지구 온난화에 대해 논쟁하고 있으며 정부가 향후 20년 동안 CO_2 배출량을 줄이기 위해 연료 효율 기준을 높여야 한다고 믿고, 반면 친구는 자동차가 이 문제와 무관하다고 믿고 있다고 가정해보자.

독해 실력 강화 연습문제 정답 및 해설

[01~02]

수신인 : IT 부서
발신인 : 도서관 서비스 부서
날짜 : 9월 14일
제목 : 도서관 데이터베이스에 필요한 긴급 조치

친애하는 IT 부서 팀에게,

우리 도서관의 데이터베이스 시스템에서 지속적인 문제가 발생하여 우리의 일상적인 운영에 심각한 영향을 미치고 있음을 알려드리기 위해 이 글을 씁니다. 여러 고객들이 온라인 카탈로그에 접근하는 데 어려움을 겪고 있으며, 일부 기록이 누락되거나 제대로 표시되지 않는 상황입니다. 이 기능 불량으로 인해 서비스에 상당한 지연을 초래하고 있으며, 사용자들로부터 많은 불만이 접수되었습니다.

당신의 팀에서 이 문제를 조사하고 즉시 해결해 주시기를 정중히 부탁드립니다. 시스템 기능을 가능한 한 신속히 복구하는 것이 더 이상의 서비스 혼란을 최소화하는 데 매우 중요합니다.

이 긴급한 문제에 대한 신속한 대응에 감사드립니다.

감사합니다,
도서관 서비스 부서

01 정답 ②

정답 해설

이 글의 주된 목적은 도서관 데이터베이스 시스템의 문제를 해결해 줄 것을 IT 부서에 요청하는 것이다. 구체적으로는 온라인 카탈로그에 접근하는 데 어려움을 겪고 있으며, 일부 기록이 누락되거나 올바르게 표시되지 않는 문제를 언급하고 있다. 따라서 글의 목적으로 가장 적절한 것은 ②이다.

오답 해설

① 업그레이드 요청이 아니라, 현재의 문제 해결을 요청하고 있다.
③ 이용자 증가에 대한 언급이 없고, 문제 해결이 주된 목적이다.
④ 정기 점검 일정에 대한 언급이 없으므로 적절하지 않다.

02 정답 ③

정답 해설

밑줄 친 'malfunction'은 문맥에서 '기능 불량, 오작동'의 뜻으로 해석되며, 이와 의미가 가장 가까운 것은 ③ 'breakdown(고장, 실패)'이다.

오답 해설

① intervention 개입, 중재, 간섭
② deficiency 결핍, 부족
④ bankruptcy 파산 (상태), 파탄

어휘

- operation 운영, 작동, 활동, 기업, 수술
- patron 고객, 후원자
- access 접근하다, 접속하다, 입장, 접근
- complaint 불만, 불평, 항의
- investigate 조사[연구]하다, 수사하다
- minimize 최소화하다, 축소하다
- disruption 혼란, 중단, 붕괴, 분열

[03~04]

청소년 비행 문제를 해결하세요

존경하는 지역 주민 여러분,

최근 청소년 비행과 관련된 문제, 특히 청소년을 위한 안전한 공간과 적절한 교육 프로그램의 부족이 점점 더 우려되고 있습니다. 이에 대한 대응으로, 이러한 문제들을 논의하고 건설적인 해결책을 모색하기 위해 특별 회의가 열릴 예정입니다.

우리 청소년의 지원 방안과 추가 문제들을 예방하기 위한 의견을 공유해 주시기 바랍니다. 전문가들도 참석하여 여러분의 의견을 바탕으로 새로운 해결 방안을 모색하고, 비행 청소년들을 지원하고 도와주도록 할 것입니다.

회의 세부 사항

- **장소** : 커뮤니티 센터, 301호
  (인원이 초과할 경우 : 302호)
- **날짜** : 2024년 10월 10일 화요일
- **시간** : 오후 5:30

당신의 의견은 우리 청소년을 위한 좋은 환경을 만드는 데 매우 중요합니다. 추가 정보는 저희 웹사이트 www.youthsupportforum.org를 방문하시거나 (555) 987-6543으로 저희 사무실에 연락해 주십시오.

03 정답 ②

정답 해설

청소년 비행 문제 해결을 위한 특별 회의에 대한 공지의 글이다. 청소년 비행 문제 해결에 대한 직접적인 언급하는 것은 ②이다.
① 청소년 참여 전략을 개발하세요
② 청소년 비행 문제를 해결하세요
③ 지역 사회 발전 계획을 추진하세요
④ 청소년을 위한 교육 프로그램을 홍보하세요

오답 해설

① 청소년 참여 전략에 관한 내용을 암시하지만, 본문은 주로 청소년 비행 문제에 대한 논의에 중점을 두고 있다.

③ 지역 개발에 대한 포괄적인 내용을 포함하고 있어, 청소년 문제에 대한 구체적인 초점을 놓치고 있다.

④ 청소년을 위한 교육 프로그램의 부족을 우려하고 있지만, 본문의 주요 초점은 청소년 비행 문제 해결에 있다.

04 정답 ③

정답 해설

본문의 3번째 문장에서 회의의 주된 목적은 청소년 문제 해결책을 모색하기 위한 전략을 논의하는 것이라고 언급하고 있다. 따라서 위 안내문의 내용과 일치하지 않는 것은 ③이다.

오답 해설

① 본문의 3번째 문장에서 청소년 비행 문제와 관련하여 건설적인 해결책을 논의하는 것이 회의의 목적임을 언급하고 있으므로 위 안내문의 내용과 일치한다.

② 본문의 5번째 문장에서 언급하고 있으므로 위 안내문의 내용과 일치한다.

④ 본문의 5번째 문장에서 언급하고 있으므로, 위 안내문의 내용과 일치한다.

어휘

☐ juvenile 청소년의, 청소년
☐ delinquency (특히 청소년의) 비행[범죄], 직무 태만
☐ adequate 적절한, 충분한
☐ discuss 논의[상의]하다
☐ constructive 건설적인
☐ prevent 예방하다, 방지하다, 막다
☐ favorable 좋은, 유리한, 편리한, 호의적인

05 정답 ③

한국 여행 허가 절차를 위한 K-ETA 앱

K-ETA 앱은 한국을 방문할 계획인 여행자들에게 필수적인 앱으로, 전자 여행 허가 신청을 용이하게 합니다. 이 앱의 주요 기능으로는 간소화된 신청 절차가 있어 사용자들이 온라인으로 정보를 편리하게 제출할 수 있도록 해줍니다. 이러한 편의성은 여행자들이 허가를 미리 준비할 수 있게 하여 입국 심사 시 잠재적인 지연을 피할 수 있도록 도움을 줍니다. 향후 업데이트에서는 사용자 경험을 더욱 향상시키기 위한 추가 기능이 도입될 수 있습니다. 여행을 준비하면서 앱 스토어에서 K-ETA 앱을 다운로드하여 한국으로의 원활한 입국을 준비하세요. 추가로, 컴퓨터 사용을 선호하는 분들을 위한 웹 버전도 사용할 수 있어 온라인으로 신청 절차에 쉽게 진행할 수 있습니다.

① 이것은 여행 허가를 전자적으로 할 수 있게 한다.
② 사용자는 직접 방문하지 않고도 정보를 제출할 수 있다.
③ 이 앱은 여행 허가의 즉각적인 승인을 보장한다.
④ 사용자 경험을 개선하기 위해 추가 기능을 도입할 수 있다.

정답 해설

본문에서 '여행 허가의 즉각적인 승인 보장'에 대해서는 언급되지 않았다. 따라서 윗글의 내용과 일치하지 않는 것은 ③이다.

오답 해설

① 본문의 1번째 문장에서 언급하고 있으므로 윗글의 내용과 일치한다.

② 본문의 2번째 문장에서 언급하고 있으므로 윗글의 내용과 일치한다.

④ 본문의 4번째 문장에서 언급하고 있으므로 윗글의 내용과 일치한다.

어휘

☐ authorization 허가, 인가
☐ facilitate 용이하게[가능하게] 하다
☐ simplified 간소화한, 쉽게 한
☐ submit 제출하다, 항복[굴복]하다
☐ convenience 편의, 편리
☐ delay 지연, 지체, 미룸, 연기, 미루다, 연기하다
☐ introduce 소개하다, 진행하다
☐ functionality 기능(성), 목적
☐ entry 입국, 입장, 출입, 가입
☐ proceed 진행하다, 나아가다

06 정답 ②

공정 거래 위원회(FTC) 책임

공정 거래 위원회는 공정한 경쟁을 촉진하고 독점 및 기만적인 광고와 같은 반경쟁적 관행으로부터 소비자를 보호하는 임무를 맡고 있습니다. 이 기관은 기업이 불공정한 경쟁 방법이나 기만적인 행위를 하지 못하도록 법을 집행합니다. 이 기관은 사기성 관행이나 시장 조작에 연루된 기업을 조사하고 조치를 취합니다. 또한 FTC는 기업들이 독점 금지법을 위반하지 않도록 보장하여 경쟁적인 시장 환경을 조성합니다. 추가로, FTC는 소비자 교육을 촉진하여 개인들이 신용 사기를 피하고 디지털 및 실제 시장에서 그들의 권리를 보호할 수 있도록 돕습니다.

① 이것은 디지털 시장에서만 경쟁 촉진에 집중한다.
② 이것은 시장 조작에 연루된 기업들을 감시한다.
③ 이것은 직원 임금 및 노동 관행을 규제한다.
④ 이것은 독점과 관련된 문제를 다루지 않는다.

정답 해설

본문의 3번째 문장에서 언급하고 있으므로 윗글의 내용과 일치하는 것은 ②이다.

오답 해설

① 본문의 1번째 문장에서 '공정한 경쟁을 촉진한다'라고 언급하고 있지만 디지털 시장에만 한정된다는 내용은 언급되지 않았으므로 윗글의 내용과 일치하지 않는다.

③ 본문에서 직원 임금과 노동 관행에 대한 내용이 언급되지 않았으므로 일치하지 않는다.

④ 본문의 1번째 문장에서 '독점을 다룬다'라고 언급하고 있으므로 윗글의 내용과 일치하지 않는다.

어휘

- [ ] promote 촉진하다, 홍보하다, 승진시키다
- [ ] anticompetitive 반경쟁적인
- [ ] practice 관행, 관례, 실행, 실천
- [ ] monopoly 독점, 전매
- [ ] advertising 광고(하기)
- [ ] prevent 막다, 예방하다
- [ ] investigate 조사하다, 수사하다
- [ ] involved 연루된, 관련된, 몰두[열중]하는
- [ ] fraudulent 사기를 치는
- [ ] manipulation 조작, 조종, 속이기
- [ ] violate 위반하다, 침해하다
- [ ] antitrust law 독점 금지법
- [ ] scam 신용 사기
- [ ] physical 실제의, 실체가 있는, 육체의, 물질의

07 정답 ②

소셜 미디어 플랫폼은 여론 형성에 점점 더 큰 영향을 미치고 있다. 뉴스 기사, 밈, 게시물 등이 빠르게 유포되는데, 종종 철저한 사실 확인이 부족한 경우가 많다. 이로 인해 많은 사용자가 출처를 확인하지 않고 기존 신념을 강화하는 이야기를 공유하는 등 잘못된 정보와 가짜 뉴스가 급증하고 있다. 알고리즘이 정확성보다 참여도를 우선시하면서, 소셜 미디어 회사들은 잘못된 정보의 확산을 해결하라는 압박을 받고 있다. 비평가들은 적절한 규제가 없으면 이러한 플랫폼들이 잘못된 정보를 가진 사회를 지속시킬 것이라고 주장한다. 반면에, 일부는 사용자가 소비하고 공유하는 콘텐츠에 대해 개인적인 책임을 져야 한다며 플랫폼을 옹호하고 있다.

① 허위 정보 유포에 있어 알고리즘의 영향
② 허위 정보 관리에 대한 소셜 미디어의 책임
③ 사용자가 정보를 공유하기 전에 확인할 필요성
④ 소셜 미디어 플랫폼이 가짜 뉴스 문제를 자동으로 해결하는 것

정답 해설

소셜 미디어와 정보의 진실성에 대한 글로, 소셜 미디어 플랫폼은 대중의 의견 형성에 큰 영향을 미치지만, 사실 확인 부족으로 잘못된 정보와 가짜 뉴스가 급증하고 있고 있음을 강조하고 있다. 특히 두 번째 문장에서 소셜 미디어의 정보 유통이 부정적인 영향을 미치고 있으며, 네 번째 문장에서 규제가 필요하다는 점을 강조하고 있다. 따라서 글의 주제로 가장 적절한 것은 ②이다.

어휘

- [ ] public opinion 여론
- [ ] circulate 유포되다[유포하다], 순환하다
- [ ] reinforce 강화하다, 보강하다
- [ ] existing 기존의, 현재 사용되는
- [ ] verify 확인하다, 입증하다
- [ ] accuracy 정확(도)
- [ ] dissemination 보급, 파종
- [ ] adequate 충분한, 적절한
- [ ] sustain 지속시키다, 유지하다
- [ ] defend 옹호[변호]하다, 방어[수비]하다
- [ ] assert 주장하다, 확고히 하다

08 정답 ②

시간 관리에 관한 책들은 종종 비슷한 권장 사항을 제공한다 : 시간을 어떻게 배분하는지 모니터링하고, 일일 일정을 작성하며, 단기 및 장기 목표를 설정하고, 작업 공간을 정리하고, 우선순위에 맞지 않는 업무는 거절하는 법을 배우라는 것이다. 이러한 계획, 우선순위 설정, 조직화에 대한 조언은 타당하지만, 시간을 계속해서 수치화하도록 요구함으로써 의도치 않게 시간 부족에 대한 불안을 높일 수 있다. 시간을 더 작고 세분화된 부분으로 나누는 것은 지속 가능한 접근 방식이 아니다. 이러한 시간 관리 방법은 식사 일지를 작성하고, 식사를 계획하고, 영양 목표를 설정하도록 권장하는 다이어트 전략과 유사하다. 이러한 전략들이 본질적으로 결함이 있는 것은 아니지만, 과식이나 비만의 유병률에 기여하는 더 깊은 심리적 요인을 간과하는 경우가 많다. 마찬가지로, 제한적인 다이어트가 박탈감을 초래할 수 있는 것처럼, 전통적인 시간 관리 기법은 시간이 부족하다는 느낌을 조장하여 궁극적으로 부정적인 결과를 초래할 수 있다.

① 시간 관리를 잘하려면 일정을 세밀하게 나누는 것이 필수적이다.
② 시간 관리 전략은 불필요한 스트레스를 유발할 수 있다.
③ 시간 관리의 핵심은 우선순위를 설정하고 계획을 세우는 것이다.
④ 시간 관리는 식단 관리와는 본질적으로 다른 방식으로 접근해야 한다.

정답 해설

이 글은 전통적인 시간 관리 방법이 유효할 수 있지만, 시간 부족에 대한 불안감을 유발할 수 있다고 지적한다. 즉, 시간이 부족하다는 감각을 키우면서 불필요한 스트레스를 초래할 수 있다는 점을 주장한다. 따라서 글의 요지로 가장 적절한 것은 ②이다.

어휘

- [ ] recommendation 권장 사항, 권고, 추천
- [ ] objective 목표, 목적, 객관적인
- [ ] refuse 거절하다, 거부하다
- [ ] anxiety 불안, 염려, 열망
- [ ] scarcity 부족, 결핍

☐ quantify 수량화하다, 양을 나타내다
☐ segment 부분, 조각, 나누다, 분할하다
☐ resemble 비슷[유사]하다, 닮다
☐ flawed 결함[결점]이 있는
☐ overlook 간과하다, 못 보고 넘어가다
☐ prevalence 유병률, 유행, 보급, 널리 퍼짐
☐ obesity 비만
☐ restrictive 제한[구속]하는

09 정답 ③

기후 변화는 전 세계적으로 생태계를 크게 변화시키고 있다. 지구 온도의 상승은 극지방의 만년설과 빙하가 녹는 결과를 초래했다. ① 기후 패턴의 변화는 수많은 동물 종들의 이동 및 번식 주기에 영향을 미치고 있다. ② 이산화탄소 수치의 상승은 해양 산성화를 초래하여 해양 생물에 부정적인 영향을 미치고 있다. (③ 도시 개발은 종종 서식지 파괴와 분열을 일으켜 지역 생태계를 방해하는 경우가 많다.) ④ 기후 변화를 완화하기 위해서는 재생 가능 에너지로의 전환과 온실가스 배출 감소가 필요하다. 따라서, 기후변화가 생태계에 미치는 영향을 줄이기 위해 재생 가능 에너지로의 전환과 온실가스 배출 감소와 같은 조치를 우선시하는 것이 중요하다.

정답 해설

기후 변화와 생태계의 변화에 대한 글로, 기후 변화는 생태계를 크게 변화시키며, 온도 상승은 극지방 얼음과 빙하의 융해, 동물의 이동 및 번식 주기 변화 등을 초래하고 있음을 설명하고 있다. 나머지 문장들을 기후변화로 인한 생태계의 영향과 이를 줄이기 위한 우리의 노력에 대한 내용인데, ③번의 진술은 '도시개발의 환경에 대한 영향'에 대한 진술이므로 글의 주제에서 벗어난다. 따라서 글의 흐름상 어색한 문장은 ③이다.

어휘

☐ alter 변하다, 바꾸다, 달라지다
☐ melt 녹다[녹이다]
☐ ice cap 만년설
☐ glacier 빙하
☐ acidification 산성화
☐ organism 생물(체), 유기체
☐ disrupt 방해하다, 지장을 주다
☐ destruction 파괴, 파멸, 말살
☐ division 분열, 분할, 분배, 나누기
☐ transition 전환, 이행
☐ mobility 이동성, 기동성, 유동성

10 정답 ②

약 25만 년 전, 수천 명의 호모 사피엔스가 아프리카를 떠났고, 그들은 고도로 발달한 뇌를 갖추고 있어 문자나 인터넷이 발명되기 훨씬 전부터 환경에 적응하고 지식을 전수하며 독특한 방식으로 소통할 수 있었다. (①) 소통이 이루어지면서 기술과 능력이 폭발적으로 증가했고, 이는 종족으로서 우리의 전반적인 성장으로 이어졌다. (② 이는 우리의 유전자에 있는 정보가 아니라 다른 사람들로부터 얻은 지식이었다 : 우리의 조상들은 수천 년 동안 축적된 지식을 세대마다 전해주었다.) 그래서 모든 신생아는 처음부터 모든 것을 다시 배워야 할 필요가 없는 것이다. (③) 이것은 인류 문명에 대해 너무나 당연한 사실이라 우리는 우리가 이 지구상에서 자손에게 기술과 지식을 전수하는 유일한 동물이라는 것을 종종 잊는다. (④) 다른 동물들도 자신들의 환경에 대해 배울 수 있지만, 일생 동안 수천 년의 경험을 습득할 수 있는 인간과 같은 능력을 가진 동물은 없다.

정답 해설

인류의 지식 전수와 발전에 대한 글로, 인류는 조상으로부터 수천 년의 지식을 전수받아 기술과 능력을 발전시켰으며, 이는 인간만의 독특한 특성임을 설명하고 있다. 주어진 문장은 인간의 지식이 유전자가 아닌 세대를 거쳐 전수된다는 내용을 설명하고 있다. ②번 뒤의 문장은 인류의 조상들이 후대에 전수된 지식을 바탕으로 발전했다는 설명을 덧붙이는 부분으로, 주어진 문장이 들어갈 위치로 가장 적절한 것은 ②이다.

어휘

☐ obtain 얻다, 구하다, 존재하다
☐ ancestor 조상, 선조
☐ pass down ~을 물려주다[전해주다]
☐ from scratch 맨 처음부터, 아무런 사전 준비 없이
☐ civilization 문명 (사회)
☐ offspring 자식, 자손, 새끼
☐ acquire 습득하다, 획득하다
☐ lifetime 일생, 평생, 생애

11 정답 ②

골격이 없는 동물들, 예를 들어 지렁이나 해파리와 같은 동물들은 화석화가 드물다. 그들의 부드러운 몸은 공기와 산소가 있는 물에 노출되면 빠르게 분해된다.
(B) 연체동물이 화석화되려면 죽은 후 빠르게 묻히거나 살아있는 상태에서 매장되어야 하지만, 산소가 풍부한 주변 물로 인해 여전히 분해가 일어날 수 있다.
(A) 그러나 미세한 진흙에 급속히 매장하면 분해가 느려지는데, 이는 진흙이 모래보다 물이 천천히 스며들도록 하여 몸이 더 오래 보존되도록 돕기 때문이다.
(C) 추가로, 유기물이 풍부한 축축한 토양은 산소를 더 빨리 소모하여 분해를 방지할 수 있다. 최적의 조건에서는 동물의 섬세한 흔적이 보존될 수 있다.

정답 해설

연체동물의 화석화 과정에 대한 글로, 연체동물의 화석화는 빠른 매장과 최적의 조건에서만 가능하며, 부패를 방지하는 여러 요소가 필요함을 설명하고 있다. 무척추동물의 화석화가 희소하다는 첫 문장 다음에 '화석의 조건'에 대해 설명하는 (B)로 이어져야 하며, 여기에 더해 부패가 지연될 수 있는 '진흙'에 대한 설명을 하는 (A)로 이어져야 하고, 마지막으로 유기물이 많은 습기 있는 땅이 부패를 방지할 수 있다는 것을 설명하는 (C)로 이어져야 한다. 따라서 글의 순서로 가장 적절한 것은 ②이다.

어휘

- [ ] skeleton 골격, 뼈대
- [ ] earthworm 지렁이
- [ ] jellyfish 해파리
- [ ] fossilization 화석화
- [ ] decompose 분해하다, 부패되다
- [ ] burial 매장, 장례식
- [ ] preserve 보존[관리]하다, 지키다, 보호하다
- [ ] mollusc 연체동물
- [ ] surrounding 주변의, 인근의
- [ ] optimal 최적의, 최상의

12 정답 ①

우리가 본능적으로 꽃에 끌리는 것이 가능할까? 일부 진화 심리학자들은 흥미로운 설명을 제안했다. 그들의 이론에 따르면 우리의 뇌는 자연 선택의 압력을 받아 진화하여 인간 존재의 99%를 차지해 왔던 먹이를 찾는 능력을 향상시켰다고 한다. 꽃의 존재는 <u>미래 식량의 신뢰할 수 있는 예측 변수</u>이다. 꽃에 끌리고, 그것들을 구분하며 환경에서 그 위치를 기억할 수 있었던 사람들은 꽃의 중요성을 간과한 사람들보다 식량을 찾는 데 더 성공했을 것이다. 신경 과학자 Steven Pinker는 그의 저서 『How the Mind Works』에서 이 이론을 설명하며, 자연 선택은 꽃을 발견하고 식물을 식별하고 분류할 수 있을 뿐만 아니라 식물이 어디에서 자랐는지 회상하는 데 능숙한 선조들에게 유리했을 가능성이 높다고 말한다. 시간이 흐르면서 꽃을 인식하는 행위가 즐거워지고, 꽃 자체가 아름답다고 여겨지게 되었을 것이다.

① 미래 식량의 신뢰할 수 있는 예측 변수
② 독을 피하는 정확한 수단
③ 자연에서의 진화의 주목할 만한 측면
④ 자연의 번식 욕구의 한 측면

정답 해설

꽃에 대한 본능적 끌림과 진화심리학에 대한 글로, 꽃에 대한 본능적인 끌림은 식량을 찾는 능력의 진화적 결과로, 이는 자연 선택에 의해 강화된 것임을 설명하고 있다. 따라서 밑줄 친 부분에 들어갈 말로 가장 적절한 것은 ①이다.

어휘

- [ ] instinctively 본능적으로, 직관적으로
- [ ] psychologist 심리학자
- [ ] intriguing 아주 흥미로운
- [ ] pressure 압력, 압박
- [ ] occupy 차지하다, 거주하다
- [ ] overlook 간과하다, 못 본 체하다
- [ ] neuroscientist 신경 과학자
- [ ] ancestor 선조, 조상
- [ ] recognize 알아보다, 인정[인식]하다, 승인하다
- [ ] regard ~을 ~으로 여기다[평가하다]

13 정답 ③

소설, 조각, 혹은 음악을 단순히 분석해야 할 대상으로만 바라보는 것은 피상적인 이해로 이어진다. 진정한 현실은 예술이 어떻게 삶에서 비롯되고, 삶과 연결되는지를 파악할 때 비로소 이해할 수 있다. 60여 년 전, 교육 철학자 Jon Dewey는 그의 영향력 있는 저서 『경험으로서의 예술(Art as Experience)』에서 전통적인 예술 교육은 과학 교육과 마찬가지로 이론과 실제 간의 연관성을 명확히 하기보다는 모호하게 함으로써 실패한다고 말했다. Dewey에 따르면, 우리가 예술 작품을 <u>그것들을 형성한 원래의 경험과 분리하여</u> 간주할수록 우리는 예술을 별개의 범주로 고립시키고, 이는 그것의 중요성을 약화시킨다. "예술 작품으로서의 정제되고 강화된 형태의 경험"은 "일반적으로 경험으로 인정되는 일상적인 사건, 행동, 그리고 투쟁"과 분리되게 된다.

① 생산 과정으로 인해 배타적으로
② 관객의 눈에 복잡성으로 제한되어
③ 그것들을 형성한 원래의 경험과 분리하여
④ 그것들의 창작을 둘러싼 맥락과 직접적으로 관련되어

정답 해설

예술의 본질과 이해에 대한 글로, 예술 작품을 단순히 분석의 대상으로 보는 것은 피상적인 이해를 초래하며, 예술작품이 삶에서 어떻게 유래하고 연결되는지를 파악해야 하고, 예술 작품을 원래 경험과 분리하여 바라보는 것이 예술의 중요성을 감소시킨다는 점을 강조하고 있다. 따라서 밑줄 친 부분에 들어갈 말로 가장 적절한 것은 ③이다.

어휘

- [ ] novel 소설, 새로운, 신기한
- [ ] sculpture 조각(품), 조소
- [ ] superficial 피상적인, 얄팍한
- [ ] originate 비롯되다, 유래하다, 발명[고안]하다
- [ ] philosopher 철학자
- [ ] state 말하다, 진술하다, 명시하다, 국가, 상태
- [ ] obscure 모호하게 하다, 모호한, 잘 알려져 있지 않은
- [ ] distinct 별개의, 구별되는, 뚜렷한, 분명한
- [ ] diminish 줄어들다, 약화시키다, 폄하하다
- [ ] detach 분리하다, 파견하다
- [ ] acknowledge 인정하다

어휘 TEST

1	operation	운영, 작동, 활동, 기업, 수술	26	sustain	지속시키다, 유지하다
2	access	접근하다, 접속하다, 입장, 접근	27	assert	주장하다, 확고히 하다
3	investigate	조사[연구]하다, 수사하다	28	refuse	거절하다, 거부하다
4	minimize	최소화하다, 축소하다	29	scarcity	부족, 결핍
5	disruption	혼란, 중단, 붕괴, 분열	30	segment	부분, 조각, 나누다, 분할하다
6	juvenile	청소년의, 청소년	31	flawed	결함[결점]이 있는
7	delinquency	비행[범죄], 직무 태만	32	obesity	비만
8	adequate	적절한, 충분한	33	alter	변하다, 바꾸다, 달라지다
9	prevent	예방하다, 방지하다, 막다	34	disrupt	방해하다, 지장을 주다
10	favorable	좋은, 유리한, 편리한, 호의적인	35	destruction	파괴, 파멸, 말살
11	promote	촉진하다, 홍보하다, 승진시키다	36	division	분열, 분할, 분배, 나누기
12	monopoly	독점, 전매	37	obtain	얻다, 구하다, 존재하다
13	involved	연루된, 관련된, 몰두[열중]하는	38	offspring	자식, 자손, 새끼
14	violate	위반하다, 침해하다	39	acquire	습득하다, 획득하다
15	physical	실제의, 실체가 있는, 육체의, 물질의	40	decompose	분해하다, 부패되다
16	authorization	허가, 인가	41	burial	매장, 장례식
17	submit	제출하다, 항복[굴복]하다	42	preserve	보존하다, 지키다, 보호하다
18	delay	지연, 지체, 미룸, 연기, 미루다, 연기하다	43	optimal	최적의, 최상의
19	introduce	소개하다, 진행하다	44	intriguing	아주 흥미로운
20	entry	입국, 입장, 출입, 가입	45	occupy	차지하다, 거주하다
21	proceed	진행하다, 나아가다	46	superficial	피상적인, 얄팍한
22	circulate	유포되다[유포하다], 순환하다	47	originate	비롯되다, 유래하다, 발명[고안]하다
23	reinforce	강화하다, 보강하다	48	state	말하다, 진술하다, 명시하다, 국가, 상태
24	verify	확인하다, 입증하다	49	obscure	모호하게 하다, 모호한, 잘 알려져 있지 않은
25	dissemination	보급, 파종	50	acknowledge	인정하다

구문 해석 TEST

01 Several patrons have encountered difficulties in accessing the online catalog, with some records either missing or not displaying correctly.

해석 여러 고객들이 온라인 카탈로그에 접근하는 데 어려움을 겪고 있으며, 일부 기록이 누락되거나 제대로 표시되지 않는 상황입니다.

02 Recent issues related to juvenile delinquency, particularly the lack of safe spaces and adequate educational programs for our youth, have become increasingly concerning.

해석 최근 청소년 비행과 관련된 문제, 특히 청소년을 위한 안전한 공간과 적절한 교육 프로그램의 부족이 점점 더 우려되고 있습니다.

03 The FTC is tasked with promoting fair competition and protecting consumers from anticompetitive practices such as monopolies and deceptive advertising.

해석 공정 거래 위원회(FTC)는 공정한 경쟁을 촉진하고 독점 및 기만적인 광고와 같은 반경쟁적 관행으로부터 소비자를 보호하는 임무를 맡고 있습니다.

04 This convenience ensures that travelers have their authorization ready, helping them avoid potential delays at immigration.

해석 이러한 편의성은 여행자들이 허가를 미리 준비할 수 있게 하여 입국 심사 시 잠재적인 지연을 피할 수 있도록 도움을 줍니다.

05 This has resulted in a surge of misinformation and fake news, with many users sharing stories that reinforce their existing beliefs without verifying the sources.

해석 이로 인해 많은 사용자가 출처를 확인하지 않고 기존 신념을 강화하는 이야기를 공유하는 등 잘못된 정보와 가짜 뉴스가 급증하고 있다.

06 While this advice to plan, prioritize, and organize is valid, it can inadvertently heighten our anxiety regarding time scarcity by continuously prompting us to quantify it.

해석 이러한 계획, 우선순위 설정, 조직화에 대한 조언은 타당하지만, 시간을 계속해서 수치화하도록 요구함으로써 의도치 않게 시간 부족에 대한 불안을 높일 수 있다.

07 Meanwhile, the advancement of public transportation systems in cities is improving urban mobility, which does not directly relate to climate change impacts on ecosystems.

> **해석** 한편, 도시의 대중교통 시스템의 발전은 도시 내 이동성을 향상시키고 있지만, 이는 생태계에 대한 기후 변화의 영향과는 직접적인 관련이 없다.

08 This is such an obvious fact about human civilization that we often forget that we are the only animals on this planet that retain skills and knowledge that we pass on to our offspring.

> **해석** 이것은 인류 문명에 대해 너무나 당연한 사실이라 우리는 우리가 이 지구상에서 자손에게 기술과 지식을 전수하는 유일한 동물이라는 것을 종종 잊는다.

09 However, rapid burial in fine mud slows decomposition because mud allows water to seep through more slowly than sand, helping preserve the body longer.

> **해석** 그러나 미세한 진흙에 급속히 매장하면 분해가 느려지는데, 이는 진흙이 모래보다 물이 천천히 스며들도록 하여 몸이 더 오래 보존되도록 돕기 때문이다.

10 Their theory posits that our brains evolved under the pressures of natural selection to enhance our ability to search for food, which has occupied humans for 99 percent of their existence.

> **해석** 그들의 이론에 따르면 우리의 뇌는 자연 선택의 압력을 받아 진화하여 인간 존재의 99%를 차지해 왔던 먹이를 찾는 능력을 향상시켰다고 한다.

11 The "refined and intensified forms of experience that are works of art" become detached from "the everyday events, actions, and struggles that are universally acknowledged as experiences."

> **해석** "예술 작품으로서의 정제되고 강화된 형태의 경험"은 "일반적으로 경험으로 인정되는 일상적인 사건, 행동, 그리고 투쟁"과 분리되게 된다.

독해 실력 강화 연습문제 정답 및 해설

[01~02]

> 수신인 : IT 지원 팀
> 발신인 : 영업 부서
> 날짜 : 7월 22일
> 제목 : 판매 추적 소프트웨어 문제
>
> 친애하는 IT 지원 팀에게,
>
> 우리는 새로운 판매 추적 소프트웨어에서 여러 가지 문제에 맞닥뜨리고 있습니다. 이 시스템은 자주 고장나며, 정확한 판매 보고서를 생성할 수 없습니다. 이 상황은 우리의 생산성과 고객 서비스에 심각한 영향을 미치고 있으며, 실시간 판매 데이터를 유지하는 데 어려움을 겪고 있습니다.
>
> 당신이 이 문제를 긴급히 조사하여 우리의 작업 흐름에 더 이상의 방해를 방지하기 위해 가능한 한 빨리 해결해 주시기를 정중히 요청 드립니다. 이 문제에 대한 당신의 신속한 대응은 팀 전체가 매우 감사드릴 것입니다.
>
> 진심을 담아,
> 영업 부서

01 정답 ③

정답 해설

이 글의 주된 목적은 새로운 판매 추적 소프트웨어에서 발생한 여러 문제를 해결해 줄 것을 IT 지원 팀에 요청하는 내용이다. 시스템이 자주 중단되고, 정확한 판매 보고서를 생성할 수 없는 상황을 설명하고 있으며, 이는 생산성과 고객 서비스에 큰 영향을 미치고 있다. 따라서 글의 목적으로 가장 적절한 것은 ③이다.

오답 해설

① 판매 보고서가 초점이 아니라, 소프트웨어 문제 해결을 요청하고 있다.
② 판매 보고서의 검토가 아니라, 소프트웨어 문제 해결을 요청하고 있다.
④ 사용 방법에 대한 문의가 아닌, 문제 해결을 요청하고 있다.

02 정답 ①

정답 해설

밑줄 친 'disruption'은 문맥에서 '방해'의 뜻으로 해석되며, 이와 의미가 가장 가까운 것은 ① 'delay(지연, 지체)'이다.

오답 해설

② scrape 찰과상, 긁힌 상처[흔적]
③ adversity 역경, 불운, 불행
④ disadvantage 불리한 점, 약점, 난점

어휘

☐ encounter 맞닥뜨리다, 부닥치다, 마주치다, 만나다
☐ crash 고장나다, 충돌하다, 추락하다, 부딪치다
☐ accurate 정확한, 정밀한
☐ productivity 생산성
☐ real-time 실시간
☐ workflow 작업 흐름, 작업 속도

[03~04]

> 소상공인의 침체와 회복을 위한 경로
>
> 존경하는 지역 주민 여러분,
>
> 최근 문제, 특히 대형 슈퍼마켓과 외부 자본의 유입으로 인한 지역 상권의 쇠퇴는 우리 지역 사회에 중대한 우려를 불러일으키고 있습니다. 이러한 문제에 대한 대응으로, 우리 지역 경제를 활성화하고 소상공인을 지원하는 방안을 논의하기 위해 특별 회의가 열릴 예정입니다.
>
> 우리 지역 사회를 강화하기 위해 함께할 수 있는 방법에 대해 당신의 의견을 공유해 주시기를 권장합니다. 전문가들도 당신의 제안을 바탕으로 통찰을 제공하여 우리의 접근 방식을 안내하는 데 도움을 줄 것입니다.
>
> **회의 세부 사항**
> • **장소** : 커뮤니티 홀, 107호
>   (인원이 초과할 경우 : 202호)
> • **날짜** : 2025년 10월 15일 수요일
> • **시간** : 오후 7:00
>
> 여러분의 의견은 우리 지역 경제의 미래를 형성하는 데 필수적입니다. 추가 정보는 저희 웹사이트 www.localbusinesssupport.org를 방문하시거나 (555) 321-9876으로 저희 사무실에 연락해 주십시오.

03 정답 ④

정답 해설

대형 슈퍼마켓과 외부 자본 유입으로 소상공인이 겪는 어려움을 해결하고자 하는 특별 회의에 대한 공지의 글이다. 글의 주요 내용인 지역 소상공인의 감소와 이를 회복하기 위한 방안을 대표하는 것으로 윗글의 제목으로 가장 적절한 것은 ④이다.
① 경제 회복 : 지역 사회 기반의 논의
② 지역 경제 활성화를 위한 전략적 접근
③ 지속 가능한 경제 성장을 위한 공동 계획
④ 소상공인의 침체와 회복을 위한 경로

오답 해설

① 지역 사회가 중심이 되는 경제 회복 논의를 강조하지만, 글의 주제는 소상공인의 침체와 그 회복 방안에 더 초점을 맞추고 있다.
② 지역 경제를 활성화하기 위한 전략적 접근을 언급하지만, 글에서는 특정 전략보다는 소상공인 지원과 지역 경제 회복에 대한 논의가 강조되고 있어 제목의 초점이 다소 맞지 않다.
③ 지속 가능한 경제 성장을 위한 공동의 노력을 언급하는데, 글의 내용이 그러한 공동 계획보다는 소상공인 회복에 대한 직접적인 논의에 더 중점을 두고 있다.

04 정답 ①

정답 해설

본문의 2번째 문장에서 대형 슈퍼마켓과 외부 자본의 유출이 아닌 유입으로 인해 지역 상권이 쇠퇴하고 있다고 언급하고 있다. 따라서 위 안내문의 내용과 일치하지 않는 것은 ①이다.

오답 해설

② 본문의 3번째 문장에서 언급하고 있으므로 위 안내문의 내용과 일치한다.
③ 본문의 9번째 문장에서 언급하고 있으므로 위 안내문의 내용과 일치한다.
④ 본문의 11번째 문장에서 언급하고 있으므로 위 안내문의 내용과 일치한다.

어휘

☐ commercial area 상권 지역
☐ decline 쇠퇴, 감소, 하락, 감소하다, 거절하다
☐ influx 유입, 쇄도, 밀어닥침
☐ revitalize 활성화시키다, 새로운 활력을 주다
☐ strengthen 강화하다, 강력해지다

05 정답 ④

주택 도시 개발부(HUD) 책임

주택 도시 개발부는 미국인들의 다양한 주택 수요를 해결하고 지역 사회 발전을 향상시키기 위한 국가 정책 및 프로그램을 개발하는 데 중요한 역할을 합니다. 이 기관의 계획은 전국적으로 저렴한 주택을 촉진하고 노숙자 문제를 줄이는 데 중점을 둡니다. HUD는 주택 바우처와 같은 제도를 통해 저소득층 개인과 가정에 중요한 재정적 지원을 제공하여 안전하고 안정적인 주택에 대한 접근을 용이하게 합니다. 이 기관은 또한 주거 환경 개선을 위해 낙후된 지역 사회를 재활성화하는 데 전념하고 있습니다. 추가로, HUD는 주택을 구할 때 인종, 성별 또는 장애를 이유로 차별받지 않도록 공정 주택 규정을 집행합니다. 주택 개발 및 공공 주택 프로그램을 감독함으로써 HUD는 모든 사람을 위한 공정하고 폭넓은 주택 시장을 조성합니다.

① 이것은 주택 공급을 조절하여 주택 가격에 관여한다.
② 이것은 공정 주택 규정을 만들지만 그 규정을 집행하지 않는다.
③ 이것의 주요 목표는 주택 소유를 촉진하는 것이다.
④ 이것은 저소득 가구가 안전한 주택에 접근할 수 있도록 재정 지원을 제공한다.

정답 해설

본문의 3번째 문장에서 언급하고 있으므로 윗글의 내용과 일치하는 것은 ④이다.

오답 해설

① 본문에서 주택 가격에 관여한다는 내용은 언급되지 않았으므로 윗글의 내용과 일치하지 않는다.
② 본문의 5번째 문장에서 '공정 주택 규정을 집행한다'라고 언급하고 있으므로 윗글의 내용과 일치하지 않는다.
③ 본문의 2번째 문장에서 '이 기관은 저렴한 주택을 촉진하고 노숙자 문제를 줄이는 데 중점을 둔다'라고 언급하고 있으므로 윗글의 내용과 일치하지 않는다.

어휘

☐ settle 해결하다, 결정하다, 정착하다
☐ diverse 다양한
☐ homelessness 노숙자, 집 없음
☐ nationwide 전국적인
☐ low-income 저소득의
☐ facilitate 가능하게[용이하게] 하다
☐ access 접근, 입장, 접근하다, 이용하다
☐ dedicate 전념[헌신]하다, 바치다
☐ backward 낙후된, 발전이 더딘, 뒤의
☐ regulation 규정, 규제, 단속
☐ discriminate 식별[구별]하다, 차별하다
☐ race 인종, 종족, 경주, 경쟁
☐ disability (신체적·정신적) 장애
☐ oversight 감독, 관리, 실수, 간과
☐ inclusive 폭넓은, 포괄적인

06 정답 ②

한국의 필수 서비스를 위한 정부24 앱

정부24 앱은 한국에 거주하는 외국인들에게 필수적이며, 다양한 정부 서비스를 편리하게 이용할 수 있는 방법을 제공합니다. 이 앱의 주요 기능 중 하나는 등록, 비자 정보 및 행정 절차에 대한 종합적인 안내를 제공하여 사용자가 공공 서비스의 복잡성을 쉽게 처리할 수 있도록 돕는 것입니다. 이 앱의 사용자 친화적인 인터페이스는 개인이 필요한 정보를 빠르게 찾을 수 있도록 하여 국내에서의 전반적인 경험을 향상시킵니다. 향후 업데이트를 통해 사용자 지원을 강화하는 추가 기능도 도입될 예정입니다. 시작하려면 앱 스토어에서 최신 버전을 다운로드하세요. 추가로, 컴퓨터 사용자를 위한 웹 버전도 제공되며 동일한 유용한 자료를 쉽게 접근할 수 있습니다.

① 이것은 등록 정보에 대한 안내를 제공한다.
② 이것은 한국 시민만을 위해 설계되었다.
③ 이것의 사용자 친화적인 인터페이스는 사람들이 정보를 쉽게 접근할 수 있도록 한다.
④ 사용자는 웹 버전에서 유용한 자료에 접근할 수 있다.

정답 해설

본문의 1번째 문장에서 '한국에 거주하는 외국인들에게 필수적이다'라고 언급하고 있다. 따라서 윗글의 내용과 일치하지 않는 것은 ②이다.

오답 해설

① 본문의 2번째 문장에서 언급하고 있으므로 윗글의 내용과 일치한다.
③ 본문의 3번째 문장에서 언급하고 있으므로 윗글의 내용과 일치한다.
④ 본문의 6번째 문장에서 언급하고 있으므로 윗글의 내용과 일치한다.

어휘

- [ ] convenient 편리한, 간편한
- [ ] access 이용하다, 접근하다, 입장, 접근
- [ ] comprehensive 종합적인, 포괄적인
- [ ] registration 등록, 신고
- [ ] administrative 행정[관리]상의
- [ ] procedure 절차, 방법
- [ ] overall 전반[종합]적인, 전체의
- [ ] latest 최신의, 최근의
- [ ] useful 유용한, 도움이 되는, 쓸모 있는

07 정답 ④

연구에 따르면, 적극적인 사람들은 반응적이거나 비활동적인 사람들보다 일반적으로 더 긍정적인 에너지를 가지고 있다. 사람의 에너지와 그들의 주변에 미치는 영향력 사이에는 분명한 연관성이 있다. 흥미롭게도, 긍정적인 에너지는 전형적인 믿음과 반대되는 뚜렷한 영향을 미친다. Judith Orloff는 그녀의 책 Positive Energy에서 "가장 중요한 변화는 오직 에너지 수준에서만 일어날 수 있다"고 말한다. 그녀는 우리가 더 많은 긍정적인 에너지를 내보낼수록 비슷한 긍정적인 분위기를 더 많이 끌어들이며, 부정적인 에너지도 동일한 원리가 적용되어 더 많은 부정적인 에너지를 끌어들인다고 강조한다. 본질적으로 우리는 미묘한 에너지를 전달하는 전달자 역할을 한다. 중요한 교훈은 그들이 우리가 인식하지 못하는 방식으로 우리에게 영향을 미칠 수 있기 때문에 인생은 부정적인 사람들과 함께하기엔 너무 짧다는 것이다. 그들의 부정적 성향은 그들이 접하는 모든 것에 그림자를 드리워 근처의 사람들에게도 영향을 미친다. 이러한 부정적인 힘들이 우리의 에너지를 모르게 소모시킬 수 있으니 주의를 기울이는 것이 중요하다.

① 내면의 적극적인 자아를 활성화하는 것
② 사고방식을 변화시켜 삶을 변화시키는 것
③ 집단 내에서 감정의 빠른 확산
④ 에너지의 전염성과 올바른 사람을 선택하는 것의 중요성

정답 해설

긍정적인 에너지의 중요성에 대한 글로, 긍정적인 에너지를 가진 사람들은 주변에 긍정적인 영향을 미치지만, 부정적인 에너지는 우리의 에너지를 소모시킬 수 있음을 강조하고 있다. 따라서 에너지가 전염성이 있다는 점과 주변 사람들을 신중하게 선택해야 한다는 메시지를 마지막 문장에서 전달하고 있다. 따라서 글의 주제로 가장 적절한 것은 ④이다.

어휘

- [ ] possess 지니다, 갖추고 있다, 소유하다
- [ ] inactive 비활동적인, 소극적인
- [ ] distinct 뚜렷한, 분명한, 확실한, 별개의
- [ ] state 말하다, 명시하다, 상태, 국가
- [ ] emphasize 강조하다, 역설하다
- [ ] principle 원리, 원칙
- [ ] transmitter 전달자, 송신기, 전송기
- [ ] subtle 미묘한, 교묘한, 영리한
- [ ] overshadow 그림자를 드리우다
- [ ] nearby 근처의, 인근의, 가까운 곳의
- [ ] deplete 감소시키다, 고갈[소모]시키다

08 정답 ③

인간의 뇌는 선천적으로 어느 정도까지 언어를 위해 설계되었는가? 이 질문에 대한 답은 불분명하다. 인간의 뇌는 다른 많은 종들보다 크지만, 말하는 능력을 결정하는 유일한 결정 요인은 순전히 크기 때문만이 아니다. 예를 들어, 코끼리와 고래는 인간보다 더 큰 뇌를 가지고 있지만, 그들은 언어를 통해 의사소통하지 않는다. 그러나 이러한 동물들은 또한 더 큰 몸집을 가지고 있기 때문에, 일부 연구자들은 뇌 크기와 몸 크기의 비율이 중요한 요소일 수 있다고 주장한다. 처음에는 이러한 주장이 가능성이 있어 보이는데, 특히 성인 인간의 뇌는 전체 체중의 2퍼센트 이상을 차지하는 반면, 성인 침팬지의 뇌는 체중의 1퍼센트 미만이라는 점을 고려하면 그렇다. 그럼에도 불구하고 이러한 비율은 상당히 오해의 소지가 있다. 일부 동물들은 상당한 에너지를 저장하도록 진화했으며, 이는 몸을 훨씬 더 무겁게 만든다. 예를 들어, 낙타는 큰 혹을 가지고 있다는 이유만으로 반드시 말보다 지능이 낮은 것은 아니다.

① 높은 지능이 언어의 전제조건은 아니다.
② 인간은 독특한 신체 구조 덕분에 말을 할 수 있다.
③ 뇌의 크기 또는 몸 크기에 대한 비율이 언어 능력을 보장하지 않는다.
④ 더 큰 뇌-몸 비율은 더 높은 지능과 상관관계가 있다.

정답 해설

인간의 뇌와 언어 능력의 관계에 대한 글로, 인간의 뇌가 언어를 위해 설계되었는지는 불분명하며, 뇌 크기와 몸 크기 비율이 중요한 요소일 수 있음을 설명하고 있다. 특히, 다른 동물들이 더 큰 뇌를 가지고 있음에도 불구하고 언어를 사용하지 않는 사례를 통해 이러한 비율이 반드시 언어 능력과 연결되지 않음을 강조하고 있다. 따라서 글의 요지로 가장 적절한 것은 ③이다.

어휘

□ inherently 선천적으로, 본질적으로
□ ambiguous 불분명한, 애매한
□ sole 유일한, 단 하나의, 혼재[단독]의
□ determinant 결정 요인
□ ratio 비율, 비
□ promise 가능성, 약속, 약속하다, ~일 것 같다
□ store 저장[보관]하다, 가게[상점]
□ camel 낙타
□ intelligent 지능이 있는, 총명한, 똑똑한

09 정답 ③

사회 불평등은 중요한 자원에 대한 접근의 차이를 자주 초래한다. 개인이 적절한 의료 서비스를 받을 수 없을 때, 특히 불리한 집단에 속한 사람들의 건강 상태가 악화되는 결과를 낳을 수 있다. ① 교육 기회의 불평등은 개인이 사회에서 발전할 기회를 제한한다. ② 또한, 실업 수당과 같은 사회 안전망 프로그램은 불평등의 부정적인 영향을 완전히 완화시켜주지는 않는다. (③ 반면에 인공지능의 빠른 발전은 여러 산업에서 일하는 노동자들의 불평등을 개선할 가능성을 높여준다.) ④ 게다가, 주택 비용 상승은 사회 불평등 문제를 해결할 때 또 다른 중요한 도전 과제이다. 이러한 문제를 해결하기 위해서는 포괄적인 정책 변화와 사회적 인식이 필요하며, 이를 통해 평등을 촉진하고 필수 자원에 대한 접근성을 개선해야 한다.

정답 해설

'사회 불평등과 자원 접근'에 대한 글로, 사회 불평등은 중요한 자원에 대한 접근을 불균등하게 만들고, 이는 건강, 교육, 주거 문제 등 다양한 부문에서 부정적인 영향을 초래함을 설명하고 있다. 다른 문장들은 사회적 불평등과 자원 접근성의 문제를 다루고 있는데, ③번 문장은 인공지능의 발전이 불평등을 개선할 가능성을 언급하여 불평등의 부정적인 영향을 나열하는 있는 것과 불일치한다. 따라서 글의 흐름상 어색한 문장은 ③이다.

어휘

□ inequality 불평등, 불균등
□ disparity 차이
□ adequate 적절한, 충분한
□ restrict 제한[한정]하다, 방해하다
□ unemployment 실업(률), 실업자 수
□ adverse 부정적인, 불리한
□ transformation 변화, 변신, 민주화
□ promote 촉진하다, 홍보하다, 승진시키다

10 정답 ②

> 어린 운동선수로서 당신과 부모님, 코치들은 종종 즉각적인 성공을 바라는데, 이는 초기 성취가 미래의 스포츠 성공을 예측한다고 믿기 때문이다. (①) 우리 스포츠 문화는 어린 나이에 뛰어난 성과를 보이는 "천재 소년"과 "유망주"에 집착한다. (② 그러나, 비록 일부 신동들이 나중에 큰 성공을 거두긴 했지만, 이러한 인식은 현실만큼이나 환상에 가깝다.) 예를 들어, 수년간 리틀 리그 월드 시리즈에 참가한 수많은 어린 야구 선수들 중 50명 미만만이 메이저리그 야구 선수로 커리어를 이어갔다. (③) 실제로, 뛰어난 재능은 드물며, 유망주로 보였던 이들도 이후의 운동 경력에서 성공하지 못한 경우가 많다. (④) 성공은 도전과 좌절을 이겨낸 선수들에게 종종 찾아오며, 스포츠에서의 어린 시절의 노력은 즉각적인 결과보다는 미래의 성취를 위한 장기적인 준비에 초점을 맞춰야 한다.

정답 해설

조기 성공에 대한 환상과 현실에 대한 글로, 조기 성공이 미래의 성공을 예고한다고 믿는 경향이 있지만, 이는 환상에 불과하며 지속적인 노력이 중요함을 강조하고 있다. 제시문은 '젊은 운동선수의 조기 성공하고자 하는 경향'을 언급하고 있으며, ②번 뒤의 구체적인 예시와 잘 연결된다. 따라서 주어진 문장이 들어가 위치로 가장 적절한 것은 ②이다.

어휘

☐ prodigy 신동, 영재, 천재
☐ perception 인식, 지각, 통찰력
☐ athlete (운동)선수
☐ immediate 즉각적인, 당면한, 목전의
☐ predict 예측[예견]하다
☐ fixate 집착하다, 정착[고정]시키다
☐ boy wonder 천재 소년, 신동
☐ participate 참가[참여]하다
☐ prospect 예상, 가망[가능성]
☐ subsequent 그 다음의, 차후의
☐ setback 좌절, 방해, 차질

11 정답 ④

> 많은 유전적 및 생물학적 메커니즘이 배고픔과 포만감을 조절하여 사람들이 에너지 요구를 충족할 만큼 충분히 먹도록 한다. 인류 역사 대부분에서 충분한 음식을 구하는 것이 주요한 도전 과제였다.
> (C) 인체는 음식이 부족한 환경에서 진화하였으며, 이 환경에서는 신체 활동이 생존에 필수적이었기 때문에 지방 저장을 촉진하고 에너지 손실을 최소화하는 메커니즘이 발달하였다.
> (B) 오늘날에는 음식은 쉽게 구할 수 있고 저렴하며 에너지가 풍부하여 최소한의 신체 활동만으로도 충분하므로, 체중 조절은 본능에 따른 과정이 아니라 의식적인 노력이 필요하다.
> (A) 이 새로운 환경에서는 체중을 적극적으로 관리하지 않는 사람들이 체중이 증가할 가능성이 높다. 이는 영양 교육의 중요성을 강조한다.

정답 해설

현대 사회에서의 식욕과 체중 관리에 대한 글로, 유전자와 생물학적 메커니즘이 식욕을 조절하지만, 현대의 식품 환경에서 체중 관리는 의식적인 노력이 필요함을 설명하고 있다. 식욕과 포만감을 조절하는 여러 유전자와 생물학적 메커니즘에 대한 언급 다음에 음식이 부족한 환경에서 인류가 진화했음을 설명하는 (C)로 이어져야 하며, 현재의 식량 환경이 어떻게 변화했는지를 설명하는 (B)로 이어져야 하고, 마지막으로 이러한 환경에서의 '체중 관리의 중요성'을 언급하는 (A)로 이어져야 한다. 따라서 글의 순서로 가장 적절한 것은 ④이다.

어휘

☐ genetic 유전의, 유전학의
☐ biological 생물학의, 생물체의
☐ primary 주요한, 주된, 기본적인, 최초[초기]의
☐ underscore 강조하다
☐ nutrition 영양
☐ conscious 의식하는, 자각하는
☐ instinctual 본능에 따른
☐ scarce 부족한, 드문
☐ storage 저장, 보관
☐ minimize 최소화하다, 축소하다

12 정답 ①

사람들은 종종 어떤 주장이 거짓으로 입증되지 않았기 때문에 그 주장이 진실이라고 가정하거나, 혹은 어떤 주장이 진실로 입증되지 않았기 때문에 그 주장이 거짓이라고 가정한다. 칼 세이건은 이를 다음과 같은 예로 설명한다 : "UFO가 지구를 방문하지 않았다는 강력한 증거가 없다; 따라서 UFO는 존재해야 하며, 우주에는 지능적인 생명체가 존재한다." 마찬가지로, 피라미드가 어떻게 건설되었는지 이해하기 전에, 어떤 사람들은 그것이 다른 방식으로 입증되지 않는 한, 그것은 초자연적인 힘에 의해 지어졌다고 믿었다. 하지만 "증명의 책임"은 항상 주장을 하는 개인에게 있다. 더 논리적으로 말하자면, 다른 사람들이 제안했듯이, 우리는 과거 관찰로부터의 증거를 바탕으로 무엇이 더 확률이 높은지를 고려해야 한다. 어떤 물체가 우주를 이동하는 물체가 인류가 만든 창조물인지 자연 현상인지, 아니면 다른 행성에서 온 외계 방문자인지, 이 중 어느 것이 더 그럴듯한가? 우리는 종종 전자를 보았지만 후자는 한 번도 본 적이 없으므로 UFO가 외계인이 아닐 가능성이 더 높다고 결론 내리는 것이 더 합리적이다.

① 과거 관찰로부터의 증거
② 증거가 필요 없는 진리
③ 다양한 출처로부터의 추론
④ 현재의 기대와 가정

정답 해설

주장에 대한 증명의 부담과 그릇된 가정에 대한 글로, 사람들은 주장에 대한 증명 부족으로 잘못된 결론을 내리며, 증명의 부담은 주장을 하는 사람에게 있다는 점을 강조한다. 주장에 대한 증거는 과거 관찰에서 비롯되어야 한다고 설명하고 있다. UFO와 같은 주장을 평가할 때, 기존의 관찰 결과를 바탕으로 무엇이 더 그럴듯한지를 고려해야 한다는 점을 강조하고 있다. 따라서 밑줄 친 부분에 들어갈 말로 가장 적절한 것은 ①이다.

어휘

☐ assume 가정하다, 추정하다, 맡다
☐ statement 진술, 성명
☐ false 거짓의, 틀린, 위조된
☐ intelligent 지능적인, 똑똑한
☐ supernatural 초자연적인
☐ assertion 주장, 행사
☐ burden 책임, 부담, 의무, 부담을 지우다
☐ plausible 그럴듯한, 타당한 것 같은
☐ extraterrestrial 외계인, 외계의

13 정답 ④

대부분의 현대의 서양 극장 무용 작품은 작가, 작곡가 및 시각 예술가와 유사하게 자신의 작품의 창작자이자 소유자로 인정받는 안무가들에 의해 제작되었다. 뉴욕의 안무가인 Merce Cunningham은 예술적 경계를 초월하고 춤의 한계를 확장했다. 그는 항상 무작위로 춤 요소를 섞어 패턴을 형성하는 영감을 찾아다닌다. 그는 먼저 움직임, 타이밍, 간격 및 무용수의 수의 윤곽을 보여준다. 그런 다음 각 무용수에게 서로 다른 변수를 할당하고, 심지어 동전을 던지는 것과 같은 무작위 방법을 사용하여 그 조합을 생성한다. Cunningham의 무용수 중 한 명인 Carolyn Brown은 "이 춤은 전통적인 예술 작품보다 퍼즐처럼 접근된다. 구성 요소는 공간과 시간, 형태와 리듬이다." 라고 언급했다. Cunningham의 안무는 전통적인 개념에서 벗어난 것으로 간주되며, 무용 예술 내에서 모든 가능한 배열을 탐구한다. 이는 마치의 주사위를 굴릴 때마다 새로운 유전자 조합이 형성되는 것과 유사하다. Cunningham은 "이 동작들이 다양한 방식으로 재배치될 때 어떤 일이 일어나는지를 관찰할 수 있으며, 새로운 조합이 만들어낼 수 있는 놀라움들을 발견할 수 있다"고 말한다.

① 자연적인 춤 동작의 특성의 장점
② 모든 춤 영역에 걸쳐 확장되는 강력한 기법
③ 다양한 춤 형식에 내재된 전통적인 패턴
④ 무작위로 춤 요소를 섞어 패턴을 형성하는 영감

정답 해설

Merce Cunningham의 무용 혁신에 대한 글로, 무용의 경계를 확장하며 무작위성을 활용한 안무 기법으로 새로운 창작 방식을 제시했음을 설명하고 있다. 이렇게 무작위 방법을 사용하여 춤 요소를 섞는 것은 패턴을 형성하는 영감을 찾는 과정과 관련이 있다. 따라서 밑줄 친 부분에 들어갈 말로 가장 적절한 것은 ④이다.

어휘

☐ contemporary 현대의, 동시대의
☐ choreographer 안무가
☐ proprietor 소유주[자]
☐ transcend 초월하다
☐ outline 윤곽을 보여주다, 개요를 서술하다
☐ note 언급하다, 주목하다, 메모, 편지
☐ departure 벗어남, 떠남, 출발
☐ conventional 전통적인, 종래의
☐ dice 주사위
☐ rearrange 재배열[배치]하다, 재조정하다

어휘 TEST

1	crash	고장나다, 충돌하다, 추락하다, 부딪치다	26	sole	유일한, 단 하나의, 혼재[단독]의
2	accurate	정확한, 정밀한	27	store	저장[보관]하다, 가게[상점]
3	real-time	실시간	28	intelligent	지능이 있는, 총명한, 똑똑한
4	workflow	작업 흐름, 작업 속도	29	inequality	불평등, 불균등
5	decline	쇠퇴, 감소, 하락, 감소하다, 거절하다	30	disparity	차이
6	influx	유입, 쇄도, 밀어닥침	31	restrict	제한[한정]하다, 방해하다
7	settle	해결하다, 결정하다, 정착하다	32	adverse	부정적인, 불리한
8	dedicate	전념[헌신]하다, 바치다	33	perception	인식, 지각, 통찰력
9	backward	낙후된, 발전이 더딘, 뒤의	34	immediate	즉각적인, 당면한, 목전의
10	discriminate	식별[구별]하다, 차별하다	35	predict	예측[예견]하다
11	disability	(신체적·정신적) 장애	36	fixate	집착하다, 정책[고정]시키다
12	inclusive	폭넓은, 포괄적인	37	prospect	예상, 가망[가능성]
13	comprehensive	종합적인, 포괄적인	38	subsequent	그 다음의, 차후의
14	registration	등록, 신고	39	setback	좌절, 방해, 차질
15	administrative	행정[관리]상의	40	primary	주요한, 주된, 기본적인, 최초[초기]의
16	procedure	절차, 방법	41	conscious	의식하는, 자각하는
17	latest	최신의, 최근의	42	scarce	부족한, 드문
18	useful	유용한, 도움이 되는, 쓸모 있는	43	minimize	최소화하다, 축소하다
19	possess	지니다, 갖추고 있다, 소유하다	44	assume	가정하다, 추정하다, 맡다
20	distinct	뚜렷한, 분명한, 확실한, 별개의	45	false	거짓의, 틀린, 위조된
21	emphasize	강조하다, 역설하다	46	burden	책임, 부담, 의무, 부담을 지우다
22	principle	원리, 원칙	47	plausible	그럴듯한, 타당한 것 같은
23	subtle	미묘한, 교묘한, 영리한	48	transcend	초월하다
24	deplete	감소시키다, 고갈[소모]시키다	49	outline	윤곽을 보여주다, 개요를 서술하다
25	ambiguous	불분명한, 애매한	50	note	언급하다, 주목하다, 메모, 편지

구문 해석 TEST

01 This situation is severely impacting our productivity and customer service, as we are unable to keep up with real-time sales data.

> **해석** 이 상황은 우리의 생산성과 고객 서비스에 심각한 영향을 미치고 있으며, 실시간 판매 데이터를 유지하는 데 어려움을 겪고 있습니다.

02 Recent challenges, particularly the decline of local commercial areas due to the influx of large supermarkets and outside capital, have raised significant concerns for our community.

> **해석** 최근 문제, 특히 대형 슈퍼마켓과 외부 자본의 유입으로 인한 지역 상권의 쇠퇴는 우리 지역 사회에 중대한 우려를 불러일으키고 있습니다.

03 HUD provides essential financial support to low-income individuals and families through programs like housing vouchers, facilitating access to safe and stable housing.

> **해석** HUD는 주택 지원 바우처와 같은 제도를 통해 저소득층 개인과 가정에 중요한 재정적 지원을 제공하여 안전하고 안정적인 주택에 대한 접근을 용이하게 합니다.

04 One of its key features is the comprehensive guidance it offers on registration, visa information, and administrative procedures, making it easier for users to navigate the complexities of public services.

> **해석** 이것의 주요 기능 중 하나는 등록, 비자 정보 및 행정 절차에 대한 종합적인 안내를 제공하여 사용자가 공공 서비스의 복잡성을 쉽게 처리할 수 있도록 돕는 것입니다.

05 She emphasizes that the more positive energy we project, the more we draw in similar positive vibes; the same principle applies to negative energy, which tends to attract more negativity.

> **해석** 그녀는 우리가 더 많은 긍정적인 에너지를 내보낼수록 비슷한 긍정적인 분위기를 더 많이 끌어들이며, 부정적인 에너지도 동일한 원리가 적용되어 더 많은 부정적인 에너지를 끌어들인다고 강조한다.

06 Initially, this seems to hold promise, especially considering that an adult human's brain comprises over 2 percent of their total body weight, whereas an adult chimpanzee's brain is less than 1 percent of its body weight.

> **해석** 처음에는 이러한 주장이 가능성이 있어 보이는데, 특히 성인 인간의 뇌는 전체 체중의 2퍼센트 이상을 차지하는 반면, 성인 침팬지의 뇌는 체중의 1퍼센트 미만이라는 점을 고려하면 그렇다.

07 Addressing these issues requires comprehensive policy changes and societal awareness to promote equality and improve access to essential resources.

> **해석** 이러한 문제를 해결하기 위해서는 포괄적인 정책 변화와 사회적 인식이 필요하며, 이를 통해 평등을 촉진하고 필수 자원에 대한 접근성을 개선해야 한다.

08 Success often comes to athletes who persist through challenges and setbacks, so early efforts in sports should prioritize long-term preparation for future achievements rather than immediate results.

> **해석** 성공은 도전과 좌절을 이겨낸 선수들에게 종종 찾아오며, 스포츠에서의 어린 시절의 노력은 즉각적인 결과보다는 미래의 성취를 위한 장기적인 준비에 초점을 맞춰야 한다.

09 Many genetic and biological mechanisms control hunger and satiety, ensuring that people will eat enough to meet their energy needs.

> **해석** 많은 유전적 및 생물학적 메커니즘이 배고픔과 포만감을 조절하여 사람들이 에너지 요구를 충족할 만큼 충분히 먹도록 한다.

10 People often assume that a statement is true simply because it hasn't been proven false, or that a statement is false because it hasn't been proven true.

> **해석** 사람들은 종종 어떤 주장이 거짓으로 입증되지 않았기 때문에 그 주장이 진실이라고 가정하거나, 혹은 어떤 주장이 진실로 입증되지 않았기 때문에 그 주장이 거짓이라고 가정한다.

11 As Cunningham states, "You can observe what happens when these actions are rearranged in various ways" and discover the surprises that new combinations can produce.

> **해석** Cunningham은 "이 동작들이 다양한 방식으로 재배치될 때 어떤 일이 일어나는지를 관찰할 수 있으며, 새로운 조합이 만들어낼 수 있는 놀라움들을 발견할 수 있다"고 말한다.

독해 실력 강화 연습문제 정답 및 해설

04

Answer

01 ②	**02** ②	**03** ①	**04** ③	**05** ③
06 ③	**07** ④	**08** ④	**09** ②	**10** ④
11 ①	**12** ②	**13** ③		

[01~02]

수신인 : 시 청소 관리 부서
발신인 : Jane Miller
날짜 : 3월 15일
제목 : 미수거 쓰레기에 대한 긴급 요청

친애하는 청소 관리 팀에게,

이 메시지가 잘 전달되기를 바랍니다. 저는 우리 지역에서 지난 2주 동안 수거되지 않은 쓰레기에 대해 우려를 표하고자 이 글을 씁니다. 쌓인 쓰레기는 불쾌한 냄새를 유발할 뿐만 아니라 해충을 유인하여 주민들에게 비위생적인 환경을 조성하고 있습니다. 이 상황은 점점 더 문제가 되고 있으며, 신속하게 해결되지 않으면 상황이 더욱 악화될 수 있습니다.

책임감 있는 주민으로서, 저는 당신의 부서가 이 문제를 <u>바로잡기</u> 위해 즉각적인 조치를 취할 것을 간곡히 요청 드립니다. 정기적이고 시기적절한 쓰레기 수거는 공공 건강과 우리 지역 사회의 전반적인 청결 유지에 필수적입니다. 이 문제를 해결하기 위한 당신의 신속한 개입은 모든 주민에게 큰 도움이 될 것입니다.

이 긴급한 문제에 대한 당신의 관심에 감사드립니다. 저는 당신께서 이 문제를 우선적으로 처리하고 해결을 위한 필요한 조치를 취해 주실 것이라고 믿습니다.

진심을 담아,
Jane Miller

01 정답 ②

정답 해설
이 이메일은 지역 내 쓰레기가 수거되지 않고 있는 문제에 대해 우려를 표하며, 이를 즉시 해결해 줄 것을 요청하는 내용이다. 쓰레기가 쌓여서 악취와 해충을 유발하고 있다는 점을 강조하고 있으며, 문제 해결이 필요하다는 것을 분명히 하고 있다. 따라서 글의 목적으로 가장 적절한 것은 ②이다.

오답 해설
① 비용 인하에 대한 요청이 아니라 문제 해결을 요청하고 있다.

③ 수거 빈도를 줄이는 것이 아니라 오히려 빈번한 수거를 요청하고 있다.
④ 쓰레기 분리수거 인식의 개선에 대한 언급은 없으며, 수거 문제 해결이 주된 목적이다.

02 정답 ②

정답 해설
밑줄 친 'rectify'는 문맥에서 '바로잡다'의 뜻으로 해석되며, 이와 의미가 가장 가까운 것은 ② 'resolve(해결하다)'이다.

오답 해설
① confirm 확인하다
③ negotiate 협상하다, 성사시키다, 타결하다
④ examine 조사[검토]하다, 검사[진찰]하다

어휘
☐ garbage 쓰레기
☐ accumulated 쌓인, 축적된, 누적된
☐ unpleasant 불쾌한, 불편한
☐ odor 냄새, 악취
☐ pest 해충, 유해 동물
☐ unsanitary 비위생적인, 건강에 좋지 않은
☐ escalate 악화되다, 확대[증가]되다
☐ cleanliness 청결
☐ intervention 개입, 중재, 조정, 간섭
☐ prioritize 우선적으로 처리하다

[03~04]

지역 간의 불균형을 해결하세요

존경하는 지역 주민 여러분,

최근 지역 간의 불균형에 대한 논의가 더욱 시급해지고 있으며, 특히 일부 지역이 개발 혜택을 계속 누리는 반면, 다른 지역은 소외되고 있습니다. 예를 들어, 덜 부유한 동네의 많은 주민들이 더 부유한 지역에 비해 열악한 인프라와 공공 서비스에 대한 불만을 제기하고 있습니다. 이러한 중요한 문제에 대응하기 위해 지역 불균형을 해결하고 모든 지역 주민들에게 공정한 개발을 촉진하기 위한 실행 가능한 전략을 논의하기 위해 특별 회의가 열릴 예정입니다. 보다 균형 잡히고 공정한 지역 사회를 만들기 위한 당신의 통찰과 제안을 나누어 주시기를 진심으로 초대합니다. 전문가들도 참석하여 당신의 의견을 바탕으로 귀중한 관점을 제공할 것입니다.

누가 불평등한 이웃에 살고 싶어 할까요?

커뮤니티 개발 포럼 후원

회의 세부 사항
- 장소: 커뮤니티 홀, 메인 강당
  (인원이 초과할 경우 213호)
- 날짜: 2025년 3월 18일 화요일
- 시간: 오후 6:00

당신의 참여는 우리 지역 사회 발전의 방향을 형성하는 데 매우 중요합니다. 추가 정보는 저희 웹사이트 www.equalityforum.org를 방문하시거나 (555) 234-5678로 저희 사무실에 연락해 주십시오.

03 정답 ①

정답 해설
지역 간 불평등 문제 해결을 위한 주민 회의 안내에 대한 글로, 지역 간의 불균형에 대한 내용들이 구성되고 있다. 따라서 윗글의 제목으로 가장 적절한 것은 ①이다.
① 지역 간의 불균형을 해결하세요
② 지역 주민들 간의 분쟁을 해결하세요
③ 소외된 지역만을 위해 움직여주세요
④ 공공 서비스의 접근성을 개선하세요

오답 해설
② 지역 주민들 간의 분쟁이 아닌 지역 간의 불균형의 문제 해결을 요구하는 글이다.
③ 소외된 지역의 개발이 필요한 것은 맞지만 소외된 지역만을 위해 조치를 취해 달라는 요구는 아니다.
④ 공공 서비스는 예시일뿐만 아니라 접근성을 개선해달라는 것은 글의 초점에서 벗어난다.

04 정답 ③

정답 해설
본문의 6번째 문장에서 전문가들이 참석하는 내용은 있지만, 불만을 제기한 내용은 본문에 언급되지 않았으므로 위 안내문의 내용과 일치하지 않는 것은 ③이다.

오답 해설
① 본문의 2번째 문장에서 언급하고 있으므로 위 안내문의 내용과 일치한다.
② 본문의 4번째 문장에서 언급하고 있으므로 위 안내문의 내용과 일치한다.
④ 본문의 14번째 문장에서 언급하고 있으므로 위 안내문의 내용과 일치한다.

어휘
- disparity 차이, 불균형
- leave out 소외되다, 배제되다
- affluent 부유한
- dissatisfaction 불만
- actionable 실행 가능한
- inequality 불균등, 불평등
- equitable 공정한, 공평한

05 정답 ③

고용 기회 균등 위원회(EEOC) 책임

고용 기회 균등 위원회는 인종, 피부색, 종교, 성별, 출신 국가, 나이, 장애 및 유전자 정보를 기반으로 한 직장 내 차별을 금지하는 연방법을 집행합니다. 이 위원회의 주요 목표는 모든 개인에게 평등한 고용 기회를 보장하고, 그들의 경력에 부정적인 영향을 미칠 수 있는 차별적 관행으로부터 근로자를 보호하는 것입니다. EEOC는 차별에 대한 직원의 불만을 조사하고, 위반한 고용주에 대해 법적 조치를 취하며, 중재를 통해 문제 해결을 촉진합니다. 추가로, 이 위원회는 고용주와 직원이 평등 고용법에 따른 권리와 책임을 이해할 수 있도록 교육과 훈련 자료를 제공하여 모두를 위한 공정하고 공평한 직장을 촉진합니다.

① 이것은 인종에 기반한 차별만을 금지하는 법을 집행한다.
② 이것은 법적 조치와 관련해서는 활동하지 않는다.
③ 이것은 직원들이 겪는 차별에 대해 조사한다.
④ 이것은 교육 자료의 제공을 금지하고 있다.

정답 해설
본문의 3번째 문장에서 언급하고 있으므로 윗글의 내용과 일치하는 것은 ③이다.

오답 해설
① 본문의 1번째 문장에서 '인종뿐만 아니라 여러 가지 이유로 차별을 금지한다'라고 언급하고 윗글의 내용과 일치하지 않는다.
② 본문의 3번째 문장에서 '위반한 고용주에 대해 법적 조치를 취한다'라고 언급하고 윗글의 내용과 일치하지 않는다.
④ 본문의 4번째 문장에서 '고용주와 직원에게 교육과 훈련 자료를 제공한다'라고 언급하고 윗글의 내용과 일치하지 않는다.

어휘
- enforce 집행[실시]하다, 강요하다
- prohibit 금(지)하다
- discrimination 차별, 차이, 식별력, 안목
- religion 종교
- genetic 유전의, 유전학의
- employment 직장, 고용, 취업, 고용
- discriminatory 차별적인
- adversely 부정적으로, 불리하게, 반대로
- violate 위반하다, 침해하다
- resolution 해결, 결단력
- mediation 중재, 조정
- equitable 공정한, 공평한

06 정답 ③

> 서울 다국어 관광 정보 앱
>
> 서울 다국어 관광 정보 앱은 도시를 효과적으로 탐험하고자 하는 국제 방문객에게 필수적입니다. 이 앱의 주요 기능 중 하나는 다양한 언어로 관광 명소, 교통 수단 및 지역 행사에 대한 종합적인 정보를 제공하여 다양한 이용자들이 쉽게 접근할 수 있도록 돕는 것입니다. 이 앱은 사용자가 서울을 쉽게 탐색하고 자신의 필요에 맞는 유용한 자료를 찾을 수 있게 하여 여행자의 편의성을 크게 향상시킵니다. 향후 업데이트를 통해 사용 가능한 기능과 정보의 범위가 확장되어 여행 경험이 더욱 풍부해질 것으로 예상됩니다. 시작하려면 앱 스토어에서 앱을 다운로드하여 많은 혜택을 누리세요. 추가로, 데스크톱 사용을 선호하는 분들을 위해 웹 버전을 사용할 수 있어 모든 사용자가 서울을 방문하는 동안 정보를 쉽고 빠르게 얻을 수 있습니다.

① 이것은 서울 여행을 하는 방문객에게는 유용하다.
② 이것은 지역 행사와 교통 옵션에 대한 기능을 포함한다.
③ 사용자 선호에 기반한 개인화된 추천을 제공한다.
④ 이것은 하나의 언어에 국한되지 않는다.

정답 해설

본문에서 사용자 선호에 기반한 개인화된 추천에 대한 내용은 언급되지 않으므로 윗글의 내용과 일치하지 않는 것은 ③이다.

오답 해설

① 본문의 1번째 문장에서 언급하고 있으므로 윗글의 내용과 일치한다.
② 본문의 2번째 문장에서 언급하고 있으므로 윗글의 내용과 일치한다.
④ 본문의 2번째 문장에서 언급하고 있으므로 윗글의 내용과 일치한다.

어휘

☐ multilingual 여러 언어를 하는, 다국어의
☐ explore 탐험하다, 답사하다, 탐구[분석]하다
☐ comprehensive 종합적인, 포괄적인
☐ attraction 명소, 명물, 매력
☐ transportation 수송, 운송
☐ multiple 다양한, 많은, 다수[복수]의
☐ range 범위[폭], 다양성, 이르다, 포함하다
☐ numerous 많은, 다수의
☐ visit 방문하다, 찾아가다, 방문

07 정답 ④

> 우리는 미디어에서 "이상적인" 개인의 이미지에 지속적으로 노출되어 있으며, 이는 신체적으로 매력적인 사람들이 더 만족스러운 사회 생활을 하고, 더 큰 행복을 느끼며, 더 나은 직업 전망을 누린다는 믿음을 조장한다. 그 결과, 수백만 명의 사람들이 이러한 이점을 얻기 위해 매년 성형 수술을 선택한다. 부정적인 신체 이미지를 가진 사람들은 그러한 절차가 자신의 불만

> 을 해결해 줄 것이라고 종종 가정한다. 그러나 많은 사람들은 수술 후 자신의 이미지가 개선되리라는 기대가 충족되지 않아 실망감을 느끼게 된다. 사실, 부정적인 신체 이미지의 근본 원인은 신체적이기 보다는 심리적인 경우가 많아서 성형 수술만으로는 충분한 해결책이 되지 않는다.

① 매력적인 외모가 가지는 이점
② 성형 수술과 관련된 주요 위험
③ 수술 기법을 개선하기 위한 진보
④ 미적 기준의 심리적 영향과 성형 수술의 한계

정답 해설

신체 이미지와 성형 수술에 대한 글로, 이상적인 외모에 대한 기대가 성형 수술을 부추기지만, 심리적 문제 해결 없이 수술로는 만족을 얻기 어려운 경우가 많음을 네 번째 문장과 마지막 문장에서 강조하고 있다. 따라서 글의 주제로 가장 적절한 것은 ④이다.

어휘

☐ expose 노출시키다, 드러내다, 폭로하다
☐ ideal 이상적인, 완벽한
☐ prospect 전망, 가망, 가능성, 예상
☐ opt 선택하다, 선정하다
☐ cosmetic surgery 성형 수술
☐ attain 얻다, 획득하다, 이루다
☐ resolve 해결하다, 결심하다
☐ dissatisfaction 불만
☐ expectation 예상, 기대
☐ psychological 정신[심리]의, 정신[심리]적인
☐ sufficient 충분한

08 정답 ④

> 많은 대기업들이 공개 면접을 진행할 때 덜 유명한 대학의 학생들을 간과하는 것은 유감스러운 현실이다. 그러나 만약 당신이 이러한 기관 중 하나에 재학 중이라면, 이른바 "순회 채용 면접"은 여전히 당신에게 열려 있다는 것을 기억하라. 문제는 고용주들이 작은 학교의 학생들을 선호하지 않기 때문이 아니라, 역사적으로 다른 대학에 집중해왔고 그들의 전통적인 관행을 변경할 만한 설득력이 있는 이유가 필요하다는 것이다. 따라서 만약 당신이 자신의 캠퍼스를 방문하지 않은 회사에 관심이 있다면, 그들의 본사나 채용 사무소에 직접 지원서를 보내는 것을 고려해 보라. 가까운 대학이나 회사의 평가 센터에서 하는 순회 채용 면접에 참여할 기회가 여전히 있을 수 있다. 순회 채용 인터뷰는 다양한 학교의 최종 학년 학부생들과 여러 회사들이 모이는 대규모 모임으로, 모든 학생들이 참여하도록 초대된다.

① 학생들은 자신의 전공과 잘 맞는 직업을 찾아야 한다.
② 고용주는 대학에 따라 구직자를 차별해서는 안 된다.
③ 기업은 더 넓은 범위의 학생들에게 면접 기회를 제공해야 한다.
④ 구직자는 자신의 대학 배경에 제한받지 않고 적극적으로 기회를 추구해야 한다.

정답 해설

대기업의 면접 기회와 순회 채용 면접에 대한 글로, 많은 대기업이 덜 유명한 대학의 학생들을 간과하지만, 순회 채용 인터뷰를 통해 기회를 찾을 수 있음을 설명하고 있다. 이를 통해 학생들은 자신의 대학 배경에 제한받지 않고 기회를 추구해야 한다고 강조하고 있다. 따라서 글의 요지로 가장 적절한 것은 ④이다.

어휘

☐ regrettable 유감스러운
☐ overlook 간과하다, 못 보고 넘어가다
☐ institution 기관, 단체, 협회, 제도
☐ compelling 설득력 있는, 강력한
☐ headquarters 본사, 본부
☐ recruitment 채용, 모집
☐ participate 참가하다, 참여하다
☐ assessment 평가
☐ undergraduate (대학) 학부생, 대학생
☐ invite 초대하다, 초청하다

09 정답 ②

토지 이용과 식량 안보의 미래는 농업 시장 동향, 기후 조건 그리고 공급망 개입에 의해 형성될 것이며, 농업은 특히 지역 기후에 의존하고 있어 앞으로 수십 년 동안 기후 변화에 매우 민감하게 반응할 것으로 예상된다. ① 이러한 기후에 대한 민감성은 식량 안보 목표를 달성하려는 세계 농업 시스템의 압력에 의해 더욱 강화된다. (② 기후 변화의 영향은 전 세계적으로 나타나겠지만, 특정 지역은 다른 지역보다 어느 정도는 더 심각한 영향을 받을 것이다.) ③ 또한, 식량, 동물 사료 및 연료를 위한 농산물에 대한 세계적인 수요의 급증은 작물 및 토지 이용에 대한 우리의 관점을 크게 변화시키고 있다. ④ 최근의 기상 이변 및 다른 재난으로 인한 공급 측면의 충격과 함께 이러한 요소들로 인해 농산물 시장에서 상당한 변동을 초래하였다. 한편, 도시 인프라의 발전은 도시 경관을 재구성하고 있지만, 이는 농업 관행과 식량 안보와는 관련이 없다.

정답 해설

농업과 기후 변화의 상관관계에 대한 글로, 농업의 미래는 기후 변화, 시장 동향, 공급망 개입에 의해 결정되며, 이러한 요소들이 식량 안보와 농업 시장에 미치는 영향을 설명하고 있다. 나머지 문장들은 농업과 기후 변화의 상관관계를 중심으로 설명하고 있지만 ②만 기후 변화의 지역적 영향을 다루고 있어 글의 흐름상 어색한 문장은 ②이다.

어휘

☐ food security 식량 안보
☐ agricultural 농업의, 농사의
☐ intervention 개입, 중재, 간섭
☐ sensitivity 민감함, 예민함, 세심함
☐ demand 요구, 요구하다, 필요로 하다

☐ disaster 재난, 재해, 참사
☐ fluctuation 변동, 동요
☐ commodity 상품, 물품, 원자재
☐ reorganize 재구성하다, 재편성하다

10 정답 ④

갈등은 의견 차이, 자원 제약 또는 오해로 인해 어떤 조직에서든 불가피하게 발생하며, 이를 신속하고 효과적으로 해결하는 것이 긍정적인 업무 환경을 유지하는 데 중요하다. (①) 성공적인 갈등 해결의 핵심 중 하나는 개방적이고 솔직한 소통이다. (②) 직원들이 자신의 우려와 관점을 편안하게 표현할 수 있는 환경을 조성함으로써, 조직은 문제가 악화되기 전에 이를 해결할 수 있다. (③) 더 나아가, 명확한 의사소통 규칙을 마련하고 훈련을 시행하는 것은 오해를 방지하고 팀원 간의 더 나은 협력을 촉진하는 데 도움이 될 수 있다. (④ 효과적인 의사소통 전략은 갈등을 해결하고 더 강력한 관계를 구축하는 데 필수적이다.) 궁극적으로 효과적인 소통 전략에 대한 투자는 더 결속력 있는 팀과 더 생산적인 직장으로 이어질 수 있다.

정답 해설

갈등 해결을 위한 효과적인 소통 전략에 대한 글로, 갈등은 조직에서 불가피하며, 이를 효과적으로 해결하기 위해서는 개방적이고 정직한 소통이 필수적임을 강조하고 있다. 주어진 문장은 효과적인 의사소통 전략이 갈등 해결과 관계 구축에 필수적이라는 내용을 담고 있다. ④번 뒤에서 이러한 의사소통 전략의 긍정적인 영향이 언급되고 있으므로 주어진 문장과 잘 연결된다. 따라서 주어진 문장이 들어갈 위치로 가장 적절한 것은 ④이다.

어휘

☐ conflict 갈등, 충돌, 상충하다
☐ inevitable 불가피한, 필연적인
☐ constraint 제약, 제한, 통제
☐ misunderstanding 오해, 착오, 언쟁, 불화
☐ honest 솔직한, 정직한
☐ express 표현하다, 나타내다, 급행의, 신속한
☐ viewpoint 관점, 시각, 방향
☐ escalate 악화[증가/확대]되다
☐ prevent 막다, 예방[방지]하다
☐ cohesive 결속력[응집력]이 있는, 화합[결합]하는

11 정답 ①

낚시는 많은 사람들이 즐기는 평화롭고 만족스러운 야외 활동이다.
(B) 이 과정은 대부분 선호하는 낚시 장소에 도착하여 낚시 장비와 미끼를 준비하는 것에서 시작된다.

(A) 낚시를 하면서 물고기를 잡기를 기대하며 시간을 보낸 후, 장비를 정리하고 집으로 돌아가는 것은 하루를 마무리하는 편안한 방법이 될 수 있다.

(C) 낚시 경험을 완성하기 위해 잡은 물고기를 요리하여 물가에서 또는 집에서 신선한 식사를 즐길 수 있다.

정답 해설

낚시의 즐거움과 과정에 대한 글로, 낚시는 평온하고 만족스러운 야외 활동으로, 장소 도착, 낚시, 그리고 요리로 마무리됨을 설명하고 있다. 글의 주제인 낚시에 대한 진술 다음에 '낚시 준비'에 대한 (B)로 이어져야 하고, 낚시가 끝나고 정리하는 것을 언급하는 (A)로 이어져야 하며, 낚시 경험의 완성으로 잡은 물고기를 요리하는 것을 설명하는 (C)로 이어져야 한다. 따라서 글의 순서로 가장 적절한 것은 ①이다.

어휘

☐ serene 평화로운, 고요한
☐ expect 기대하다, 예상하다
☐ gear 장비, 복장
☐ wrap up 마무리 짓다
☐ location 장소, 위치
☐ bait 미끼, 미끼를 놓다

12 정답 ②

어떤 사람들은 독서가 명확하게 하나의 개념으로 존재하며 사람들이 책으로 하는 다른 활동들과 쉽게 분리될 수 있는 것이라고 생각한다. 하지만 독서는 정말 그렇게 단순할까? 독서를 생각하는 더 나은 방법은, 그것이 하나의 단일한 특성을 공유하지 않더라도 함께 어우러진 일련의 관련 활동으로 보는 것이다. 사람들은 독서의 진정한 의미에 대해 합의하지 않기 때문에, 독서를 다른 행동들과 분리하기가 어렵다. 독서의 정의를 내리려고 할수록 그 정의를 확장하게 만드는 예외들이 더 많이 생긴다. 그래서, 독서를 정확히 같지는 않지만 비슷한 활동들의 집합으로 생각하는 것이 도움이 될 수 있다.

① 많은 상상력을 요구하는 과정
② 함께 어우러진 일련의 관련 활동
③ 시간이 지나면서 배우는 기술
④ 아이디어가 결합된 행동 그룹

정답 해설

독서의 복잡성과 다양한 활동에 대한 글로, 독서는 단순한 개념이 아니라 여러 관련 활동으로 이루어져 있으며, 이를 정의하는 데 어려움이 있음을 설명하고 있다. 즉, 독서는 단순히 하나의 명확한 개념으로 정의될 수 없으며, 여러 관련된 활동들의 집합으로 이해하는 것이라고 주장을 하고 있다. 따라서 밑줄 친 부분에 들어갈 말로 가장 적절한 것은 ②이다.

어휘

☐ reading 독서, 읽기
☐ separate 분리된, 독립된, 서로 다른, 분리하다, 나누다

☐ trait 특성
☐ define 정의하다, 규정하다
☐ exception 예외
☐ stretch 확장하다, 늘어나다
☐ definition 정의, 의미

13 정답 ③

메뚜기는 태어난 직후나 혼자 있을 때는 고립된 생물처럼 행동한다. 그러나 6시간만 밀접한 공간에 놓이게 되면, 그들은 함께 모여 군생하는 행동을 보이게 된다. 수년 동안 과학자들은 메뚜기 "이주자"의 갑작스러운 출현이 알려지지 않은 장소에서 오고 가는 뚜렷한 종 때문이라고 믿었다. 이제 이러한 이주자들은 붐비는 사람들에 반응하여 색깔, 형태, 행동을 바꾸는 일반적인 메뚜기 종의 '단계'인 것으로 이해된다. 실험 결과에 따르면, 고립된 메뚜기를 이러한 "이주자"로 변화시키기 위해서는 미성숙 단계인 유충을 병에 넣고 모터로 작동되는 브러시로 지속적으로 간지럽힌다. 이러한 지속적인 자극은 군중을 모방하여 신경계가 호르몬 수치를 변화시켜 다양한 색깔, 날개 길이 및 행동을 특징으로 하는 불안한 이주 단계가 발생하도록 유도한다. 이는 "환경에 의해 유전자 발현의 변화가 유도될 수 있다"를 명확히 보여주는 사례로 작용한다.

① 상호 협력이 종의 생존에 핵심이다
② 종의 가장 적합한 구성원만이 생존한다
③ 환경에 의해 유전자 발현의 변화가 유도될 수 있다
④ 일부 동물 종에서의 이주 능력은 본능적이다

정답 해설

메뚜기의 집단행동과 환경의 영향에 대한 글로, 메뚜기는 고립 상태에서 집단행동으로 변화하며, 이는 환경 자극에 의해 유전자 발현이 변화될 수 있음을 설명하고 있다. 문맥에서 메뚜기의 행동 변화는 환경적 요인, 즉 군중 속에 있는 자극에 의해 유도된다는 점을 강조하고 있다. 실험을 통해 고립된 메뚜기가 지속적인 자극을 받으면 호르몬 수치가 변화하고, 이는 유전자 발현의 변화를 초래하여 행동과 형태가 달라진다. 따라서 밑줄 친 부분에 들어갈 말로 가장 적절한 것은 ③이다.

어휘

☐ grasshopper 메뚜기
☐ solitary 혼자의, 외로운, 유일한
☐ gregarious 군생하는, 사교적인
☐ appearance 출현, 나타남, 모습, 외모
☐ migrant 이주자, 이동하는 동물
☐ common 일반적인, 보통의, 흔한, 공동의, 공통의
☐ crowded 붐비는, 복잡한
☐ transform 변형시키다
☐ isolated 고립된, 외딴
☐ nymph 유충
☐ restless 불안한, 가만있지 못하는
☐ length 길이, 기간

독해 실력 강화 복습문제 정답 및 해설

#	단어	뜻	#	단어	뜻
1	accumulated	쌓인, 축적된, 누적된	26	regrettable	유감스러운
2	unpleasant	불쾌한, 불편한	27	compelling	설득력 있는, 강력한
3	unsanitary	비위생적인, 건강에 좋지 않은	28	recruitment	채용, 모집
4	escalate	악화되다, 확대[증가]되다	29	undergraduate	(대학) 학부생, 대학생
5	intervention	개입, 중재, 조정, 간섭	30	invite	초대하다, 초청하다
6	prioritize	우선적으로 처리하다	31	sensitivity	민감함, 예민함, 세심함
7	affluent	부유한	32	demand	요구, 요구하다, 필요로 하다
8	actionable	실행 가능한	33	disaster	재난, 재해, 참사
9	equitable	공정한, 공평한	34	fluctuation	변동, 동요
10	enforce	집행[실시]하다, 강요하다	35	commodity	상품, 물품, 원자재
11	prohibit	금(지)하다	36	conflict	갈등, 충돌, 상충하다
12	discriminatory	차별적인	37	inevitable	불가피한, 필연적인
13	resolution	해결, 결단력	38	constraint	제약, 제한, 통제
14	mediation	중재, 조정	39	honest	솔직한, 정직한
15	explore	탐험하다, 답사하다, 탐구[분석]하다	40	express	표현하다, 나타내다, 급행의, 신속한
16	attraction	명소, 명물, 매력	41	serene	평화로운, 고요한
17	multiple	다양한, 많은, 다수[복수]의	42	wrap up	마무리 짓다
18	numerous	많은, 다수의	43	trait	특성
19	expose	노출시키다, 드러내다, 폭로하다	44	define	정의하다, 규정하다
20	ideal	이상적인, 완벽한	45	stretch	확장하다, 늘어나다
21	opt	선택하다, 선정하다	46	solitary	혼자의, 외로운, 유일한
22	attain	얻다, 획득하다, 이루다	47	common	일반적인, 보통의, 흔한, 공동의, 공통의
23	resolve	해결하다, 결심하다	48	isolated	고립된, 외딴
24	expectation	예상, 기대	49	restless	불안한, 가만있지 못하는
25	sufficient	충분한	50	length	길이, 기간

구문 해석 TEST 👍

01 The accumulated waste is not only causing unpleasant odors but is also attracting pests, creating unsanitary conditions for residents.

해석 쌓인 쓰레기는 불쾌한 냄새를 유발할 뿐만 아니라 해충을 유인하여 주민들에게 비위생적인 환경을 조성하고 있습니다.

02 Discussion of imbalances between regions has recently become more urgent, especially while some continue to enjoy development benefits, others are being left out.

해석 최근 지역 간의 불균형에 대한 논의가 더욱 시급해지고 있으며, 특히 일부 지역이 개발 혜택을 계속 누리는 반면, 다른 지역은 소외되고 있습니다.

03 Its primary goal is to ensure equal employment opportunities for all individuals and protect workers from discriminatory practices that can adversely affect their careers.

해석 이것의 주요 목표는 모든 개인에게 평등한 고용 기회를 보장하고, 그들의 경력에 부정적인 영향을 미칠 수 있는 차별적 관행으로부터 근로자를 보호하는 것입니다.

04 One of its primary functions is to provide comprehensive information about tourist attractions, transportation options, and local events in multiple languages, making it accessible to a diverse user.

해석 이 앱의 주요 기능 중 하나는 다양한 언어로 관광 명소, 교통 수단 및 지역 행사에 대한 종합적인 정보를 제공하여 다양한 이용자들이 쉽게 접근할 수 있도록 돕는 것입니다.

05 We are constantly exposed to images of "ideal" individuals in the media, which encourages the belief that physically attractive people live more fulfilling social lives, feel greater happiness, and enjoy better job prospects.

해석 우리는 미디어에서 "이상적인" 개인의 이미지에 지속적으로 노출되어 있으며, 이는 신체적으로 매력적인 사람들이 더 만족스러운 사회 생활을 하고, 더 큰 행복을 느끼며, 더 나은 직업 전망을 누린다는 믿음을 조장한다.

06 The issue is not that employers have a preference against students from smaller schools; rather, they have historically focused on other universities and require compelling reasons to alter their traditional practices.

해석 문제는 고용주들이 작은 학교의 학생들을 선호하지 않기 때문이 아니라, 역사적으로 다른 대학에 집중해왔고 그들의 전통적인 관행을 변경할 만한 설득력이 있는 이유가 필요하다는 것이다.

07 The future of land use and food security will be shaped by agricultural market trends, climatic conditions, and supply chain interventions, as agriculture is particularly dependent on local climate and expected to be highly responsive to climate changes in the coming decades.

> **해석** 토지 이용과 식량 안보의 미래는 농업 시장 동향, 기후 조건 그리고 공급망 개입에 의해 형성될 것이며, 농업은 특히 지역 기후에 의존하고 있어 앞으로 수십 년 동안 기후 변화에 매우 민감하게 반응할 것으로 예상된다.

08 Conflicts are inevitable in any organization, arising from differences in opinions, resource constraints, or misunderstandings, and addressing them promptly and effectively is crucial for maintaining a positive work environment.

> **해석** 갈등은 의견 차이, 자원 제약 또는 오해로 인해 어떤 조직에서든 불가피하게 발생하며, 이를 신속하고 효과적으로 해결하는 것이 긍정적인 업무 환경을 유지하는 데 중요하다.

09 After spending time fishing expecting to catch fish, organizing your gear and returning home can be a comfortable way to wrap up the day.

> **해석** 낚시를 하면서 물고기를 잡기를 기대하며 시간을 보낸 후, 장비를 정리하고 집으로 돌아가는 것은 하루를 마무리하는 편안한 방법이 될 수 있다.

10 So, it might help to think of reading as a group of similar activities that belong together, even if they're not exactly the same.

> **해석** 그래서, 독서를 정확히 같지는 않지만 비슷한 활동들의 집합으로 생각하는 것이 도움이 될 수 있다.

11 This constant stimulation simulates crowding, triggering the nervous system to change hormone levels, leading to the development of the restless migratory phase, characterized by different colors, wing lengths, and behaviors.

> **해석** 이러한 지속적인 자극은 군중을 모방하여 신경계가 호르몬 수치를 변화시켜 다양한 색깔, 날개 길이 및 행동을 특징으로 하는 불안한 이주 단계가 발생하도록 유도한다.

독해 실력 강화 연습문제 정답 및 해설

Answer

01 ③	02 ②	03 ③	04 ②	05 ④
06 ②	07 ③	08 ④	09 ②	10 ③
11 ②	12 ②	13 ②		

[01~02]

수신인 : IT 지원 팀
발신인 : 마케팅 부서
날짜 : 10월 22일
제목 : 긴급 지원 요청

존경하는 IT 지원 팀에게,

이 메시지가 잘 전달되기를 바랍니다. 저는 우리 이메일 마케팅 소프트웨어에서 심각한 문제를 보고하기 위해 연락 드립니다. 지난 주 동안 여러 팀원이 마케팅 캠페인 발송하려 할 때 심각한 어려움을 겪고 있습니다. 시스템이 자주 예기치 못하게 고장나며, 프로젝트에 상당한 지연이 발생하고 고객과의 소통에 부정적인 영향을 미치고 있습니다.

이 지속적인 오작동은 시기적절한 마케팅 전략을 실행하는 능력을 심각하게 <u>방해하고</u> 있습니다. 귀 팀이 이 문제를 긴급히 조사하고 소프트웨어의 기능을 복구할 수 있는 효과적인 해결책을 제공해 주시기를 요청 드립니다. 이 도구의 원활한 운영은 우리 마케팅 활동에 매우 중요합니다.

이 문제에 대한 신속한 대응에 감사드립니다.

감사합니다,
마케팅 부서

01 정답 ③

정답 해설

이 글은 이메일 마케팅 소프트웨어의 문제를 보고하고, 즉각적인 해결을 요청하는 내용이다. 시스템의 불안정성이 마케팅 프로젝트에 큰 영향을 미치고 있다는 점을 강조하고 있다. 따라서 윗글의 목적으로 적절한 것은 ③이다.

오답 해설

① 진행 상황 보고가 아니라 문제를 보고하고 있다.
② 구매 요청이 아니라 문제 해결을 요청하고 있다.
④ 사용법 문의가 아니라 소프트웨어의 기능 장애에 대한 내용이다.

02 정답 ②

정답 해설

밑줄 친 'hamper'는 문맥에서 '방해하다'의 뜻으로 해석되며, 이와 의미가 가장 가까운 것은 ② 'hinder(방해하다, 못하게 하다)'이다.

오답 해설

① approve 찬성하다, 승인하다
③ divulge 누설하다, 폭로하다
④ endorse 지지하다, 보증하다, 배서하다

어휘

☐ send out 발송하다, 보내다
☐ crash 고장나다, 충돌하다, 추락하다, 부딪치다
☐ unexpectedly 예기치 못하게, 갑자기
☐ substantial 상당한
☐ persistent 지속[반복]되는, 끈질긴, 집요한
☐ hamper 방해하다
☐ execute 실행[수행]하다, 처형[사형]하다
☐ timely 시기적절한, 때맞춘

[03~04]

공공시설의 인프라 격차 해결하기

존경하는 주민 여러분,

공원, 스포츠 복합 시설, 도서관과 같은 공공 편의 시설의 부족에 대한 우려가 커지고 있으며, 지역 사회 구성원들이 목소리를 내고 있습니다. 많은 가정들이 여가 공간의 제한된 이용 가능성과 우리 공원의 노후된 인프라에 대해 사용 빈도와 만족도가 감소하고 있습니다. 이러한 시급한 문제에 대응하기 위해 우리 지역 내 공공시설의 업그레이드 및 확장 가능성을 논의하는 위한 특별 회의가 열릴 예정입니다. 모든 주민들의 필요를 더 잘 충족시킬 수 있는 방안에 대해 당신의 소중한 통찰과 제안을 나누어 주시기를 바랍니다. 전문가들도 당신의 의견을 바탕으로 전문 분석을 제공하여 보다 효과적인 전략 수립하는 데 기여할 것입니다.

회의 정보
• 장소 : 커뮤니티 홀, 방 A
   (참석 인원이 많을 경우 방 B를 대체로 사용)
• 날짜 : 2024년 11월 8일 금요일
• 시간 : 오후 6:30

여러분의 참여는 우리 공유 공공 공간의 미래를 결정하는 데 매우 중요합니다. 추가 정보는 저희 웹사이트 www.communityrevitalization.org를 방문하시거나 (555) 654-3201로 저희 사무실로 연락해 주십시오.

03 정답 ③

정답 해설

공공시설 개선을 위한 특별 모임 안내에 대한 공지이다. 본문에서 다루고 있는 공공시설의 부족과 인프라 문제를 직접적으로 반영하고 있는 선택지는 ③이다.
① 미래 세대를 위한 공유 공간 업그레이드하기
② 여가 공간의 미래에 대해 논의하기
③ 지역사회의 공공시설 개선하기
④ 우리 동네를 활성화하는 방법들 살펴보기

오답 해설

① 공유 공간에 대한 언급했다고 볼 수는 있지만, 본문에서 미래 세대를 위한 내용은 언급되지 않았다.
② 여가 공간을 포함한 공공 시설의 개선에 관한 내용이기 때문에 여가 공간만을 언급한 구체적인 진술은 제목으로는 적절하지 않다.
④ 동네의 활성화하는 방법은 본문에서 말하고자 하는 초점에서 벗어난다.

04 정답 ②

정답 해설

본문에서는 회의의 목적이 공공 시설의 업그레이드와 확장 가능성을 논의하기 위한 것임을 언급하고 있지만, 회의에서 곧바로 공사로 이어질 것이라는 내용은 전혀 언급되지 않았다. 따라서 위 안내문의 내용과 일치하지 않는 것은 ②이다.

오답 해설

① 본문의 3번째 문장에서 회의의 목적이 커뮤니티 내 공공 시설의 개선과 확장 방안을 모색하는 것이라고 언급하고 있으므로 위 안내문의 내용과 일치한다.
③ 본문의 6번째 문장에서 언급하고 있으므로 위 안내문의 내용과 일치한다.
④ 본문의 9번째 문장에서 언급하고 있으므로 위 안내문의 내용과 일치한다.

어휘

□ inadequacy 부족, 무능, 불충분함, 부적당함
□ amenity 생활 편의 시설
□ availability 이용 가능성
□ obsolete 노후된, 구식의, 더 이상 쓸모가 없는
□ expansion 확대, 확장, 팽창
□ attendance 참석자 수, 참석률, 출석, 참석
□ determine 결정하다, 알아내다, 밝히다

05 정답 ④

> 환경 보호국(EPA) 책임
>
> 환경 보호국(EPA)은 주로 대기, 수질, 토양의 질에 중점을 둔 규정을 제정하고 집행함으로써 인간의 건강과 환경을 보호하는 과업을 맡고 있습니다. 이 기관은 오염 수준을 적극적으로 모니터링하고 안전 기준을 설정하며, 다양한 분야에서 환경 법안이 준수되도록 보장합니다. 산업체와 협력하여 EPA는 유해한 배출을 줄이고 폐기물을 효과적으로 관리하며, 기후 변화에 대응하기 위한 정책 계획을 추진합니다. 추가로, 이 기관은 지속 가능한 관행에 대한 지침을 제공하고 오염된 지역의 정화 작업을 지원하며, 환경 문제에 대한 대중 교육에 참여합니다. 환경 규정을 준수하도록 장려함으로써, EPA는 현재와 미래 세대를 위한 더 깨끗하고 건강한 생태계를 조성하려고 노력합니다.

① 이것은 시민들에 의해 제정된 공기와 물의 질에 대한 규정을 집행한다.
② 이것은 기후 변화와 관련된 정책은 시행하지 않는다.
③ 이것은 환경 문제에 대한 교육을 제공하지 않는다.
④ 이것은 오염의 수준을 계속 주시하고 있다.

정답 해설

본문의 2번째 문장에서 언급하고 있으므로 윗글의 내용과 일치하는 것은 ④이다.

오답 해설

① 본문에서 1번째 문장에서 '시민들에 의해 제정된' 것이 아니라 환경보호국이 규정을 제정한다고 나와 있으므로 윗글의 내용과 일치하지 않는다.
② 본문의 3번째 문장에서 '기후 변화에 대응한다'라고 언급하고 있으므로 윗글의 내용과 일치하지 않는다.
③ 본문의 4번째 문장에서 '환경 문제에 대한 대중 교육을 제공한다'라고 언급하고 있으므로 윗글의 내용과 일치하지 않는다.

어휘

□ task 과업을 맡기다[주다], 과업
□ safeguard 보호하다, 보장하다
□ enactment 제정, 입법
□ enforcement 집행, 실시, 시행
□ pollution 오염, 공해
□ level 수준, 정도, 단계, 평평한, 같은
□ establish 설정하다, 설립하다
□ reduce 줄이다, 축소하다, 낮추다
□ cope with 대응하다, 대처하다
□ contaminated 오염된
□ engage in 참여하다, 관여하다
□ generation 세대, 대

06 정답 ②

> 기차 예약 및 정보를 위한 코레일 톡 앱
>
> 코레일 톡 앱은 한국에서 기차로 여행하는 모든 사람들에게 필수적인 앱으로, 예약 및 정보를 위한 편리한 플랫폼입니다. 이 앱의 주요 기능 중 하나는 기차 시간표 확인, 티켓 예약, 결제를 원활하게 진행할 수 있으며 영어 버전도 제공되어 특히 외국인 여행자들에게도 유용합니다. 이 앱은 철도 네트워크 이용 절차를 간소화하여 원활한 여행을 보장함으로써 여행자의 편의성을 크게 향상시킵니다. 향후 업데이트에서는 사용자 경험을 더욱 향상시키기 위한 추가 기능과 개선 사항이 도입될 예정입니다. 여행을 준비하면서 번거롭지 않은 여행을 위해 여행하기 전에 앱 스토어에서 코레일 톡 앱을 다운로드하세요. 추가로, 컴퓨터 사용자를 위한 웹 버전도 제공되어 온라인에서도 앱의 모든 정보에 쉽게 접근할 수 있습니다.

① 이것은 사용자가 영어로 티켓을 예약할 수 있게 한다.
② 이것은 KTX 기차 예약 전용이다.
③ 이것은 복잡했던 이용 절차를 간소화시켜 준다.
④ 이것은 사용자들을 위해 업데이트를 진행할 예정이다.

정답 해설
본문의 2번째 문장에서 '티켓 예약뿐만 아니라 다양한 서비스를 제공한다고'라고 언급하고 있으므로 윗글의 내용과 일치하지 않는 것은 ②이다.

오답 해설
① 본문의 2번째 문장에서 언급하고 있으므로 윗글의 내용과 일치한다.
③ 본문의 3번째 문장에서 언급하고 있으므로 윗글의 내용과 일치한다.
④ 본문의 4번째 문장에서 언급하고 있으므로 윗글의 내용과 일치한다.

어휘
- [ ] travel 여행하다, 이동하다, 여행, 출장
- [ ] book 예약하다, 도서, 책
- [ ] timetable 시간표, 일정표, 시간표를 짜다
- [ ] payment 결제, 지불, 지급
- [ ] simplify 간소화[단순화]하다, 간단하게 하다
- [ ] journey 여행, 여행하다
- [ ] improvement 개선, 호전, 향상
- [ ] hassle-free 번거롭지 않은, 성가시지 않은
- [ ] prepare 준비하다, 대비하다

07 정답 ③

> 인공지능(AI)은 의료 및 교통을 포함한 여러 분야에서 중요한 요소로 떠올랐다. 의료 분야에서는 AI 기반 진단 도구가 의사들이 질병을 정확하고 효율적으로 감지할 수 있도록 도와주어 환자의 치료 결과를 향상시키고 있다. 교통 분야에서는 자율주행차가 AI 기술을 활용해 복잡한 도로를 주행하고 사고를 방지하며 안전성을 개선하려 하고 있다. 추가로, AI는 고객 서비스에서도 중요한 역할을 하고 있으며, 챗봇(chatbot)이 24시간 지원을 제공해 사용자와의 상호 작용을 간소화하고 사용자의 경험을 향상시키고 있다. 그러나 이러한 발전은 자동화가 더 보편화됨에 따라 일자리 대체에 대한 중요한 우려도 함께 일으킨다. 일부 전문가들은 AI가 새로운 고용 기회를 창출하고 혁신을 촉진할 것이라고 주장하는 반면, 다른 이들은 전통 산업에서 상당한 일자리 손실 가능성에 대해 불안감을 나타내며, AI가 노동력에 미치는 영향을 신중하게 고려할 필요가 있다고 촉구한다.

① 다양한 분야에서의 AI의 미래
② AI가 의료 진단을 향상시키는 영향
③ AI가 사회에 미치는 장단점
④ 자율주행차의 인간 운전 완전 대체

정답 해설
인공지능의 발전과 노동 시장의 영향에 대한 글로, 인공지능은 의료, 교통, 고객 서비스 등에서 혁신을 가져오지만, 자동화로 인한 일자리 감소에 대한 우려도 커지고 있음을 설명하고 있다. 특히 다섯 번째 문장에서 인공지능의 발전이 일자리 감소에 대한 우려를 불러일으키며, 그 영향을 신중하게 고려해야 한다는 점을 강조하고 있다. 따라서 글의 주제로 가장 적절한 것은 ③이다.

어휘
- [ ] emerge 생겨나다, 부상하다, 드러나다, 알려지다
- [ ] medical 의학[의료]의
- [ ] detect 발견하다, 감지하다
- [ ] outcome 결과
- [ ] autonomous 자율적인, 자주적인, 자치의
- [ ] streamline 간소화[능률화]하다
- [ ] advancement 발전, 진보, 승진, 출세
- [ ] displacement 대체, 배제, 이동
- [ ] express 나타내다, 표현하다, 급행의, 신속한
- [ ] exhort 촉구하다, 권하다

08 정답 ④

당신의 글쓰기 여정을 돌아보면, 처음에는 모든 어려움을 영감 부족 때문이라고 볼 수 있다. 그러나 중요한 글쓰기 대회에 참가하여 최종 단계에 도달한 상황을 생각해 보라. 정말로 글쓰기 작업을 시작하기 전에 영감이 떠오를 때까지 기다리겠는가? 아마도 당신은 바로 시작해도 뛰어난 작품을 만들어낼 수 있을 것이며, 이는 당신이 생각하는 것보다 창의적인 과정에 대한 통제력이 더 많다는 것을 나타낸다. 영감 부족을 탓하는 경향은 종종 너무 많은 자유 시간과 구체적인 목표가 없기 때문에 발생한다. 글쓰기 일정을 설정함으로써 마감일을 정하고 목표를 만들어낼 수 있다. 단순히 "이번 주에 세 개의 기사를 쓸 것이다"라고 말하기보다는 더 전략적인 계획을 세워라. 그렇지 않으면 금요일 저녁이 되어도 첫 번째 기사의 첫 단락을 끝내는 데 여전히 애쓰고 있을 수도 있다.

① 첫 문단을 완성함으로써 당신의 글을 시작하라.
② 훌륭한 작품을 쓰기 위해 영감이 떠오르기를 기다려라.
③ 글쓰기를 한 번에 완료하지 말고 긴 시간에 걸쳐 수정하라.
④ 글을 쓸 때는 명확한 목표를 설정하고 시간 계획을 만들어라.

정답 해설

글쓰기에서 영감과 목표 설정의 중요성에 대한 글로, 글쓰기 여정에서 영감 부족을 탓하기보다는 구체적인 목표와 일정을 설정하여 창의성을 극대화해야 함을 다섯 번째 그리고 여섯 번째 문장에서 강조하고 있다. 따라서 글의 요지로 가장 적절한 것은 ④이다.

어휘

☐ initially 처음에
☐ attribute ~ 겠[탓/책임]이라고 보다, 자질, 속성
☐ inspiration 영감
☐ consider 고려하다, 생각하다, 여기다
☐ competition 경쟁, 대회
☐ outstanding 뛰어난, 중요한
☐ indicate 나타내다, 보여 주다
☐ tendency 성향, 경향, 동향, 추세
☐ blame 책임, 탓, ~을 탓하다
☐ article 기사, 글, 조항
☐ paragraph 단락, 절

09 정답 ②

철학은 존재, 지식의 본질, 도덕 원칙에 관한 본질적인 질문들을 탐구하는 학문이다. 소크라테스와 플라톤과 같은 저명한 고대 철학자들은 서양 철학 사상의 기초가 되는 여러 핵심 개념의 토대를 마련했다. ① 공리주의와 의무론과 같은 다양한 윤리적 틀은 도덕적 결정을 내리는 데 있어 서로 다른 접근 방식을 제공한다. (② 그러나 현대 철학적 논의는 디지털 기술을 포함한 사회의 발전이 우리의 지식과 윤리에 대한 이해에 어떤 영향을 미치는지에 점점 더 집중하고 있다.) ③ 현대 철학은 이러한 전통적인 아이디어를 바탕으로 발전하여 현대 사회가 직면한 도전 과제를 해결하기 위해 이를 확장한다. ④ 게다가 철학은 심리학, 정치학과 같은 다른 학문 분야와 자주 교차한다.

정답 해설

철학의 기초와 현대적 확장에 대한 글로, 철학은 존재, 지식, 도덕에 관한 근본적인 문제를 탐구하며, 고대 철학자들의 개념을 현대 사회의 도전 과제에 적용하는 방식으로 발전하고 있음을 설명하고 있다. 나머지 문장들은 전통적인 철학적 논의에서 다루던 존재, 지식, 도덕 원칙들을 다루고 있으나 ②번 문장은 현대 철학적 논의가 사회 발전, 특히 디지털 기술의 영향을 끼친다고 진술하고 있어서 일관성이 위배된다. 따라서 글의 흐름상 어색한 문장은 ②이다.

어휘

☐ philosophy 철학
☐ discipline 학문, 학과, 훈련, 규율, 단련시키다, 훈육하다
☐ existence 존재, 실재, 현존
☐ prominent 저명한, 중요한, 두드러진
☐ groundwork 토대, 기초
☐ utilitarianism 공리주의
☐ deontology 의무론
☐ decision 결정, 판단, 결단력
☐ expand 확장[확대/팽창]되다
☐ intersect 교차하다, 가로지르다
☐ psychology 심리학, 심리
☐ political 정치적인, 정치와 관련된

10 정답 ③

> 대부분의 교사들은 주로 미학에 기반하여 즉, 매력적인 배치가 무엇인지에 대한 개인적인 의견에 따라 교실 배치를 결정할 가능성이 높다.. (①) 교실은 종종 아이들이 들어오기 전에 미리 정리되거나 배치된다. (②) 어른들은 개별 아이들의 요구를 고려하지 않으며, 공간을 어떻게 배치해야 할지에 대해 아이들에게 직접적인 의견을 묻지도 않는다. (③ 그 결과, 아이들은 그곳에서 일하는 어른들의 편의를 위해 설계된 낯선 환경에 들어가게 된다.) 그들은 그 공간에 대한 소유감을 느끼지 못할 가능성이 높으며, 이는 그 환경에 대한 관심과 돌봄에 영향을 미친다. (④) 이와 비슷하면서도 약간 다른 방식으로, 많은 사람들은 자신의 물건에 대해서는 까다롭게 대하면서 다른 사람의 소유물에 대해서는 무관심하며, 아이들 또한 소유감을 느끼지 않는 환경에 대해 파괴적인 행동을 하는 경우가 많다.

정답 해설

교실 배치와 어린이의 경험에 대한 글로, 교실의 배치는 주로 성인의 미적 기준에 따라 이루어지며, 이는 어린이의 필요를 고려하지 않는 경향이 있음을 강조하고 있다. 주어진 문장은 어린이들이 공간에 대한 소속감을 느끼지 못하면 그 환경에 대한 관심과 관리가 떨어진다는 내용을 담고 있다. ③ 뒤에서 어린이들이 공간에 대한 소속감을 갖지 못하는 것이 그들의 환경에 대한 관심과 관리에 영향을 미친다고 언급함으로써 주어진 문장과 잘 연결된다. 따라서 주어진 문장이 들어갈 위치로 가장 적절한 것은 ③이다.

어휘

- [ ] strange 낯선, 이상한
- [ ] convenience 편의, 편리
- [ ] make decisions 결정하다
- [ ] arrangement 배치, 배열, 준비, 마련, 협의
- [ ] opinion 의견, 견해, 생각
- [ ] constitute 구성하다, 이루다, 설립[설치]하다
- [ ] ownership 소유(권)
- [ ] belongings 소유물, 재산

11 정답 ②

> '항상성(호메오스타시스)'이라는 단어의 그리스어 어원은 "마치 가만히 서 있다"를 의미한다. 살아 있는 유기체에서 이는 외부에서 무슨 일이 일어나더라도 유기체 내부의 환경이 동일하게 유지된다는 것을 의미한다.
> (B) 이를 달성하기 위해 유기체는 외부 변화에도 불구하고 안정적인 내부 환경을 유지해야 한다. 이는 특정 범위 내에서 내부 조건을 조절하는 메커니즘을 필요로 한다.
> (C) 그러나 항상성이 완벽한 것은 아니다. 예를 들어, 고지대에서는 외부 산소 농도가 낮기 때문에 몸이 적혈구를 더 많이 생산하여 내부 산소 수준을 안정되게 유지하려고 한다.
> (A) 이러한 적응에도 불구하고 산소 부족과 같은 외부 조건이 극단적으로 변하면 몸이 항상성을 유지하기 어려워질 수 있으며, 이는 이러한 적응 메커니즘의 한계를 강조한다.

정답 해설

항상성의 개념과 한계에 대한 글로, 항상성은 내부 환경을 일정하게 유지하려는 생명체의 능력이지만, 극한 조건에서는 한계가 있음을 설명하고 있다. 항상성에 대한 정의에 이어 생물체가 외부 변화에도 불구하고 안정적인 내부 환경을 유지해야 한다고 설명하는 (B)로 이어져야 하며, 그러나 '항상성의 불완전성'에 대한 언급을 하는 (C)로 이어져야 하고, 외부 조건이 극단적일 때, 몸은 항상성을 유지하는 데 어려움을 겪을 수 있음을 설명하는 (A)로 이어져야 한다. 따라서 글의 순서로 가장 적절한 것은 ②이다.

어휘

- [ ] homeostasis 항상성
- [ ] organism 유기체, 생물체
- [ ] adjustment 적응, 조정, 수정
- [ ] external 외부의, 외면의
- [ ] extreme 극단의, 극심한, 지나친, 극단, 극도
- [ ] adaptive 적응할 수 있는, 조정의
- [ ] internal 내부의, 체내의
- [ ] regulate 조절[조정]하다, 규제[통제]하다
- [ ] highland 고지, 산악 지방
- [ ] concentration 농도, 농축, 집중, 전념
- [ ] red blood cell 적혈구

12 정답 ②

우리는 <u>선택들 중 어떠한 것도 좋지 않은 상황</u>에 처했을 때 종종 불분명한 언어를 사용한다. 예를 들어, 친구 Dylan이 경찰에 입사하려고 하는데, 당신이 Dylan에 대한 추천서를 써야 한다고 가정해 보자. Dylan이 스트레스를 얼마나 잘 다루는지에 대한 질문에 답해야 한다. Dylan은 당신의 친구이지만, 그가 스트레스를 잘 관리하지 못했던 순간들을 기억하고 있다. 이때 당신은 곤란한 상황에 처하게 된다. 한편으로는 Dylan이 그 직업을 얻기를 바라지만, 다른 한편으로는 추천서를 요청한 경찰관에게 거짓말을 하고 싶지 않았다. 연구에 따르면 이런 식으로 두 가지 나쁜 선택이 있을 때, 우리는 종종 문제를 피하기 위해 모호한 표현을 사용한다. 그래서 Dylan의 스트레스 대처 능력에 대해 질문을 받으면, "음, 상황에 따라 다릅니다. 스트레스에도 여러 종류가 있으니까요."라고 대답할 수도 있다.

① 긍정적인 선택을 해야 하는 상황
② 선택들 중 어떠한 것도 좋지 않은 상황
③ 많은 좋은 선택을 제공하는 위치
④ 아무리 노력해도 통제할 수 없는 문제

정답 해설

애매한 언어와 선택의 어려움에 대한 글로, 좋지 않은 선택이 있을 때, 사람들은 종종 불명확한 언어를 사용하여 문제를 회피하려 함을 설명하고 있다. 친구를 추천해야 하는 상황이지만, 그 친구의 단점을 숨기고 싶고, 동시에 진실을 말해야 하는 어려운 상황을 설명하고 있다. 이럴 때 우리는 두 가지 좋지 않은 선택 앞에서 모호한 언어를 사용하게 된다. 따라서 밑줄 친 부분에 들어갈 말로 가장 적절한 것은 ②이다.

어휘

☐ unclear 불확실한, 분명하지 않은
☐ give a reference 추천서를 주다
☐ handle 다루다, 처리하다, 만지다, 손잡이
☐ manage 관리하다, 해내다
☐ vague 모호한, 애매한
☐ ability 능력, 재능, 할 수 있음

13 정답 ②

인간은 일반적으로 위험한 개인적 문제를 피하기 위해 행동하며, 우리 조상을 위협할 수 있었던 많은 "적대적인 자연의 힘"은 통제되거나 관리되어 왔다. 우리는 강도, 폭행, 살인을 방지하기 위한 법을 갖추고 있다. 우리는 친구들이 과거에 맡았던 여러 역할을 수행하는 경찰도 있다. 또한 우리는 다양한 질병과 병의 원인을 제거하거나 줄여주는 의학적 지식을 보유하고 있다. 전반적으로, 우리는 우리 조상들보다 훨씬 더 안전하고 안정적인 환경에서 살고 있다. 역설적으로, 이것은 우리의 안녕을 진심으로 돌보는 사람들을 정확하게 평가하고 그들을 자기 좋을 대로 만 하는 친구들과 구별하는 데 도움이 되는 심각한 상황이 상대적으로 부족해졌다. 현대 생활에서 많은 사람들이 수많은 따뜻하고 친근한 상호 작용에도 불구하고 느끼는 외로움과 단절감은, 우리의 복지에 진정으로 관심을 갖는 사람을 나타내는 <u>사건들에 대한 비판적 평가의 부족</u>에서 비롯될 수 있다.

① 인간 관계의 취약성
② 사건들에 대한 비판적 평가의 부족
③ 생존을 위한 멈출 수 없는 경쟁
④ 사회적 네트워크 다양성의 영향

정답 해설

현대 사회의 안전과 외로움에 대한 글로, 현대인들은 조상들보다 안전한 환경에서 살지만, 진정한 복지를 걱정하는 사람들을 평가할 기회가 부족해 외로움을 느낌을 강조하고 있다. 심각한 상황이나 위기 사건이 부족하기 때문에 사람들의 진정한 의도를 가려내기 어려워진다는 의미가 적절하다. 따라서 밑줄 친 부분에 들어갈 말로 가장 적절한 것은 ②이다.

어휘

☐ avoid 피하다, 방지하다
☐ endanger 위험에 빠뜨리다, 위태롭게 만들다
☐ robbery 강도
☐ assault 폭행, 공격, 폭행하다, 괴롭히다
☐ possess 지니다[갖추고 있다], 소유하다
☐ eradicate 근절하다, 뿌리 뽑다
☐ diminish 줄어들다, 약화시키다
☐ paradoxically 역설적이게도
☐ distinguish 구별하다, 차이를 보이다
☐ fair-weather 자기 좋을 대로만[형편이 좋을 때만] 하는
☐ loneliness 외로움, 쓸쓸함
☐ indicate 나타내다, 보여 주다

어휘 TEST

No	단어	뜻	No	단어	뜻
1	crash	고장나다, 충돌하다, 추락하다, 부딪치다	26	autonomous	자율적인, 자주적인, 자치의
2	substantial	상당한	27	streamline	간소화[능률화]하다
3	persistent	지속[반복]되는, 끈질긴, 집요한	28	displacement	대체, 배제, 이동
4	hamper	방해하다	29	exhort	촉구하다, 권하다
5	execute	실행[수행]하다, 처형[사형]하다	30	initially	처음에
6	timely	시기적절한, 때맞춘	31	inspiration	영감
7	obsolete	노후된, 구식의, 더 이상 쓸모가 없는	32	outstanding	뛰어난, 중요한
8	attendance	참석자 수, 참석률, 출석, 참석	33	indicate	나타내다, 보여 주다
9	determine	결정하다, 알아내다, 밝히다	34	tendency	성향, 경향, 동향, 추세
10	task	과업을 맡기다[주다], 과업	35	blame	책임, 탓, ~을 탓하다
11	safeguard	보호하다, 보장하다	36	paragraph	단락, 절
12	enactment	제정, 입법	37	discipline	학문, 학과, 훈련, 규율, 단련시키다, 훈육하다
13	enforcement	집행, 실시, 시행	38	prominent	저명한, 중요한, 두드러진
14	pollution	오염, 공해	39	decision	결정, 판단, 결단력
15	level	수준, 정도, 단계, 평평한, 같은	40	strange	낯선, 이상한
16	establish	설정하다, 설립하다	41	opinion	의견, 견해, 생각
17	reduce	줄이다, 축소하다, 낮추다	42	constitute	구성하다, 이루다, 설립[설치]하다
18	contaminated	오염된	43	adjustment	적응, 조정, 수정
19	timetable	시간표, 일정표, 시간표를 짜다	44	external	외부의, 외면의
20	payment	결제, 지불, 지급	45	extreme	극단의, 극심한, 지나친, 극단, 극도
21	simplify	간소화[단순화]하다, 간단하게 하다	46	internal	내부의, 체내의
22	improvement	개선, 호전, 향상	47	regulate	조절[조정]하다, 규제[통제]하다
23	emerge	생겨나다, 부상하다, 드러나다, 알려지다	48	assault	폭행, 공격, 폭행하다, 괴롭히다
24	detect	발견하다, 감지하다	49	eradicate	근절하다, 뿌리 뽑다
25	outcome	결과	50	vague	모호한, 애매한

구문 해석 TEST 👍

01 The system frequently crashes unexpectedly, causing substantial delays in our projects and adversely affecting our communication with clients.

해석 시스템이 자주 예기치 못하게 고장나며, 프로젝트에 상당한 지연이 발생하고 고객과의 소통에 부정적인 영향을 미치고 있습니다.

02 Many families have highlighted the limited availability of recreational spaces and the obsolete infrastructure in our parks, resulting in reduced usage and satisfaction.

해석 많은 가정들이 여가 공간의 제한된 이용 가능성과 우리 공원의 노후된 인프라에 대해 사용 빈도와 만족도가 감소하고 있습니다.

03 In collaboration with industries, the EPA works to reduce harmful emissions and manage waste effectively, while also coping with climate change through targeted policy initiatives.

해석 산업체와 협력하여 EPA는 유해한 배출을 줄이고 폐기물을 효과적으로 관리하며, 기후 변화에 대응하기 위한 정책 계획을 추진합니다.

04 One of the main features of this app is to check train timetables, book tickets, make payments smoothly, and come with an English version, which is especially useful for foreign travelers.

해석 이 앱의 주요 기능 중 하나는 기차 시간표 확인, 티켓 예약, 결제를 원활하게 진행할 수 있으며 영어 버전도 제공되어 특히 외국인 여행자들에게도 유용합니다.

05 In the medical sector, AI-powered diagnostic tools assist doctors in accurately and efficiently detecting diseases, thus enhancing patient outcomes.

해석 의료 분야에서는 AI 기반 진단 도구가 의사들이 질병을 정확하고 효율적으로 감지할 수 있도록 도와주어 환자의 치료 결과를 향상시키고 있다.

06 It's possible you would dive right in and still produce an outstanding piece, indicating that you have more control over your creative process than you might think.

해석 아마도 당신은 바로 시작해도 뛰어난 작품을 만들어낼 수 있을 것이며, 이는 당신이 생각하는 것보다 창의적인 과정에 대한 통제력이 더 많다는 것을 나타낸다.

07 Modern philosophy develops based on these traditional ideas and expands them to solve the challenges facing modern society.

해석 현대 철학은 이러한 전통적인 아이디어를 바탕으로 발전하여 현대 사회가 직면한 도전 과제를 해결하기 위해 이를 확장한다.

08 It is likely that most teachers make decisions regarding the arrangement of classrooms primarily based on aesthetics — essentially, their personal opinions about what constitutes an attractive setup.

해석 대부분의 교사들은 주로 미학에 기반하여 즉, 매력적인 배치가 무엇인지에 대한 개인적인 의견에 따라 교실 배치를 결정할 가능성이 높다.

09 Despite these adjustments, if external conditions become extreme, such as a lack of oxygen, the body may struggle to maintain homeostasis, highlighting the limits of these adaptive mechanisms.

해석 이러한 적응에도 불구하고 산소 부족과 같은 외부 조건이 극단적으로 변하면 몸이 항상성을 유지하기 어려워질 수 있으며, 이는 이러한 적응 메커니즘의 한계를 강조한다.

10 On one side, you want Dylan to get the job, but on the other side, you don't want to lie to the police officer who asked for the reference.

해석 한편으로는 Dylan이 그 직업을 얻기를 바라지만, 다른 한편으로는 추천서를 요청한 경찰관에게 거짓말을 하고 싶지 않았다.

11 Humans typically take actions to avoid dangerous personal troubles, and many of the "hostile forces of nature" that could have endangered our ancestors have been controlled or managed.

해석 인간은 일반적으로 위험한 개인적 문제를 피하기 위해 행동하며, 우리 조상을 위협할 수 있었던 많은 "적대적인 자연의 힘"은 통제되거나 관리되어 왔다.

독해 실력 강화 연습문제 정답 및 해설

[01~02]

수신인 : 시 공원 관리부서
발신인 : Laura Smith
날짜 : 5월 3일
제목 : 공원 상태에 대한 긴급 우려

친애하는 공원 관리 부서에게,

이 메시지가 잘 전달되기를 바랍니다. 저는 우리 지역 공원의 현재 상태에 관하여 몇 가지 긴급한 문제를 강조하고자 연락드립니다. 최근 몇 주 동안 공원 내 다양한 생활 편의 시설의 상태가 현저히 나빠지고 있습니다. 특히, 레크리에이션 용도로 만들어진 일부 장비가 작동하지 않으며, 많은 좌석 구역이 파손된 상태로 보입니다. 이러한 악화는 공원의 이용 가능성을 저해하고 방문객들의 안전에 대한 우려를 제기하고 있습니다.

이 문제들이 시급히 해결되어 공원의 기능이 회복되고, 공원이 계속해서 지역 사회에 효과적으로 서비스를 제공할 수 있도록 하는 것이 중요합니다. 당신의 팀이 이 문제를 신속하게 해결해 주시리라 믿습니다.

이 중요한 문제에 대한 당신의 관심에 감사드립니다.

진심을 담아,
Laura Smith

01 정답 ①

정답 해설

이 이메일은 지역 공원의 상태에 대한 여러 가지 문제를 강조하고 있으며, 특히 공원 시설의 고장과 안전 문제를 언급하고 있다. 따라서 공원의 유지 보수를 요청하는 것이 주요 목적이다. 따라서 글의 목적으로 가장 적절한 것은 ①이다.

오답 해설

② 새로운 시설 설치에 대한 제안이 아니라, 기존 시설의 문제를 지적하고 있다.
③ 안전 문제를 언급하지만, 주된 목적은 유지 보수를 요청하는 것이다.
④ 예산 증액을 요청하는 것이 아니라, 현재 상태에 대한 유지 보수를 요청하고 있다.

02 정답 ①

정답 해설

밑줄 친 'regarding'은 문맥에서 '~에 관하여[대하여]'의 뜻으로 해석되며, 이와 의미가 가장 가까운 것은 ① 'respecting(~에 관한)'이다.

오답 해설

② excepting ~을 제외하면, ~이외에는
③ impending 곧 닥칠, 임박한
④ according ~에 따라서[의해서]

어휘

☐ current 현재의, 지금의, 흐름, 기류
☐ decline 나빠지다, 줄어들다, 거절하다, 감소, 축소
☐ amenity 생활 편의 시설
☐ intended 만들어진, 계획된, 의도하는
☐ disrepair 파손 상태, 황폐
☐ deterioration 악화, 퇴보
☐ urgency 시급, 긴급, 위급
☐ restore 회복시키다, 복원[복구]하다

[03~04]

지역 산업으로 인한 오염 문제 해결하기

존경하는 주민 여러분,

지역 공공 기업의 산업 활동으로 인한 대기, 수질, 토양 오염에 대한 우려가 커지고 있으며, 이에 대해 지역 주민들 사이에서 경각심을 불러일으키고 있습니다. 많은 주민들이 호흡기 문제와 피부 질환 등 오염과 관련된 건강 문제를 보고하고 있습니다. 이러한 시급한 문제를 해결하기 위해 오염 영향을 완화할 수 있는 효과적인 해결책을 논의하는 특별 회의가 열릴 예정입니다. 당신의 의견은 실행 가능한 전략을 수립하는 데 중요한 역할을 할 것이며, 환경 전문가들이 참석하여 당신의 피드백을 바탕으로 통찰과 권고를 제공할 것입니다.

회의 세부 사항

• **장소** : 커뮤니티 홀, 메인 룸
　　　　(인원이 초과할 경우 : 303호)
• **날짜** : 2025년 3월 10일 수요일
• **시간** : 오후 6:30

더 깨끗하고 건강한 환경을 만들기 위해 함께 노력하는 당신의 참여를 강력히 권장합니다. 추가 정보는 저희 웹사이트 www.pollutionforum.org 를 방문하시거나 (555) 654-3210으로 저희 사무실에 연락해 주십시오.

03 정답 ①

정답 해설

지역 공공 기업의 오염 문제 해결을 위한 특별 회의가 열림을 공지하는 글이다. 본문에서 다루고 있는 지역 공기업의 산업 활동으로 인한 오염 문제를 직접적으로 반영하고 있는 것은 ①이다.
① 지역 산업으로 인한 오염 문제 해결하기
② 지역 산업으로 인한 소음 공해
③ 지속 가능한 공동체를 위한 협력하기
④ 오염과 관련된 주민들의 건강 문제

오답 해설

② 지역 산업에 의해 초래된 것은 맞지만, 본문의 주요 초점은 소음 공해가 아닌 산업 오염 문제이다.
③ 지속 가능한 커뮤니티를 위한 협력은 본문의 초점에서 많이 벗어나고 있다.
④ 오염으로 인하여 주민들의 건강 문제에 대해 언급은 하고 있지만, 본문에서는 산업 오염에 대한 논의가 중심이므로 적절하지 않다.

04 정답 ②

정답 해설

본문의 4번째 문장에서 여러 가지 오염 문제들을 완화할 수 있는 논의가 있을 거라고 언급하고 있으므로 위 안내문의 내용과 일치하지 않는 것은 ②이다.

오답 해설

① 본문의 2번째 문장에서 언급하고 있으므로 위 안내문의 내용과 일치한다.
③ 본문의 3번째 문장에서 언급하고 있으므로 위 안내문의 내용과 일치한다.
④ 본문의 9번째 문장에서 날짜를 언급하고 있으므로 위 안내문의 내용과 일치한다.

어휘

□ pollution 오염, 공해
□ industrial 산업[공업]의
□ public enterprise 공공 기업
□ respiratory 호흡의, 호흡 기관의
□ mitigate 완화[경감]시키다
□ recommendation 권고, 추천
□ encourage 권장[장려]하다, 격려하다, 용기를 북돋우다

05 정답 ②

> **사회 보장국(SSA) 책임**
>
> 사회 보장국(SSA)은 은퇴 소득, 장애 혜택, 그리고 가족을 위한 유족 급여를 포함한 자격이 있는 개인을 위한 사회 보장 혜택을 관리합니다. 이 기관의 주요 목표는 경력 동안 시스템에 기여한 은퇴자 및 장애 근로자에게 재정적 안전을 보장하는 것입니다. SSA는 각 개인의 근무 이력과 기여도에 따라 자금 분배를 관리합니다. 재정적 지원을 제공하는 것 외에도, 이 기관은 신청 절차에 대해 대중에게 교육하여 분배의 공정성과 적시성을 보장합니다. 변함없는 지원을 통해 SSA는 고령자와 장애인의 빈곤을 완화하고, 그들의 전반적인 복지와 삶의 질을 향상시킵니다.

① 이것은 장애인에게만 혜택을 제공한다.
② 이것은 장애 근로자의 안정적인 재정의 보장을 목표로 한다.
③ 이것은 신청 절차에 대한 교육을 제공하지 않는다.
④ 이것은 기금 분배를 개인의 근무 이력과 기여와 관계없이 수행한다.

정답 해설

본문의 2번째 문장에서 언급하고 있으므로 윗글의 내용과 일치하는 것은 ②이다.

오답 해설

① 본문의 1번째 문장에서 '장애 혜택을 포함한 다양한 혜택을 제공한다'라고 언급하고 있으므로 윗글의 내용과 일치하지 않는다.
③ 본문의 4번째 문장에서 '신청 절차에 대해 대중에게 교육한다'라고 언급하고 있으므로 윗글의 내용과 일치하지 않는다.
④ 본문의 3번째 문장에서 '개인의 근무 이력과 기여도에 따라 자금을 분배한다'라고 언급하고 있으므로 윗글의 내용과 일치하지 않는다.

어휘

□ eligible ~할 자격이 있는, 적격의, 적임의
□ retirement 은퇴, 퇴직
□ survivor benefit 유족 급여
□ financial 재정[금융]의
□ retired 은퇴한, 퇴직한
□ disabled 장애를 가진, 장애인들
□ oversee 감독하다
□ besides ~외에, 게다가, 뿐만 아니라
□ fairness 공정성
□ timeliness 적시성, 시기적절함
□ distribution 분배, 분포, 배부, 유통
□ consistent 변함없는, 한결같은, 일관된
□ alleviate 완화하다
□ poverty 빈곤, 가난

06 정답 ③

외국인 근로자를 위한 고용노동부 앱을 사용하세요

고용노동부 앱은 한국의 외국인 근로자에게 중요한 앱으로, 고용 권리와 법적 보호에 대한 필수 정보를 제공합니다. 이 앱의 주요 기능 중 하나는 근로 계약, 노동법 및 근로자의 권리와 같은 주제를 다루어 사용자가 자신의 근무 조건에 대해 충분히 알 수 있도록 돕는 것입니다. 이 앱은 지원 서비스에 대한 쉬운 접근을 제공하여 사용자가 고용 시장을 더욱 효과적으로 탐색할 수 있도록 편의성을 크게 향상시킵니다. 향후 업데이트에서는 기능과 자료가 확장되어 사용자에게 더욱 많은 도움과 지원을 줄 것입니다. 한국에서 체류하는 동안 이 유용한 도구를 활용하려면 앱 스토어에서 고용노동부 앱을 다운로드하세요. 추가로, 데스크톱 사용자를 위한 웹 버전도 제공되어 모든 사용자가 중요한 정보에 쉽게 접근할 수 있습니다.

① 이것은 한국의 외국인 근로자를 위해 설계되었습니다.
② 이것은 사용자들이 근로자로서 자신들의 권리를 인식할 수 있도록 한다.
③ 이것은 구직 기능을 포함한다.
④ 이것은 노동법을 이해할 수 있는 정보를 제공한다.

정답 해설
본문에서 '구직 기능이 포함된다'라는 내용이 언급되지 않았다. 따라서 윗글의 내용과 일치하지 않는 것은 ③이다.

오답 해설
① 본문의 1번째 문장에서 언급하고 있으므로 윗글의 내용과 일치한다.
② 본문의 2번째 문장에서 언급하고 있으므로 윗글의 내용과 일치한다.
④ 본문의 2번째 문장에서 언급하고 있으므로 윗글의 내용과 일치한다.

어휘
- [ ] employment 고용, 취업, 직장
- [ ] legal 법적인, 법률의, 합법적인, 정당한
- [ ] protection 보호, 보장
- [ ] cover 다루다, 포함시키다, 덮다, 가리다
- [ ] contract 계약(서), 줄이다, 수축하다, (병에) 걸리다
- [ ] offer 제공하다, 제안하다, 제안, 제의
- [ ] enable ~을 할 수 있게 하다, 가능하게 하다

07 정답 ③

기후 변화는 날씨 패턴을 변화시킬 뿐만 아니라 전 세계 생물 다양성에도 중대한 위협을 가하고 있다. 기온 상승과 바뀌는 강수 패턴은 생태계에 지장을 주며, 수많은 종들이 빠르게 이주하거나 적응해야 하는 상황에 직면하고 있다. 예를 들어, 북극곰은 빙하가 계속 녹으면서 사냥터를 잃고 있으며, 산호초는 해양 온도 상승으로 인해 악화되고 있다. 더욱이, 변화하는 조건에 의해 이전에 공존하던 종들이 분리되면서 많은 생태계가 불안정해지고 있다. 전문가들은 기후 변화가 현재 속도로 계속된다면, 많은 종들이 수십 년 내에 발생할 가능성이 있는 대규모 멸종 사건에 직면할 수 있다고 경고하고 있다.

① 기후 변화가 북극곰에 미치는 영향
② 변화하는 환경 조건에 대한 종들의 적응
③ 생물 다양성 감소의 주요 원인으로서의 기후 변화
④ 생태계 역학에 대한 강우의 영향

정답 해설
기후 변화와 생물 다양성의 위협에 대한 글로, 기후 변화는 생태계를 교란하고 많은 종의 멸종 위기를 초래하며, 생물 다양성에 중대한 위협이 되고 있음을, 첫 번째, 그리고 두 번째 문장에서 강조하고 있다. 따라서 글의 주제로 가장 적절한 것은 ③이다.

어휘
- [ ] alter 변하다, 바꾸다, 달라지다
- [ ] threat 위협, 협박
- [ ] biodiversity 생물의 다양성
- [ ] shifting 바뀌는, 변하기 쉬운, 이동하는
- [ ] disrupt 방해하다, 지장을 주다
- [ ] migrate 이주하다, 이동하다
- [ ] hunting ground (동물) 사냥터
- [ ] coral reef 산호초
- [ ] coexist 공존하다, 동시에 있다
- [ ] separate 분리된, 독립된, 별개의, 분리하다, 나누다
- [ ] extinction 멸종, 소멸

08 정답 ②

황야는 인간의 영향이 전혀 없는 자연 상태로, 보존 노력이 필요하지 않다. 헌신적인 자연 보호론자가 황야의 가치를 칭찬할 때, 그들은 무의식적으로 자신들의 입장을 약화시킬 수 있는데, 보존의 맥락에서 황야는 종종 아무런 행동을 하지 않는 것과 동일시되기 때문이다. 만약 누군가가 자신의 정원에 황야 같은 환경을 원한다면, 그들은 정원사를 해고해야 할 것이다. 본질적으로 자연 보존은 종종 황야라는 개념과 극명하게 대조된다. 흔히 보존은 일반적으로 일시적이고 인간 활동의 의해 형성되는 지역 내의 특정 자연 상태를 유지하는 동시에 '다른 자연'이라고 불리는 다른 유형의 자연을 보호하는 것을 의미한다. 인간의 개입이 없으면, 이 '다른 자연'은 해당 지역에 자리 잡을 수 있다. 더 극단적인 경우에는 보존이 특정 지역에서 현재의 자연을 황야의 침입과 지배로부터 보호하는 것을 포함할 수 있다.

① 자연은 회복력이 있으며 인위적인 보호가 필요 없다.
② 진정한 자연 보존은 인간의 개입을 필요로 한다.
③ 자연 보존은 자연의 균형과 조화를 이루는 것을 목표로 한다.
④ 자연은 지역 특성에 맞춰 관리되어야 한다.

정답 해설

'황야의 개념'이 '보존의 필요성'과 대조된다는 점을 주제로 한 글로, 황야는 인간의 영향을 받지 않는 자연 상태로 여겨지지만, 실제 보존 노력은 인간 활동에 의해 형성된 자연을 유지하는 데 중점을 두고 있음을 설명하고 있다. 즉, 자연 상태인 황무지가 인간의 영향을 받지 않는 상태로, 보존 노력이 필요 없다는 점을 강조하며, 진정한 자연 보존은 인간의 개입을 필요로 한다고 설명하고 있다. 따라서 글의 요지로 가장 적절한 것은 ②이다.

어휘

☐ wilderness 황야, 황무지
☐ devoid ~이 전혀 없는
☐ conservation 보존, 보호
☐ equate 동일시하다
☐ dismiss 해고하다, 묵살하다
☐ temporary 일시적인, 임시의
☐ simultaneously 동시에
☐ intervention 개입, 간섭
☐ extreme 극단의, 극심한, 지나친
☐ encroachment 침입, 침해
☐ dominance 지배, 우세

09 정답 ③

역사를 공부하는 것은 과거의 사건들이 현재 우리의 삶과 사회를 어떻게 형성했는지를 이해하는 데 중요하다. 역사학자들은 문서, 편지, 사진과 같은 1차 자료를 활용하여 역사적 사건에 대한 정확한 이야기를 만든다. ① 서로 다른 제국의 흥망성쇠는 권력 관계와 다양한 인구 집단 간의 문화적 교류에 대한 귀중한 통찰력을 제공한다. ② 추가로, 역사적 배경에 대한 지식은 우리가 현재 직면하고 있는 문제와 도전의 복잡성을 이해하는 데 필수적이다. (③ 한편, 우주 탐사 분야의 최근 발전의 역사는 우주와 그 안에서 우리의 위치에 대한 이해를 크게 넓혔다.) ④ 게다가, 역사는 사회 운동을 탐구하고 시간이 지남에 따라 공동체와 사회에 미친 깊은 영향을 조사한다. 과거를 이해하는 것은 더 나은 미래를 위한 정보에 기반한 결정을 내릴 수 있게 해준다.

정답 해설

역사 연구의 중요성에 대한 글로, 역사 연구는 과거 사건이 현재 사회에 미친 영향을 이해하는 데 중요하며, 역사적 배경 지식은 현대 문제를 이해하는 데 필수적이라고 설명하고 있다. 나머지 문장은 모두 역사와 사회적 맥락에 대한 내용을 다루고 있는 반면, ③은 우주 탐사의 발전에 대해 언급하고 있어 주제에서 벗어나 있다. 따라서 글의 흐름상 어색한 문장은 ③이다.

어휘

☐ understand 이해하다, 알다
☐ current 현재의, 지금의, 통용되는
☐ historian 역사학자
☐ document 문서, 서류, 기록하다
☐ background 배경, 배후 사정
☐ face 직면하다, 마주보다, 얼굴
☐ broaden 넓히다, 넓어지다, 퍼지다
☐ universe 우주, 은하계
☐ profound 깊은, 심오한, 엄청난
☐ past 과거, 지난날, 지나간

10 정답 ④

기술은 양날의 검으로, 궁극적으로 더 기본적인 능력을 가진 적들에게도 전파되고 접근 가능해지지만, 동시에 선진 기술에 덜 의존하게 된다. (①) 미국의 군사 전략가들은 한때 다른 나라들이 결국 상업적으로 첨단 기술을 획득할 것이며, 이를 "규격품으로" 구매할 것이라고 주장했다. (②) 그동안 미국은 다음 세대로 나아가 이러한 기술들을 종합적인 시스템에 통합할 것이라고 했다. (③) 그러나 그것은 이 전략 게임의 첫 번째 라운드에 불과했다. (④ 로봇 공학과 무인 드론에서의 미국의 우위도 결국 나중에 적에게도 제공될 것이다.) 2009년, 미군은 반군이 30달러도 안 되는 소프트웨어로 프레데터 무인 항공기의 데이터 다운링크를 해킹했다는 사실을 발견했으며, 이는 복잡한 위성과 컴퓨터 시스템에 대한 의존이 미국을 일부 적들보다 더 취약하게 만든다는 것을 보여준다.

정답 해설

기술의 양면성에 대한 글로, 기술은 적에게도 전파되어 군사적 우위를 잃을 수 있음을 보여주고 있다. 주어진 문장은 미국의 복잡한 기술 시스템에 대한 의존이 적대자들에게 더 큰 취약성을 초래할 수 있음을 강조하고 있다. ④ 뒤에 미국 군이 무인 항공기의 데이터 링크를 해킹당한 사례를 제시하여, 복잡한 시스템에 대한 의존도가 오히려 적대자들에게 기회를 제공함을 설명하고 있으므로, 주어진 문장이 들어갈 위치로 가장 적절한 것은 ④이다.

어휘

- ☐ unmanned 무인의
- ☐ opponent 적대자, 반대자, 상대
- ☐ a double-edged sword 양날의 검
- ☐ disseminate 퍼뜨리다, 전파하다
- ☐ dependent 의존[의지]하는
- ☐ contend 주장하다, 다투다
- ☐ off the shelf 규격품으로[바로 살 수 있는]
- ☐ incorporate 통합하다, 포함하다, 설립[창립]하다
- ☐ insurgent 반란[내란]을 일으킨 사람
- ☐ demonstrate 보여주다, 입증[실증]하다
- ☐ satellite (인공)위성

11 정답 ③

우리는 모방을 개인적인 행동으로 생각하는 경향이 있다. 그러나 많은 상황, 보통 어머니와 아기 사이의 상호 작용에서는 성공적인 모방을 이루는 것이 더 협력적인 작업이다.

(B) 이러한 상황에서 모방당하는 사람(모델)은 "시범자" 역할을 하며, 미소나 격려와 같은 긍정적인 피드백을 통해 모방자의 노력을 용이하게 하는 데 도움이 된다. 이러한 지원은 모방 과정을 향상시킨다.

(C) 이러한 긍정적인 피드백은 종종 미소나 눈 맞춤의 형태로 나타나며, 모방의 성공을 알리는 신호이다. 모방자도 성공을 나타내는 행동으로 반응하여 상호 작용이 서로의 성취에 대한 인정으로 만들 수 있다.

(A) 결과적으로, 성공적인 모방의 표현은 상호적이며, 모델과 모방자 모두가 행동의 성공적인 교환을 인식하고 강화한다.

정답 해설

모방의 협력적 본질에 대한 글로, 모방은 종종 혼자 하는 행동으로 여겨지지만, 성공적인 모방은 협력적 상호 작용으로 이루어짐을 설명하고 있다. 모방이 많은 상화에서 협력적이다는 제시문 다음에는, 모방당하는 사람이 "시범자"로서 긍정적인 피드백을 통해 모방자의 노력을 돕는 과정을 설명하는 (B)로 이어져야 한다. 다음으로 이러한 긍정적인 피드백이 모방의 성공을 알리는 신호가 되며, 모방자가 성공을 보여줌으로써 상호 작용이 상호 인정의 과정이 된다고 진술하는 (C)로 이어져야 하고, 마지막으로 성공적인 모방의 결과가 상호적임을 강조하는 (A)로 이어져야 한다. 따라서 글의 순서로 가장 적절한 것은 ③이다.

어휘

- ☐ imitation 모방, 흉내내기
- ☐ infant 유아, 아기, 유아용의, 초기의
- ☐ undertaking 작업, 일, 약속, 동의
- ☐ display 표현, 진열, 드러내다, 진열하다
- ☐ mutual 상호간의, 서로의
- ☐ recognize 인식하다, 알아보다, 승인하다
- ☐ reinforce 강화하다, 보강하다, 증원하다
- ☐ demonstrator 시범자, 시위자
- ☐ facilitate 가능하게[용이하게] 하다
- ☐ acknowledgment 인정, 승인, 감사
- ☐ accomplishment 성취, 달성, 업적, 공적

12 정답 ④

1948년 선언에서 약속된 것들과 실제로 발생하는 인권 침해 사건 사이에는 분명한 차이가 있다. 우리는 피해자들에게 공감하고 유엔과 그 회원국들이 약속을 이행하지 않는 것을 비판할 수 있지만, 인권 이상과 침해 현실 간의 간극을 이해하는 것은 단순히 동정이나 법적 검토만으로는 이루어질 수 없다. 대신, 다양한 사회 과학이 사회적 갈등과 정치적 억압의 뿌리, 국내 정치와 국제 정치 간의 상호작용에 대한 탐구가 필요하다. 유엔은 인권 개념을 국제법과 정치에 통합시켰다. 그러나 국제 정치의 영역은 주로 인권 이외의 이익을 우선시하는 국가와 (다국적 기업 같은) 강력한 세력들의 영향을 받는다. 인권 분야의 중요한 특징은 전 세계 정부들이 인권을 옹호하고 있지만, <u>인권을 이행하는 데 있어 매우 변하기 쉬운 기록을 가지고 있다</u>는 점이다. 우리는 그 이유를 이해하는 것이 중요하다.

① 실질적인 권한을 강화하려고 시도한다
② 정치적 맥락에서 갈등을 쉽게 초래한다
③ 민족 정체성을 기반으로 문제를 다룬다
④ 인권을 이행하는 데 있어 매우 변하기 쉬운 기록을 가지고 있다

정답 해설

인권의 이상과 현실의 간극에 대한 글로, 인권 선언과 실제 인권 침해 사이의 간극을 이해하려면 사회 과학적 접근이 필요함을 강조하고 있다. 인권에 대한 정부의 옹호가 있지만, 실제로는 이행하는 데 있어 큰 차이가 있음을 표현하는 어구로 이는 각국 정부가 인권을 주장하면서도 이를 실제로 이행하는 데 있어 일관성이 없다는 점을 잘 표현하고 있다. 따라서 밑줄 친 부분에 들어갈 말로 가장 적절한 것은 ④이다.

어휘

□ disparity 차이, 격차
□ promise 약속, 가능성, 약속하다
□ occurrence 발생, 존재
□ empathize 공감하다
□ criticize 비판[비난]하다, 비평하다
□ commitment 약속, 전념, 헌신, 책무
□ sympathy 공감, 동정, 연민
□ scrutiny 철저한 검토, 정밀 조사
□ oppression 억압, 압박, 우울
□ influence 영향(력), 영향을 주다
□ characteristic 특징, 특질
□ comprehend 이해하다

13 정답 ①

"돌봄과 공감의 놀라운 능력"이 자연 선택 과정과 어떻게 관련이 있는지를 이해하기 위해, 생명과 죽음을 포함한 가상의 시나리오를 살펴보자. 한 동물이 자신의 생명을 포기함으로써 네 마리의 새끼를 구할 수 있는 상황에 처했다고 하자. 만약 그 동물이 새끼 대신 자신을 구하기로 선택하면, 그 동물의 모든 유전자는 생존하게 되고 미래 세대에 전달될 것이다. 반대로, 네 마리의 새끼를 구하기 위해 자신을 희생한다면, 각 새끼는 자신의 유전자의 절반을 가지고 있기 때문에 자신의 생명과 유전자를 잃게 되지만, 자신의 유전자의 두 배 는 지속될 것이다. 유전자의 관점에서 보면, 그들이 속한 개체가 보여준 이타주의 덕분에 유전자가 살아남을 가능성이 높아진 것이다. 이 간단한 예시는 유기체의 생존 가능성을 높이는 것이 <u>친척을 희생하여,</u> 유전자 생존에 덜 효과적일 수 있음을 시사한다.

① 친척을 희생하여
② 상호 이익의 시스템을 통해
③ 숙주의 행동을 변화시킴으로써
④ 자신의 자연스러운 이기적 경향을 포기함으로써

정답 해설

이타주의와 유전자 생존에 대한 글로, 동물이 자신의 생명을 포기해 새끼를 구하는 상황은 이타주의가 유전자 생존에 미치는 영향을 보여줌을 설명하고 있다. 이 경우, 동물이 자신의 생명을 희생하여 자손을 구하는 것이 유전자의 생존 확률을 높일 수 있다는 점을 강조하고 있다. 따라서 밑줄 친 부분에 들어갈 말로 가장 적절한 것은 ①이다.

어휘

□ remarkable 놀라운, 주목할 만한
□ sympathy 공감, 동정, 연민
□ hypothetical 가상적인, 가설의
□ offspring 새끼, 자식
□ sacrifice 희생(물), 희생하다
□ persist 지속[계속]되다
□ perspective 관점, 시각, 원근법
□ likelihood 가능성
□ altruism 이타주의, 이타심
□ straightforward 간단한, 쉬운, 솔직한
□ at the cost of ~을 희생하고, ~을 대가로

어휘 TEST 👍

1	current	현재의, 지금의, 흐름, 기류	26	equate	동일시하다
2	intended	만들어진, 계획된, 의도하는	27	dismiss	해고하다, 묵살하다
3	disrepair	파손 상태, 황폐	28	temporary	일시적인, 임시의
4	deterioration	악화, 퇴보	29	encroachment	침입, 침해
5	urgency	시급, 긴급, 위급	30	dominance	지배, 우세
6	restore	회복시키다, 복원[복귀]하다	31	document	문서, 서류, 기록하다
7	eligible	~할 자격이 있는, 적격의, 적임의	32	background	배경, 배후 사정
8	retirement	은퇴, 퇴직	33	broaden	넓히다, 넓어지다, 퍼지다
9	financial	재정[금융]의	34	profound	깊은, 심오한, 엄청난
10	disabled	장애를 가진, 장애인들	35	opponent	적대자, 반대자, 상대
11	oversee	감독하다	36	disseminate	퍼뜨리다, 전파하다
12	fairness	공정성	37	dependent	의존[의지]하는
13	consistent	변함없는, 한결같은, 일관된	38	contend	주장하다, 다투다
14	alleviate	완화하다	39	demonstrate	보여주다, 입증[실증]하다
15	poverty	빈곤, 가난	40	undertaking	작업, 일, 약속, 동의
16	legal	법적인, 법률의, 합법적인, 정당한	41	accomplishment	성취, 달성, 업적, 공적
17	contract	계약(서), 줄이다, 수축하다, (병에) 걸리다	42	occurrence	발생, 존재
18	offer	제공하다, 제안하다, 제안, 제의	43	empathize	공감하다
19	threat	위협, 협박	44	criticize	비판[비난]하다, 비평하다
20	shifting	바뀌는, 변하기 쉬운, 이동하는	45	sympathy	공감, 동정, 연민
21	migrate	이주하다, 이동하다	46	oppression	억압, 압박, 우울
22	coexist	공존하다, 동시에 있다	47	influence	영향(력), 영향을 주다
23	separate	분리된, 독립된, 별개의, 분리하다, 나누다	48	comprehend	이해하다
24	extinction	멸종, 소멸	49	remarkable	놀라운, 주목할 만한
25	devoid	~이 전혀 없는	50	hypothetical	가상적인, 가설의

구문 해석 TEST

01 Specifically, some equipment intended for recreational use has become non-functional, and numerous seating areas appear to be in disrepair.

해석 특히, 레크리에이션 용도로 만들어진 일부 장비가 작동하지 않으며, 많은 좌석 구역이 파손된 상태로 보입니다.

02 Increasing concerns regarding air, water, and soil pollution caused by industrial activities of local public enterprises have raised alarm among community members.

해석 지역 공공 기업의 산업 활동으로 인한 대기, 수질, 토양 오염에 대한 우려가 커지고 있으며, 이에 대해 지역 주민들 사이에서 경각심을 불러일으키고 있습니다.

03 Besides providing financial support, the agency educates the public on the application process, ensuring fairness and timeliness in distribution.

해석 재정적 지원을 제공하는 것 외에도, 이 기관은 신청 절차에 대해 대중에게 교육하여 분배의 공정성과 적시성을 보장합니다.

04 One of the main features of the app is to cover topics such as labor contracts, labor laws, and workers' rights to help users be fully aware of their working conditions.

해석 이것의 주요 기능 중 하나는 근로 계약, 노동법 및 근로자의 권리와 같은 주제를 다루어 사용자가 자신의 근무 조건에 대해 충분히 알 수 있도록 돕는 것입니다.

05 Experts warn that if climate change continues at the current pace, many species could face massive extinction events that are likely to occur within decades.

해석 전문가들은 기후 변화가 현재 속도로 계속된다면, 많은 종들이 수십 년 내에 발생할 가능성이 있는 대규모 멸종 사건에 직면할 수 있다고 경고하고 있다.

06 When dedicated conservationists praise the value of wildernesses, they can unconsciously weaken their position, as in the context of conservation they are often equated with inaction.

해석 헌신적인 자연 보호론자가 황야의 가치를 칭찬할 때, 그들은 무의식적으로 자신들의 입장을 약화시킬 수 있는데, 보존의 맥락에서 황야는 종종 아무런 행동을 하지 않는 것과 동일시되기 때문이다.

07 The rise and fall of different empires give us valuable insights into the relationships of power and the cultural exchanges that occurred between different groups of people.

> **해석 :** 서로 다른 제국의 흥망성쇠는 권력 관계와 다양한 인구 집단 간의 문화적 교류에 대한 귀중한 통찰력을 제공한다.

08 Technology is a double-edged sword, as it ultimately disseminates and becomes accessible to opponents who may possess more basic capabilities but are also less dependent on advanced technologies.

> **해석 :** 기술은 양날의 검으로, 궁극적으로 더 기본적인 능력을 가진 적들에게도 전파되고 접근 가능해지지만, 동시에 선진 기술에 덜 의존하게 된다.

09 In these situations, the person being imitated (the model) acts as a "demonstrator" and helps facilitate the imitator's efforts through positive feedback, such as smiling and encouragement.

> **해석 :** 이러한 상황에서 모방당하는 사람(모델)은 "시범자" 역할을 하며, 미소나 격려와 같은 긍정적인 피드백을 통해 모방자의 노력을 용이하게 하는 데 도움이 된다.

10 While we may empathize with the victims and criticize the UN and its member states for not fulfilling their commitments, understanding the divide between human rights ideals and the reality of violations cannot be achieved solely through sympathy or legal scrutiny.

> **해석 :** 우리는 피해자들에게 공감하고 유엔과 그 회원국들이 약속을 이행하지 않는 것을 비판할 수 있지만, 인권 이상과 침해 현실 간의 간극을 이해하는 것은 단순히 동정이나 법적 검토만으로는 이루어질 수 없다.

11 To understand how "remarkable capacities for caring and sympathy" relate to the process of natural selection, let's examine a hypothetical scenario involving life and death.

> **해석 :** "돌봄과 공감의 놀라운 능력"이 자연 선택 과정과 어떻게 관련이 있는지를 이해하기 위해, 생명과 죽음을 포함한 가상의 시나리오를 살펴보자.

독해 실력 강화 연습문제 정답 및 해설

Answer

01 ②	02 ①	03 ③	04 ④	05 ③
06 ④	07 ①	08 ①	09 ③	10 ④
11 ④	12 ④	13 ④		

[01~02]

수신인 : 재무 부서
발신인 : 인사 부서
날짜 : 6월 18일
제목 : 직원 개발 계획에 대한 재정 분배 검토 요청

존경하는 재무 부서에게,

다가오는 직원 개발 계획에 할당된 재정 분배와 관련하여 긴급한 사항에 대해 알려드리고자 합니다. 현재의 재정적 지원이 강사, 교육 자료, 장소 대여 등의 필수 경비를 포함하기에는 부족하다는 점을 알게 되었습니다.

이에 따라, 기존 재정 분배를 재평가하고 예산 증액을 고려해 주시기를 정중히 요청 드립니다. 이러한 조정은 직원들에게 우수한 교육을 제공하여 그들의 역량을 강화하고 조직의 전반적인 효율성을 향상시키는 데 필수적입니다. 이와 관련한 당신의 신속한 조치는 매우 감사할 것이며, 훌륭한 인력을 육성하는 우리의 공동 목표에 크게 기여할 것입니다.

당신의 고려에 감사드립니다.

감사합니다,
인사 부서

01 정답 ②

정답 해설

이 이메일은 직원 개발 계획에 할당된 재정이 부족하다는 점을 강조하며, 예산의 재조정을 요청하고 있다. 따라서 글의 목적으로 가장 적절한 것은 ②이다.

오답 해설

① 신규 인력 채용과 관련된 내용이 아니라, 직원 개발 계획의 재정과 관련된 것이다.
③ 교육 자료의 배분을 제안하는 내용이 아니라, 예산 조정을 요청하고 있다.
④ 예산 삭감에 대한 이의 제기가 아니라, 예산을 늘려달라고 요청하고 있다.

02 정답 ①

정답 해설

밑줄 친 'distribution'은 문맥에서 '분배, 배부'의 뜻으로 해석되며, 이와 의미가 가장 가까운 것은 ① 'allocation(할당, 분배)'이다.

오답 해설

② expenditure 지출, 비용, 경비, 소비
③ reduction 감소, 축소, 삭감
④ examination 시험, 조사, 검토, 검사

어휘

☐ distribution 분배, 배부, 유통
☐ allocate 할당하다
☐ forthcoming 다가오는, 곧 있을
☐ inadequate 불충분한, 부족한
☐ encompass 포함하다, 에워싸다
☐ expense 경비, 비용
☐ venue 장소
☐ existing 기존의, 현재 사용되는
☐ fiscal 국가 재정의
☐ contemplate 고려하다, 생각하다, 심사숙고하다
☐ budget 예산, 비용
☐ personnel 직원들, 인원, 인사과
☐ efficiency 효율, 능률
☐ foster 육성하다, 조성하다, 발전시키다

[03~04]

인프라 개선 : 지역 사회 계획

존경하는 주민 여러분,

우리 지역 사회의 공공 인프라 개선 필요성에 대한 우려가 커지면서 지역 공공 기업들이 조치를 취하게 되었습니다. 많은 주민들이 악화된 도로 상태, 부족한 대중교통, 그리고 불충분한 여가 시설에 대한 불만을 표명하고 있습니다. 이러한 시급한 문제를 해결하기 위해 공공 인프라에 대한 잠재적 투자 방안을 논의하는 특별 회의가 열릴 예정입니다. 당신의 통찰은 계획을 형성하는 데 매우 유용할 것이며, 전문가들이 참석하여 다른 지역 사회의 성공 사례를 공유하고 지침을 제공할 것입니다.

회의 세부 사항

• **장소** : 커뮤니티 홀, 메인 룸
　　　　(인원이 초과할 경우: B실)
• **날짜** : 2025년 2월 15일 목요일
• **시간** : 오후 7:00

우리 지역 사회의 인프라를 개선하기 위해 함께 노력하는 당신의 참여를 강력하게 권장합니다. 보다 상세한 정보는 저희 웹사이트 www.publicinfrastructureforum.org를 방문하시거나 (555) 321-9870으로 저희 사무실에 연락해 주십시오.

03 정답 ③

정답 해설

공공 인프라 투자와 관련한 주민 설명회 안내에 대한 글이다. 본문에서 다루고 있는 공공 인프라 개선과 관련된 내용을 가장 잘 반영하면서, 주민들이 함께 참여해 문제를 해결하자는 메시지를 전달하는 것으로 윗글의 제목으로 가장 적절한 것은 ③이다.
① 우리 공동체의 미래에 투자하기
② 대중교통에 대한 논의에 참여하기
③ 인프라 개선하기: 지역 사회 계획
④ 공공 기업들을 위해 협력하기

오답 해설

① 지역 발전을 위한 투자를 암시하지만, 본문의 구체적인 인프라 문제를 직접 언급하지 않고 있다.
② 대중교통에 중점을 두고 있지만, 본문은 더 넓은 범위의 인프라 문제를 다루고 있다.
④ 공공 기업들을 위해 협력하는 것이 아니라 인프라 문제가 글의 핵심 내용이다.

04 정답 ④

정답 해설

본문의 4번째 문장에서 회의에서 논의할 주제는 도로뿐만 아니라 대중 교통 및 여가 시설과 같은 다양한 주제가 포함된다고 언급하고 있으므로 위 안내문의 내용과 일치하지 않는 것은 ④이다.

오답 해설

① 본문의 3번째 문장에서 언급하고 있으므로 위 안내문의 내용과 일치한다.
② 본문의 4번째 문장에서 언급하고 있으므로 위 안내문의 내용과 일치한다.
③ 본문의 5번째 문장에서 언급하고 있으므로 위 안내문의 내용과 일치한다.

어휘

☐ resident 거주자, 주민
☐ take action ~에 대해 조치를 취하다
☐ deteriorating 악화중인, 악화되어가고 있는
☐ transportation 수송, 운송
☐ potential 잠재적인, 가능성이 있는, 가능성, 잠재력
☐ invaluable 매우 유용한, 귀중한
☐ offer 제공하다, 제안하다, 제의, 제안

05 정답 ③

국세청(IRS) 책임

국세청(IRS)은 연방 세금의 징수와 세법 집행을 담당하는 미국 정부 기관입니다. 이 기관은 매년 수백만 건의 소득 신고서를 처리하고, 세금 환급을 관리하며, 개인과 기업이 정해진 세금 규정을 준수하도록 보장합니다. IRS는 또한 세금 신고의 정확성을 확인하기 위해 회계 감사를 실시하고, 탈세 및 사기 사례들을 조사하여 세금 제도의 무결성을 유지합니다. 추가로, IRS는 납세자에게 세금 의무에 대해 교육하고, 다양한 자원을 통해 정확하고 적시에 신고할 수 있도록 도움을 제공합니다. IRS는 효율적으로 세금을 징수함으로써 필수 정부 프로그램과 서비스를 지원하여 국가의 전반적인 경제 안정에 기여하는 데 중요한 역할을 합니다.

① 이것은 연방 세금과 주 세금을 모두 징수하는 역할을 한다.
② 이것은 개인이 아닌 기업의 세금 신고만 처리한다.
③ 이것은 세금 제도의 공정성을 유지하기 위해 노력한다.
④ 이것은 납세자에게 교육 자원과 지원을 제공하지 않는다.

정답 해설

본문의 3번째 문장에서 언급하고 있으므로 윗글의 내용과 일치하는 것은 ③이다.

오답 해설

① 본문의 1번째 문장에서 주 세금에 관한 내용이 언급되지 않았으므로 윗글의 내용과 일치하지 않는다.
② 본문의 2번째 문장에서 '개인과 기업이 정해진 세금 규정을 준수하도록 보장한다'라고 언급하고 있으므로 윗글의 내용과 일치하지 않는다.
④ 본문의 4번째 문장에서 '세금 의무에 대해 교육하고, 다양한 자원을 제공한다'라고 언급하고 있으므로 윗글의 내용과 일치하지 않는다.

어휘

☐ revenue 세입, 수익, 수입
☐ tax 세금, 세금을 부과하다
☐ tax return 소득 신고서
☐ administer 관리하다, 운영하다, 집행하다
☐ audit 회계 감사, 회계를 감사하다
☐ verify 확인하다, 입증하다
☐ instance 사례, 경우
☐ tax evasion 탈세
☐ fraud 사기(죄), 사기꾼
☐ integrity 무결, 완전, 정직, 진실
☐ taxpayer 납세자
☐ obligation 의무

06 정답 ④

> 서울 외국인 주민 지원 센터 앱
>
> 서울 외국인 주민 지원 센터 앱은 서울에 거주하는 외국인에게 필수적인 앱으로, 도시 생활을 용이하게 하는 데 필요한 서비스를 제공합니다. 이 앱의 주요 기능에는 외국인을 위한 커뮤니티 공간, 법률 상담 및 사회 서비스에 대한 종합적인 정보가 포함되어 있습니다. 이 앱은 지역 사회에 통합되는 과정을 용이하게 하여 사용자들이 유용한 지원을 받을 수 있도록 함으로써 편리함을 크게 향상시킵니다. 향후 업데이트에서는 서비스와 자료가 확장되어 사용자 경험이 더욱 향상될 것으로 기대됩니다. 서울에서의 시간을 최대한 활용하기 위해 앱 스토어에서 앱을 다운로드하여 혜택에 쉽게 접근하세요. 추가로, 데스크톱 사용자를 위한 웹 버전도 제공되어 모든 사용자가 중요한 정보에 쉽게 접근할 수 있습니다.

① 이것은 외국인을 위한 커뮤니티 자원 및 법률 자문에 대한 정보를 제공한다.
② 이것은 서울에서의 시간을 최대한 활용할 수 있도록 최적화되어 있다.
③ 이것은 지역 사회가 쉽게 통합할 수 있도록 도움을 준다.
④ 이것은 서비스를 이용하려면 구독료가 필요하다.

정답 해설
본문에서 '서비스 이용을 위해 구독료를 요구한다'라는 내용 자체가 언급되지 않았으므로 윗글의 내용과 일치하지 않는 것은 ④이다.

오답 해설
① 본문의 2번째 문장에서 언급하고 있으므로 윗글의 내용과 일치한다.
② 본문의 5번째 문장에서 언급하고 있으므로 윗글의 내용과 일치한다.
③ 본문의 3번째 문장에서 언급하고 있으므로 윗글의 내용과 일치한다.

어휘
☐ necessary 필요한, 필연적인
☐ facilitate 용이하게[가능하게] 하다
☐ include 포함하다, 포함시키다
☐ counseling 상담, 조언
☐ integration 통합
☐ receive 받다, 받아들이다

07 정답 ①

> 패스트 패션의 부상은 의류 산업을 크게 변화시켜 소비자들이 저렴한 가격에 스타일리시한 아이템을 구매할 수 있게 했다. 그럼에도 불구하고 패스트 패션 아이템의 빠른 생산과 폐기는 우려를 불러일으켰다. 패스트 패션 브랜드들은 종종 개발도상국의 값싼 노동력에 의존하며, 이곳의 노동자들은 열악한 근무 환경에서 일하고 아주 적은 임금을 받는다. 게다가 의류의 대량 생산은 과도한 낭비를 초래하며, 많은 의류가 단기 사용을 위해 만들어지고 빠르게 버려진다. 추가로, 섬유 산업은 해로운 염료와 화학물질이 강과 바다로 방류되면서 수질 오염의 주요 원인이다. 결과적으로, 소비자들은 영향을 줄이기 위해 지속 가능한 패션 옵션을 탐색하도록 점점 더 권장받고 있다.

① 패스트 패션 문제와 지속 가능한 대안의 필요성
② 패션 트렌드에서 소비자 행동에 미치는 영향
③ 글로벌 의류 산업의 착취적인 특성
④ 잠재적인 가능성을 가진 패스트 패션

정답 해설
패스트 패션의 부상과 더불어 환경적 및 윤리적 문제 발생에 대한 글로, 패스트 패션의 편리함이 환경 오염과 노동 착취와 같은 심각한 문제를 초래하고 있음을 강조하면서 마지막 부분에 지속 가능한 대안의 필요성을 권장하고 있다. 따라서 글의 주제로 가장 적절한 것은 ①이다.

어휘
☐ fast fashion 패스트 패션
  (최신 유행을 즉각 반영하여 빠르게 제작하고 빠르게 유통시키는 의류)
☐ clothing 옷, 의복
☐ ethical 윤리적인, 도덕적인
☐ implication 영향, 결과, 함축, 암시, 연루
☐ inexpensive 비싸지 않은, 값싼
☐ minimal 아주 적은, 최소의
☐ wage 임금, 급료
☐ discard 버리다, 폐기하다
☐ discharge 방출하다, 배출하다, 석방하다, 해고하다
☐ lessen 줄다, 줄이다

08 정답 ①

> Mark Twain은 한때 "우리는 모두 무지하지만, 서로 다른 것들에 대해 무지하다."라고 말했다. 기술 전문가들이 비전문가인 청중과 소통할 때 흔히 저지르는 오류는 독자가 자신과 같은 수준의 지식을 가지고 있다고 가정하는 것이다. 이러한 가정은 청중에게 상당한 혼란과 좌절을 초래할 수 있다. 또한, 처음부터 명확하게 설명했어야 할 개념에 대한 후속 설명을 작성하는 데 많은 시간이 낭비될 수 있다. 작가에게 분명한 것이 독자에게는 그렇지 않을 수 있다. 예를 들어, 당신이 엔지니어나 회계사로 같은 분야의 동료들과 대화하고 있다면, 광범위한 설명이 필요하지 않을 수 있다. 그러나 소프트웨어 애플리케이션에 대한 이해가 부족한 마케팅 부서의 부사장과 소통할 때는 독자가 메시지를 단계별로 이해할 수 있도록 안내하는 것이 필수적이다. 기술적 이해에 있어 작가와 독자가 거의 같은 수준에 있지 않다는 것을 인식하는 것이 중요하다.

① 전문 지식에 대한 글쓰기는 독자의 관점에 맞게 조정되어야 한다.
② 전문 지식이 정확성을 항상 보장하지는 않는다.
③ 비전문가에게 전문 지식을 완전히 전달하는 것은 도전적이다.
④ 폭넓은 기술 지식이 글쓰기 능력을 반드시 향상시키는 것은 아니다.

정답 해설

기술 전문가와 비전문가 간의 소통 문제에 대한 글로, 기술 전문가가 비전문가와 소통할 때, 동일한 지식을 가정하는 것은 혼란을 초래하며, 단계별 설명이 필요함을 강조하고 있다. 특히 마지막 두 개의 문장에서 기술적 이해에서 작가와 독자의 수준이 다르다는 점을 인식하는 것이 중요하다고 강조하고 있다. 따라서 글의 요지로 가장 적절한 것은 ①이다.

어휘

- [ ] ignorant 무지한, 무식한
- [ ] common 흔한, 공동의
- [ ] knowledge 지식, 알고 있음
- [ ] assumption 가정, 추정
- [ ] confusion 혼란, 혼동, 당혹
- [ ] frustration 좌절, 불만
- [ ] explanation 설명, 해명
- [ ] outset 시초, 발단, 착수
- [ ] accountant 회계사
- [ ] extensive 광범위한, 아주 넓은
- [ ] recognize 인식[인정]하다, 알아보다

09 정답 ③

> 인간의 뇌는 다양한 신체 기능과 과정을 관리하는 매우 복잡한 기관이다. 신경 과학자들은 뇌가 어떻게 작동하는지를 연구하여 인지 과정과 인간 행동에 대한 통찰을 얻는 데 집중한다. ① 뇌 가소성에 대한 연구는 우리의 경험과 상호작용이 뇌의 뉴런 간 연결을 어떻게 변화시킬 수 있는지를 밝혀낸다. ② 추가로, 신경영상법 기술의 발전은 다양한 뇌 구조를 세밀하게 관찰하고 분석할 수 있는 우리의 능력을 크게 향상시켰다. (③ 그러나 재생 가능 에너지원에 대한 의존도가 높아짐에 따라 탄소 배출이 감소하고 있다.) ④ 신경학적 장애에 대한 더 깊은 이해는 이러한 질병에 영향을 받는 사람들을 위한 보다 효과적인 치료법과 요법 개발의 길을 열 수 있다. 뇌의 기능을 이해하는 것은 의학 연구를 발전시키고 정신 건강 치료를 개선하는 데 매우 중요하다.

정답 해설

인간 뇌의 기능과 연구에 대한 글로, 인간 뇌는 복잡한 기관으로 다양한 기능을 관리하며, 신경 과학자들은 뇌의 작동 방식과 신경 장애를 연구하여 효과적인 치료법 개발을 목표로 한다고 설명하고 있다. 나머지 문장들은 인간 뇌의 기능과 연구의 관련성에 대해 설명하고 있지만 ③만 재생 가능 에너지와 탄소 배출에 대한 내용으로, 뇌 기능 연구와의 관련성이 없다. 따라서 글의 흐름상 어색한 문장은 ③이다.

어휘

- [ ] intricate 복잡한
- [ ] neuroscientist 신경 과학자
- [ ] focus on 집중하다, 초점을 맞추다
- [ ] plasticity 가소성
- [ ] enhance 향상시키다, 높이다
- [ ] capability 능력, 역량
- [ ] structure 구조, 건축물, 조직하다, 구조화하다
- [ ] reliance 의존, 의지
- [ ] renewable 재생 가능한, 갱신[연장] 가능한
- [ ] pave the way for ~을 위해 길을 열다
- [ ] treatment 치료, 대우, 처리

10 정답 ④

> 명예를 지키기 위해 폭력을 사용하는 의지를 특징으로 하는 명예 문화는 미국의 일부 지역에서 형성되었으며, 북부 주들이 처음부터 더 강력한 법률 시스템의 혜택을 받았던 농부들에 의해 정착되었기 때문이다. (①) 반면, 남부와 서부는 도둑들로 인해 생계가 위협받을 수 있는 목장주들에 의해 거주되었다. (②) 넓은 남부와 서부에서는 범죄를 처벌하기가 어려워 목장주들은 스스로 행동에 나서야 했다. (③) 한편, 따뜻한 날씨와 빈곤은 폭력을 더욱 부추겼다. (④ <u>이로 인해 오늘날의 명예 문화를 특징짓는 폭력과 경쟁이 태어났다.</u>) 일부 전문가들은 이러한 연쇄적인 인과 관계에 대해 이의를 제기하지만, 남부와 서부의 정착민들이 북부 상대들보다 전투와 군사법을 더 깊게 받아들였다는 것은 분명하며, 이는 폭력적인 반응을 조장한 명예 문화를 형성했으며, 이는 북부의 온화한 반응과 대조적이다.

정답 해설

미국의 명예 문화가 생기게 된 배경, 미국의 명예 문화는 폭력과 경쟁으로 특징지어지며, 남부와 서부 정착민들의 역사적 배경에서 비롯되었음을 설명하고 있다. 제시문은 오늘날의 명예 문화가 어떻게 형성되었는지를 설명하는 내용으로 결론을 짓고 있다. ④ 뒤에 그 결과로 남부와 서부의 정착민들이 전투와 군사법을 더 깊이 수용했음을 강조하는 내용과 연결된다. 따라서 주어진 문장이 들어갈 위치로 가장 적절한 것은 ④이다.

어휘

☐ violence 폭력, 폭행, 격렬함
☐ characterize 특징짓다, 특징이 되다
☐ reputation 평판, 명성
☐ settle 정착하다, 해결하다, 결정하다
☐ inhabit 살다, 거주[서식]하다
☐ livelihood 생계 (수단)
☐ punish 처벌하다, 벌주다
☐ herder 목장주, 목축업자, 양치기
☐ poverty 가난, 빈곤, 부족
☐ causal 인과 관계의
☐ dispute 이의를 제기하다, 반박하다, 논란, 논쟁
☐ embrace 받아들이다, 수용하다, 포괄하다, 포옹하다
☐ counterpart 상대, 대응 관계에 있는 사람[것]

11 정답 ④

> 텐트에서 하룻밤을 보내는 것은 독특한 야외 경험이 될 수 있다.
> (C) 텐트를 설치하고 잠자리를 위한 침구를 정리하는 것부터 시작할 수 있다. 이 초기 단계는 하루 동안의 야외 활동 후 편안하고 정돈된 휴식 공간을 확보하는 데 도움을 준다.
> (B) 설치한 후에는 캠프파이어를 시작하여 저녁을 요리하고 다른 캠퍼들과 어울리면서 즐거운 시간을 보낼 수 있다. 모닥불 주위에 모이는 것은 자연 속에서 음식을 먹고 대화를 나누며 즐거운 저녁을 보낼 수 있다.
> (A) 마지막으로 텐트에 들어가 별빛 아래에서 편안한 잠자리를 갖는 것은 캠핑 경험을 완성한다. 텐트에서의 편안한 밤은 자연 속에서 보낸 하루를 마무리하는 데 적합하다.

정답 해설

텐트에서의 특별한 캠핑 경험에 대한 글로, 텐트에서 하룻밤 보내는 것은 독특한 야외 경험으로, 캠핑 준비, 캠프파이어, 별 아래 휴식이 포함됨을 설명하고 있다. 글의 주제인 캠핑을 언급한 1번째 문장 다음에는 텐트를 설치하는 것에 대한 (C)로 이어져야 하며, 캠프파이어를 만들어 저녁을 준비하는 것을 설명하는 (B)로 이어져야 하고, 마지막으로 별 아래에서의 편안한 잠자리를 갖는 것을 묘사하는 (A)로 이어져야 한다. 따라서 글의 순서로 가장 적절한 것은 ④이다.

어휘

☐ spend 보내다, 들이다, 쓰다
☐ enter 들어가다, 시작하다
☐ restful 편안한, 평화로운
☐ socialize 어울리다, 사귀다, 사회화시키다
☐ bonfire 모닥불
☐ arrange 정리하다, 배열하다, 마련하다
☐ initial 초기의, 처음의

07

12 정답 ④

우리는 이미 감정이 종종 다른 사람들의 경험에 초점을 맞춘다는 것을 알고 있다. 우리는 또한 감정적인 상황에 대한 자신의 판단을 내릴 때도 그들의 평가와 해석을 고려하는 경향이 있다. 예를 들어, 친구들이 코미디 영화에 불쾌감을 느끼는 것처럼 보인다면, 우리는 그 영화를 덜 즐기게 될 수도 있고 같은 상황에 있는 사람들이 걱정하는 것처럼 보이면 더 불안해질 수 있다. 본질적으로, 우리는 중요한 타인의 관점을 바탕으로 감정의 중요성에 대한 인식을 조정한다. 이러한 사회적 평가 과정은 양방향으로 작용하기 때문에 우리의 평가는 다른 사람들에게도 영향을 미칠 수 있다. 사실, 우리는 때때로 서로 의논하거나 미소, 찡그림, 시선을 피하는 것과 같은 반응을 알아차림으로써 감정적인 결론에 도달할 수도 있다. 이러한 상황에서 감정을 형성하는 판단은 <u>근본적으로 대인관계 과정에 의해 영향을 받는다</u>.

① 자기 대화에 의해 형성된다
② 여러 가지 사물과 사건에 의해 촉발된다
③ 매우 영향력 있는 메커니즘으로 간주된다
④ 근본적으로 대인관계 과정에 의해 영향을 받는다

정답 해설

감정과 사회적 평가의 상호 작용에 대한 글로, 감정은 타인의 경험과 판단에 영향을 받아 형성되며, 이는 대인 관계 과정의 영향을 받음을 강조하고 있다. 다른 사람의 반응이나 의견이 우리의 감정적 결론에 영향을 미친다는 내용이다. 따라서 밑줄 친 부분이 들어갈 말로 가장 적절한 것은 ④이다.

어휘

- emotion 감정, 정서
- evaluation 평가
- interpretation 해석, 이해, 설명
- judgment 판단, 심판, 심사
- offend 불쾌하게[기분 상하게] 하다
- anxious 불안해하는, 염려하는, 열망하는
- perception 인식, 지각, 통찰력
- appraisal 평가, 판단
- conclusion 결론, 판단, 마무리
- discuss 상의[의논]하다
- notice 알아차리다, 주목하다, 주목, 통지
- frown 찌푸림, 찡그림, 얼굴[눈살]을 찌푸리다

13 정답 ④

유전적 지침은 뇌 속의 뉴런들이 많은 연결을 형성하도록 한다. 이로 인해 뉴런들 사이에 많은 연결고리가 만들어진다. 이 단계 이후에는 "가지치기"라고 불리는 과정이 발생하는데, 이 과정에서 일부 연결이 끊어진다. 약 10개의 연결 중 4개가 끊어져 가장 바쁜 시기에는 매초 100,000개의 연결이 사라진다. 이 연결 감소는 놀라운 일이다. 왜 자연은 이렇게 많은 연결을 만들어 놓고 나중에 그것들을 제거할까? 이 과정은 뇌가 다양한 상황에 대비할 수 있도록 돕는 것 같다. 뇌는 다양한 경험에 대비하기 위해 많은 연결을 형성하지만, 함께 작용하는 뉴런들만이 연결을 유지한다. 만약 뉴런들이 함께 작용하지 않으면, 자연은 비활성화된 연결을 끊어 버린다. 이를 이웃 관계로 예로 설명하자면, <u>당신이 내 전화를 받지 않으면, 나도 더 이상 연락하지 않을 것이다</u>.

① 이웃이 당신에게 미소를 지으면, 당신은 고개를 돌리는 경향이 있다
② 당신이 자신을 사랑하지 않으면, 이웃을 사랑할 수 없다
③ 이웃의 집에 불이 나면, 당신도 안전하지 않다
④ 당신이 내 전화를 받지 않으면, 나도 더 이상 연락하지 않을 것이다

정답 해설

뇌의 연결 형성과 가지치기 과정에 대한 글로, 뇌는 유전적 지침에 따라 많은 연결을 형성한 후, 비활동적인 연결을 제거하는 가지치기 과정을 통해 효율성을 높임을 설명하고 있다. 연결이 유지되려면 상호 작용이 필요하다는 점을 강조하고 있다. 이 예시는 이웃과의 관계에서 상호 작용이 없으면 관계가 소원해지고 그 연결이 끊어진다는 것을 보여준다. 따라서 밑줄 친 부분에 들어갈 말로 가장 적절한 것은 ④이다.

어휘

- instruction 지침, 지시, 설명
- pruning 가지치기
- disappear 사라지다, 없어지다
- busiest 가장 바쁜
- remove 제거하다, 없애다
- prepare 대비하다, 준비하다
- inactivity 비활성화, 무활동, 무기력, 게으름

독해 실력 강화 복습문제 정답 및 해설

어휘 TEST

1	distribution	분배, 배부, 유통	26	discharge	방출하다, 배출하다, 석방하다, 해고하다
2	allocate	할당하다	27	lessen	줄다, 줄이다
3	forthcoming	다가오는, 곧 있을	28	ignorant	무지한, 무식한
4	encompass	포함하다, 에워싸다	29	assumption	가정, 추정
5	expense	경비, 비용	30	confusion	혼란, 혼동, 당혹
6	contemplate	고려하다, 생각하다, 심사숙고하다	31	outset	시초, 발단, 착수
7	budget	예산, 비용	32	accountant	회계사
8	personnel	직원들, 인원, 인사과	33	extensive	광범위한, 아주 넓은
9	foster	육성하다, 조성하다, 발전시키다	34	intricate	복잡한
10	resident	거주자, 주민	35	capability	능력, 역량
11	transportation	수송, 운송	36	structure	구조, 건축물, 조직하다, 구조화하다
12	potential	잠재적인, 가능성이 있는, 가능성, 잠재력	37	reliance	의존, 의지
13	invaluable	매우 유용한, 귀중한	38	characterize	특징짓다, 특징이 되다
14	administer	관리하다, 운영하다, 집행하다	39	reputation	평판, 명성
15	audit	회계 감사, 회계를 감사하다	40	punish	처벌하다, 벌주다
16	instance	사례, 경우	41	causal	인과 관계의
17	integrity	무결, 완전, 정직, 진실	42	dispute	이의를 제기하다, 반박하다, 논란, 논쟁
18	obligation	의무	43	embrace	받아들이다, 수용하다, 포괄하다, 포용하다
19	necessary	필요한, 필연적인	44	socialize	어울리다, 사귀다, 사회화시키다
20	integration	통합	45	arrange	정리하다, 배열하다, 마련하다
21	receive	받다, 받아들이다	46	interpretation	해석, 이해, 설명
22	ethical	윤리적인, 도덕적인	47	anxious	불안해하는, 염려하는, 열망하는
23	minimal	아주 적은, 최소의	48	notice	알아차리다, 주목하다, 주목, 통지
24	wage	임금, 급료	49	disappear	사라지다, 없어지다
25	discard	버리다, 폐기하다	50	remove	제거하다, 없애다

구문 해석 TEST 👍

01 It has come to our notice that the current financial supports are inadequate to encompass essential expenses, including facilitators, educational resources, and venue rentals.

　해석 현재의 재정적 지원이 강사, 교육 자료, 장소 대여 등의 필수 경비를 포함하기에는 부족하다는 점을 알게 되었습니다.

02 Growing concerns over the need for improved public infrastructure in our community have prompted local public enterprises to take action.

　해석 우리 지역 사회의 공공 인프라 개선 필요성에 대한 우려가 커지면서 지역 공공 기업들이 조치를 취하게 되었습니다.

03 This agency processes millions of tax returns each year, administers tax refunds, and ensures that individuals and businesses comply with established tax regulations.

　해석 이 기관은 매년 수백만 건의 소득 신고서를 처리하고, 세금 환급을 관리하며, 개인과 기업이 정해진 세금 규정을 준수하도록 보장합니다.

04 This app greatly improves convenience by facilitating the process of integration into the community, allowing users to receive useful support.

　해석 이 앱은 지역 사회에 통합되는 과정을 용이하게 하여 사용자들이 유용한 지원을 받을 수 있도록 함으로써 편리함을 크게 향상시킵니다.

05 Fast fashion brands frequently depend on inexpensive labor in developing nations, where workers endure poor working conditions and receive minimal wages.

　해석 패스트 패션 브랜드들은 종종 개발도상국의 값싼 노동력에 의존하며, 이곳의 노동자들은 열악한 근무 환경에서 일하고 아주 적은 임금을 받는다.

06 A common error that technical experts make when communicating with non-professional audiences is to assume that the reader has the same level of knowledge as himself.

　해석 기술 전문가들이 비전문가인 청중과 소통할 때 흔히 저지르는 오류는 독자가 자신과 같은 수준의 지식을 가지고 있다고 가정하는 것이다.

07 Gaining a deeper understanding of neurological disorders can pave the way for developing more effective treatments and therapies for those affected by these conditions.

> **해석** 신경학적 장애에 대한 더 깊은 이해는 이러한 질병에 영향을 받는 사람들을 위한 보다 효과적인 치료법과 요법 개발의 길을 열 수 있다.

08 The culture of honor, marked by a willingness to protect reputation through violence, emerged in some U.S. regions due to factors like northern states being settled by farmers who benefited from stronger legal systems from the start.

> **해석** 명예를 지키기 위해 폭력을 사용하는 의지를 특징으로 하는 명예 문화는 미국의 일부 지역에서 형성되었으며, 북부 주들이 처음부터 더 강력한 법률 시스템의 혜택을 받았던 농부들에 의해 정착되었기 때문이다.

09 This initial step ensures that you have a comfortable and organized place to rest after a day of outdoor activities.

> **해석** 이 초기 단계는 하루 동안의 야외 활동 후 편안하고 정돈된 휴식 공간을 확보하는 데 도움을 준다.

10 For instance, we might find a comedy film less enjoyable if our friends seem offended by it, or we may feel more anxious because those who share our situation appear to be worried.

> **해석** 예를 들어, 친구들이 코미디 영화에 불쾌감을 느끼는 것처럼 보인다면, 우리는 그 영화를 덜 즐기게 될 수도 있고 같은 상황에 있는 사람들이 걱정하는 것처럼 보이면 더 불안해질 수 있다.

11 About four out of ten connections are lost, with around 100,000 connections disappearing every second during the busiest time.

> **해석** 약 10개의 연결 중 4개가 끊어져 가장 바쁜 시기에는 매초 100,000개의 연결이 사라진다.

독해 실력 강화 연습문제 정답 및 해설

Answer

01 ①	**02** ②	**03** ①	**04** ②	**05** ③
06 ③	**07** ②	**08** ①	**09** ④	**10** ③
11 ④	**12** ②	**13** ②		

[01~02]

수신인 : IT 부서
발신인 : 영업 부서
날짜 : 11월 5일
제목 : 플랫폼 연결 문제에 대한 요청

존경하는 IT 부서 구성원분들에게,

이 메시지가 잘 전달되기를 바랍니다. 저희는 최근 일주일 동안 영업 플랫폼의 연결에 지속적인 문제를 겪고 있음을 알려드리고자 합니다. 지난주 동안 우리는 반복적인 중단이 발생했으며, 이는 운영 효율성에 부정적인 영향을 미치고 거래 처리가 지연되고 있습니다.

이 문제를 진단하고 플랫폼의 최적 연결 상태를 복구하는 데 당신의 전문성을 정중히 요청 드립니다. 이 문제 해결은 영업 활동의 원활한 진행과 고객 만족도를 유지하는 데 필수적입니다.

이 문제는 우리의 전반적인 성과에 큰 영향을 미치므로 이 문제에 대한 신속하고 철저한 관심을 가져주시면 대단히 감사하겠습니다. 협조해 주셔서 감사드립니다.

진심을 담아,
영업 부서

01 **정답** ①

정답 해설

이 이메일은 판매 플랫폼의 연결에 대한 지속적인 문제와 이를 해결해 줄 것을 요청하고 있다. 따라서 주된 목적은 연결 문제 해결 요청이므로, 정답은 ①이다.

오답 해설

② 기능 개선이 아닌, 연결 문제 해결에 대한 요청에 대한 내용이다.
③ 판매 중단에 대해 알리기 위한 내용이 아니다.
④ 판매 실적 보고와 관련된 내용이 아니다.

02 **정답** ②

정답 해설

밑줄 친 'interruption'은 문맥에서 '중단'의 뜻으로 해석되며, 이와 의미가 가장 가까운 것은 ② 'disruptions(방해, 혼란)'이다.

오답 해설

① intersection 교차로, 교차 지점, 가로지름
③ torment 고통, 고뇌, 고민거리, 괴롭히다, 고통을 안겨 주다
④ postponement 연기, 뒤로 미루기

어휘

☐ continuous 지속적인, 계속되는
☐ interruption 중단, 방해
☐ delay 지연, 연기, 미루다, 연기하다
☐ transaction 거래, 매매, 처리 (과정)
☐ diagnose 진단하다
☐ optimal 최적의, 최선의
☐ imperative 필수적인, 긴급한, 피할 수 없는
☐ uphold 유지시키다, 옹호하다

[03~04]

주택 가격 문제에 맞섭시다

소중한 커뮤니티 회원 여러분,

최근 임대료 급증과 지속적인 저렴한 주택 부족 현상은 우리 지역 사회의 주택 시장 안정성에 대한 우려를 고조시키고 있습니다. 예를 들어, 많은 가정이 치솟는 임대료를 감당하기 위해 고군분투하고 있으며, 일부는 주거지를 잃을 위기에 처해 있습니다. 이러한 긴급한 문제에 대응하기 위해 주택의 가격 적정성과 안정성을 개선하기 위한 잠재적인 전략을 탐색하는 특별 회의가 마련되었습니다. 우리는 이 문제를 효과적으로 해결할 수 있는 방안에 대해 당신의 통찰을 나누어 주시기를 권장합니다. 전문가들도 참석하여 당신의 소중한 의견을 바탕으로 지역 주택 정책의 미래를 만드는 데 도움이 되는 지침을 제공할 것입니다.

주택을 감당할 수 없는 지역사회에 살고 싶은 사람이 누가 있을까요?

커뮤니티 주택 옹호 그룹의 후원

• **장소** : 커뮤니티 센터, 403호
　　　　　(수용 인원이 초과할 경우 401호 사용)
• **날짜** : 2024년 12월 12일 목요일
• **시간** : 오후 6:30

여러분의 참여는 이러한 문제를 해결하는 데 매우 중요합니다. 보다 상세한 정보는 www.housingforum2024.org를 방문하시거나 (555) 321-0987로 연락해 주십시오

03 정답 ①

정답 해설

주택의 가격 적정성과 안정성을 개선하기 위한 모임에 대한 공지의 글이다. 내용의 초점인 주택 가격 문제와 관련된 내용을 반영하면서, 이 위기를 해결하고자 하는 내용이 포함된 것으로 윗글의 제목으로 적절한 것은 ①이다.
① 주택의 감당 가능성 위기에 맞서 싸우세요
② 우리 지역 사회의 임대료 인상에 대해 논의하세요
③ 주택 불안정 문제를 해결할 방안을 마련하세요
④ 편의 시설을 위한 협력적 해결책을 구축하세요

오답 해설

② 임대료 인상에 초점을 맞추고 있지만, 글의 주제가 주택 가격 문제 전반에 걸쳐 있기 때문에 다소 제한적이다.
③ 주택 불안정 문제 해결을 강조하지만, 글에서는 주택 가격과 관련된 더 넓은 문제를 다루고 있어 적합하지 않다.
④ 주택문제가 아니라 '편의시설'을 언급하고 있으므로 적합하지 않다.

04 정답 ②

정답 해설

본문에서 전문가들은 모든 주민의 피드백에 기반해 주거 정책 방향에 대한 조언을 제공할 것이라고 언급되어 있다. 주택을 가진 사람들로 한정된 조언 조언을 제공한다는 내용은 없으므로 위 안내문의 내용과 일치하지 않는 것은 ②이다.

오답 해설

① 본문의 4번째 문장에서 언급하고 있으므로 위 안내문의 내용과 일치한다.
③ 본문의 11번째 문장에서 언급하고 있으므로 위 안내문의 내용과 일치한다.
④ 본문의 9번째 문장에서 언급하고 있으므로 위 안내문의 내용과 일치한다.

어휘

☐ surge 급증, 급등, 밀려들다
☐ persistent 지속[반복]되는, 끈질긴, 집요한
☐ shortage 부족
☐ housing 주택, 주택 공급
☐ heighten 고조되다, 고조시키다
☐ stability 안정(성)
☐ potential 잠재적인, 가능성이 있는, 가능성, 잠재력
☐ affordability 가격 적정성, 감당할 수 있는 비용

05 정답 ③

연방 통신 위원회(FCC) 책임

연방 통신 위원회(FCC)는 라디오, 텔레비전, 유선, 위성 및 케이블을 포함한 다양한 매체를 통한 주간 및 국제 통신을 규제합니다. 이 위원회의 주요 임무는 경제 성장을 위한 필수 요소인 광대역 서비스와 통신 기술에서 경쟁, 혁신 및 투자를 촉진하는 것입니다. FCC는 소비자를 사기로부터 보호하고 응급 서비스에 대한 접근을 보장하는 규제를 시행하여 공공 안전을 강화합니다. 추가로, 이 위원회는 특히 서비스가 부족한 지역의 모든 미국인이 통신 서비스를 이용할 수 있도록 노력합니다. 소비자 개인정보에 초점을 맞추고 다양한 미디어 환경을 촉진함으로써 FCC는 모든 사람들을 위한 더 공정한 통신 환경을 조성하는 것을 목표로 합니다.

① 이것은 국제 통신보다 각 주간 통신을 더 많이 규제한다.
② 이것은 응급 서비스에 대한 접근성을 거의 보장하지 않는다.
③ 이것은 소비자를 보호하기 위해 사기 방지 규정을 시행한다.
④ 이것은 소비자 개인정보 보호에는 관심이 없다.

정답 해설

본문의 3번째 문장에서 언급하고 있으므로 윗글의 내용과 일치하는 것은 ③이다.

오답 해설

① 본문의 1번째 문장에서 '주간 및 국제 통신을 규제한다'라고 언급하고 있으므로 윗글의 내용과 일치하지 않는다.
② 본문의 3번째 문장에서 '응급 서비스에 대한 접근을 보장하는 규제를 시행한다'라고 언급하고 있으므로 윗글의 내용과 일치하지 않는다.
④ 본문의 5번째 문장에서 '소비자 개인정보에 초점을 맞춘다'라고 언급하고 있으므로 윗글의 내용과 일치하지 않는다.

어휘

☐ regulate 규제[통제]하다, 조절[조정]하다
☐ interstate 주와 주 사이의, 주 간의
☐ international 국제적인, 시합[경기]
☐ satellite (인공)위성
☐ investment 투자(물), 물품, 상품
☐ broadband (주파수의) 광대역
☐ underserved 서비스가 충분하지 못한
☐ equitable 공정한, 공평한

08

06 정답 ③

> 서울교통공사 앱
>
> 서울교통공사 앱은 서울의 광범위한 대중교통 시스템을 이용하는 모든 사람에게 필수적이며, 특히 외국인 방문객에게 유용합니다. 이 앱의 주요 기능 중 하나는 지하철과 버스 노선, 시간표 및 요금 정보에 대한 종합적인 정보를 제공하며, 이 모든 정보는 여러 언어로 제공됩니다. 이 앱은 최적의 경로를 찾고 효율적으로 여행 계획을 세우는 데 도움을 주고 여행자에게 편의성을 제공합니다. 향후 업데이트에서는 기능 개선 및 사용자를 위한 더 많은 기능이 추가될 것으로 예상됩니다. 서울 시내를 원활하게 여행하기 위해 앱 스토어에서 서울교통공사 앱을 다운로드하세요. 추가로, 데스크톱 사용자를 위한 웹 버전도 제공되어 온라인에서도 필요한 교통 정보에 쉽게 접근할 수 있습니다.

① 이것은 다양한 언어로 정보를 확인할 수 있다.
② 이것은 사용자가 여행을 정리하는 데 도움이 된다.
③ 이것은 앱을 통해 직접 티켓을 구매할 수 있다.
④ 이것은 지금보다 더 많은 기능이 추가될 예정이다.

정답 해설
본문에서 '사용자가 앱을 통해 티켓을 구매한다'라는 내용이 언급되지 않았으므로 윗글의 내용과 일치하지 않는 것은 ③이다.

오답 해설
① 본문의 2번째 문장에서 언급하고 있으므로 윗글의 내용과 일치한다.
② 본문의 3번째 문장에서 언급하고 있으므로 윗글의 내용과 일치한다.
④ 본문의 4번째 문장에서 언급하고 있으므로 윗글의 내용과 일치한다.

어휘
□ extensive 광범위한, 아주 넓은
□ subway 지하철, 지하도
□ fare 요금, 승객
□ anticipate 예상하다, 기대하다
□ improve 개선하다, 향상시키다
□ downtown 시내에[로]

07 정답 ②

> 멕시코 국립 자치대학교(UNAM) 생태학 연구소의 연구원인 Gabriela Casas는 특정 곤충과 그 알이 당뇨병 환자들에게 영양학적 이점을 제공할 수 있다고 주장한다. 10년 전, 그녀 자신이 당뇨병 진단을 받은 후, 보다 균형 잡힌 무설탕 식단을 만들기 위한 방법을 찾기 시작했다. 그녀의 연구에서 많은 곤충들이 단백질과 아미노산이 풍부하며, 건조하여 분말로 만든 곤충 가루는 밀가루 대체물로 사용할 수 있다는 사실을 발견했다. 곤충 기반 식단을 채택하는 것이 그녀의 당뇨병 관리하는 데 효과적인 것으로 입증되었다. Casas는 곤충 섭취의 환경적 이점도 강조한다. 그녀는 교육 활동의 일환으로 곤충 섭취의 장점에 대해 강연을 진행한다. 아이들이 부모보다 이러한 아이디어에 더 개방적인 경향이 있어, 이는 미래에 긍정적인 신호라고 말한다.

① 곤충의 영양의 장단점
② 곤충 섭취의 장점
③ 곤충을 먹는 것의 잠재적 부작용
④ 당뇨병 관리의 효과적인 방법

정답 해설
곤충 기반 식단의 건강과 환경적 이점에 대한 글로, 곤충은 당뇨병 환자에게 영양적 이점을 제공하며, 환경적으로도 긍정적인 대안으로 주목받고 있음을 강조하고 있다. 따라서 글의 주제로 가장 적절한 것은 ②이다.

오답 해설
① 곤충의 영양의 장점에 대해서는 언급하고 있지만, 단점에 대해서는 언급하고 있지 않다.
③ 곤충 섭취의 잠재적 부작용에 관한 내용을 암시하지만, 글에서는 부작용에 대한 논의가 전혀 없으므로 적합하지 않다.
④ 당뇨병 관리의 효과적인 방법에 초점을 맞추고 있지만, 글에서는 곤충 섭취의 구체적인 방법보다는 곤충 섭취의 이점에 대한 논의가 중심이다.

어휘
□ ecology 생태학, 생태(계)
□ insect 곤충
□ nutritional 영양(상)의
□ diabetes 당뇨병
□ diagnose 진단하다
□ discover 발견하다, 찾다, 알아내다
□ substitute 대체물, 대리자, 대신하다, 교체되다
□ wheat flour 밀가루
□ prove 입증하다, 증명하다, 판명되다
□ lecture 강의, 강연, 강의[강연]하다
□ ingest 섭취하다, 삼키다, 먹다

08 정답 ①

같은 업계에 속한 회사들은 서로 가까이 위치할수록 서로를 모방하기가 더 쉬워진다. 이 근접성은 경쟁사와 멀리 떨어져 있을 때보다 그들이 분야 내 변화에 더 빠르게 대응할 수 있게 해준다. 패션이나 비디오 게임과 같이 많은 새로운 아이디어가 있는 산업에서는 모든 회사가 서로를 빠르게 모방할 수 있을 때 더 나은 성과를 낼 수 있다. 추가로, 다른 회사의 변화를 채택한 회사는 이러한 변화를 결합하거나 조정함으로써 새로운 혁신을 창출할 가능성이 더 높다. 따라서 빠르게 변화하는 산업에서 모방, 수정, 혁신의 이점은 회사들이 함께 모이는 중요한 이유가 되는 경향이 있다.

① 모방을 통한 빠른 적응이 필요한 기업이 근처에 있어야 한다.
② 기업들은 제품을 확보하기 위해 다양한 노력을 기울여야 한다.
③ 다른 회사의 제품을 모방하는 것이 필요하다.
④ 근접성은 기술 혁신과는 아무런 관련이 없다.

정답 해설

산업 내 위치와 기업의 모방 및 혁신 관계에 대한 글로, 같은 산업의 기업들이 가까이 위치할 때 서로 모방하고 혁신할 수 있어 빠르게 변화에 대응할 수 있음을 본문 전체적으로 그리고 마지막 문장에서 강조하고 있다. 따라서 글의 요지로 가장 적절한 것은 ①이다.

어휘

☐ proximity 근접, 가까움
☐ compare 비교하다, 비유하다
☐ imitate 모방하다, 흉내내다
☐ isolated 고립된, 외딴
☐ adopt 채택하다, 취하다, 입양하다
☐ combine 결합하다
☐ adapt 조정하다, 적응하다, 각색하다
☐ rapidly 빠르게, 급속히
☐ cluster together 함께 모이다, 밀집하다

09 정답 ④

유전학은 특성과 특징이 생물체들 사이에서 어떻게 유전되고 다양하게 나타나는지를 연구하는 학문이다. DNA 염기 서열 분석 기술의 발전은 유전 데이터를 분석하고 이해하는 우리의 능력을 극적으로 변화시켰다. ① 유전학은 돌연변이로 인한 다양한 질병과 건강 문제를 해결할 수 있는 기술을 제공할 수 있다. ② CRISPR를 포함한 현대 유전자 편집 기술은 의료 치료와 개입에 있어 혁신적인 가능성을 가지고 있다. ③ 게다가, 유전학 연구는 작물의 내구성과 생산성을 향상시켜 농업에서도 중요한 역할을 한다. (④ 다양한 종들 간의 유전적 다양성 탐사는 진화 과정을 이해하는 데 필수적이다.) 따라서 유전학을 이해하는 것은 의학과 농업의 발전에 매우 중요하다.

정답 해설

유전학의 중요성과 발전에 대한 글로, 유전학은 생물의 특성과 유전적 변이를 연구하며, DNA 기술 발전, 유전자 편집, 농업 개선 등 다양한 분야에 영향을 미친다고 설명하고 있다. 나머지 문장들은 유전학 연구로 인한 '의학'과 '농업'의 발전에 기여할 수 있음을 설명하고 있으나, ④번 문장은 "유전적 다양성 탐사"와 "진화 과정 이해"에 대한 진술로, 글의 주제인 '유전학의 기여'와는 관련이 없다. 따라서 글의 흐름상 어색한 문장은 ④이다.

어휘

☐ genetics 유전학
☐ trait 특성
☐ inherit 유전하다, 물려받다, 상속하다
☐ mutation 돌연변이, 변화
☐ disease 질병, 질환
☐ edit 편집하다, 수정하다
☐ CRISPR 크리스퍼
  (세균이나 고생균에 존재하는 반복되는 염기 서열)
☐ transformative 변화시키는, 변형의, 혁신적인
☐ intervention 개입, 중재, 간섭
☐ durability 내구성, 지속력
☐ extraterrestrial 외계인, 우주인, 외계의
☐ astrobiology 우주 생물학
☐ field 분야, 영역, 들판

08

10 정답 ③

> 자서전적 회상에서 사실적 오류는 사건과의 시간적 거리가 멀어질수록 증가하며, 2001년 9월 11일 테러 공격에 대한 소식을 사람들이 어떻게 들었는지에 대한 회상할 때의 정확도가 8개월 후에 크게 감소했다는 연구 결과가 이를 보여준다. (①) 극적인 역사적 사건에 대한 개인의 회상에 관한 연구는 사람들이 그와 반대로 믿고 있음에도 불구하고, 존 F. 케네디 암살이나 9/11 테러와 같은 사건의 기억 정확도가 인생의 다른 사건에 대한 기억과 다르지 않을 수 있음을 시사한다. (②) 따라서 자서전적 기억의 시간적 불안정성은 시간이 지남에 따라 삶의 이야기에 변화를 가져온다. (③ 그러나 많은 다른 과정들도 작용하고 있으며, 이들 중 많은 것들은 개인이 자신의 상황을 받아들이는 방식의 변화를 반영한다.) 가장 분명한 것은 시간이 지남에 따라 사람들이 새로운 경험을 축적하는데, 그중 일부는 서사적 정체성에 포함될 만큼 중요한 것으로 밝혀졌다. (④)

정답 해설

자전적 기억의 변화와 개인의 상황에 대한 글로, 자전적 기억의 정확성은 시간 경과에 따라 감소하며, 개인의 경험과 동기에 따라 기억과 그 의미가 변화함을 설명하고 있다. 주어진 문장은 사람들이 시간이 지남에 따라 새로운 경험을 축적하며, 이러한 경험이 개인의 서사적 정체성에 포함될 수 있음을 강조한다. ③ 뒤의 사람들은 시간이 지남에 따라 중요한 경험을 쌓아가며, 이 경험들이 그들의 이야기 정체성에 포함될 수 있다는 점과 잘 연결된다. 따라서 주어진 문장이 들어갈 위치로 가장 적절한 것은 ③이다.

어휘

- [ ] reflect 반영하다, 나타내다
- [ ] autobiographical 자서전(체)의
- [ ] recollection 기억, 회상
- [ ] temporal 시간의, 현세적인, 속세의
- [ ] indicate 보여 주다, 나타내다
- [ ] decrease 줄다, 감소하다, 감소, 하락
- [ ] assassination 암살
- [ ] instability 불안정
- [ ] accumulate 모으다, 축적하다, 늘어나다
- [ ] narrative 서사의, 이야기의, 이야기, 묘사
- [ ] motivation 동기, 이유

11 정답 ④

> 만약 학습이 단순히 사실을 암기하는 것이라면, 새로운 정보가 약간 익숙하든 완전히 새롭든 상관이 없을 것이다.
> (C) 한 이론에 따르면, 우리의 지식은 패턴으로 저장되며, 새로운 것을 배울 때 우리는 이러한 패턴을 조정하여 새로운 정보를 추가하면서 기존 정보를 유지한다.
> (B) 새로운 정보가 약간만 새로울 경우 변화는 작아지며, 이는 새 정보가 우리가 이미 알고 있는 것과 잘 맞기 때문이다. 우리의 뇌는 새로운 지식을 맞추기 위해 작은 조정만 하면 된다.
> (A) 반면, 완전히 새로운 것을 접할 때는 뇌의 기존 패턴에 더 큰 변화를 줘야 하므로, 이는 더 어렵고 피곤하다.

정답 해설

학습의 복잡성에 대한 글로, 학습은 단순 암기가 아닌, 새로운 정보를 기존의 패턴에 맞추어 조정하는 과정을 포함하며, 그 과정의 난이도는 정보의 새로움에 따라 달라짐을 강조하는 글이다. 학습의 정의와 중요성에 대한 1번째 문장 다음에는 우리의 지식이 저장되는 패턴에 대한 설명을 하는 (C)로 이어지며, 새로운 정보가 기존의 지식과 잘 맞을 때에는 작은 조정만 필요하다는 진술의 (B)로 이어지고, 상대적으로 완전히 새로운 정보를 처리할 때에는 기존 패턴에 큰 변화를 주어야 하기 때문에, 더 어렵고 피곤함을 설명하는 (A)로 이어져야 한다. 따라서 글의 순서로 가장 적절한 것은 ④이다.

어휘

- [ ] memorize 암기하다
- [ ] familiar 익숙한, 친숙한
- [ ] encounter 접하다, 맞닥뜨리다, 만남, 접촉
- [ ] existing 기존의, 현재 사용되는
- [ ] slightly 약간, 조금
- [ ] theory 이론, 학설, 의견
- [ ] store 저장[보관]하다, 가게[상점]

12 정답 ②

지금까지 우리는 인간의 지능이 동물과 동등하거나 그 이상인 경우만 관찰했다. 야생 동물의 지능이 인간보다 완전히 열등한 경우도 있을 수 있다. 분명히 인간은 언어를 배우고 활용하는 능력에서 지구상의 모든 육상동물을 훨씬 뛰어넘는다. 그러나 우리가 이런 관점을 채택한다면, 잘못된 가정을 하고 있을지도 모른다. 동물들은 인간이 가지지 못한 독특한 능력을 가지고 있다. 가장 설득력 있는 예시들 중 하나는 소리 정보를 습득하고 처리하는 돌고래의 능력이다. 이 능력은 적응력이 매우 뛰어나며, 합리적인 일반 기준에 따라 지능의 한 형태로 자격을 얻을 수 있다. 게다가 인간이 도움 없이 돌고래의 능력과 경쟁할 수 없을 뿐만 아니라, 가장 뛰어난 인간이 만든 기기, 컴퓨터, 소프트웨어조차도 이에 미치지 못한다. 오직 <u>인간 중심적인 지능 개념을 극단적으로 채택할 때만</u>, 이 능력이 지능의 한 형태라는 생각을 무시할 수 있을 것이다.

① 모든 종의 지적 능력을 합리적으로 정의한다
② 인간 중심적인 지능 개념을 극단적으로 채택한다
③ 다른 종의 정신 과정을 철저히 조사한다
④ 동물의 행동을 의식적이고 배려하는 것으로 바라본다

정답 해설

인간과 동물의 지능 비교에 대한 글로, 인간의 지능이 우수하다고 여겨지지만, 동물도 독특한 능력을 갖추고 있으며 이를 지능으로 인정해야 함을 강조하고 있다. 이러한 관점을 취함으로써 동물의 지능을 간과할 수 있다는 의미가 들어가야 한다. 따라서 밑줄 친 부분에 들어갈 말로 가장 적절한 것은 ②이다.

어휘

☐ instance 경우, 사례
☐ surpasses 뛰어넘다, 능가하다
☐ inferior 열등한, 못한, 더 낮은
☐ terrestrial 육생[지생]의, 지구의
☐ incorrect 부정확한, 사실이 아닌
☐ assumption 추정, 상정
☐ compelling 설득력 있는, 강력한
☐ adaptable 적응할 수 잇는
☐ reasonable 합리적인, 타당한
☐ compete 경쟁하다, 겨루다
☐ fall short 미치지 못하다, 모자라다, 부족해지다
☐ dismiss 일축[묵살]하다, 해고하다

13 정답 ②

수 세기 동안 요가 강사들은 "몸을 편안하게 하고 마음을 편안하게 하라"고 조언해 왔다. 그들은 신체적 행동과 감정이 서로 연결되어 있으며, 우리의 의지로 더 쉽게 통제할 수 있는 신체적 행동을 조절함으로써 간접적으로 우리의 감정을 통제할 수 있다고 말한다. 사회 신경과학은 이제 이러한 조언을 뒷받침하는 증거를 제공하고 있다. 사실, 일부 연구는 이보다 더 나아가, 미소를 강요하는 것과 같은 행복한 사람의 신체적 행동을 취하면 실제로 더 행복한 기분을 느낄 수 있다고 한다. 나의 어린 아들 Nicolai도 이를 자연스럽게 이해한 것 같았다 : 농구를 하다가 불의의 사고로 손을 다친 후, 갑자기 울음을 멈추고 웃기 시작했다. 그리고 나서 웃는 것이 통증을 덜어주는 것 같다고 설명했다. Nicolai가 본능적으로 이해한 오래된 <u>"해낼 때까지 자신감 있는 자세로 하라"</u>라는 개념은 이제 진지한 과학적 연구를 통해 탐구되고 있다.

① 불난 집에 부채질하다
② 해낼 때까지 자신감 있는 자세로 하라
③ 모든 선입견을 버려라
④ 전혀 안 하는 것보다 늦게라도 하는 게 낫다

정답 해설

신체 행동과 감정의 상관관계에 대한 글로, 신체적 행동을 통해 감정을 조절할 수 있으며, 과학적 연구가 이를 뒷받침하고 있다는 것을 설명하고 있다. 신체적 행동이 감정에 영향을 미친다는 점을 강조하고 있으며, 이를 통해 긍정적인 감정을 유도할 수 있다는 아이디어와 잘 맞아떨어진다. 감정을 조작하여 긍정적인 상태를 만들어내는 것을 의미하는 내용이 들어가야 한다. 따라서 밑줄 친 부분에 들어갈 말로 가장 적절한 것은 ②이다.

어휘

☐ advise 조언하다, 충고하다
☐ suggest 제안[제의]하다, 시사[암시]하다
☐ indicate 나타내다, 보여 주다
☐ adopt 채택하다, 입양하다
☐ grasp 이해하다, 파악하다, 움켜잡다
☐ unexpected 예기치 않은, 불의의, 뜻밖의
☐ laugh 웃다, 웃음

08

어휘 TEST 👍

#			#		
1	interruption	중단, 방해	26	rapidly	빠르게, 급속히
2	transaction	거래, 매매, 처리 (과정)	27	trait	특성
3	diagnose	진단하다	28	inherit	유전하다, 물려받다, 상속하다
4	imperative	필수적인, 긴급한, 피할 수 없는	29	disease	질병, 질환
5	uphold	유지시키다, 옹호하다	30	edit	편집하다, 수정하다
6	surge	급증, 급등, 밀려들다	31	durability	내구성, 지속력
7	heighten	고조되다, 고조시키다	32	field	분야, 영역, 들판
8	stability	안정(성)	33	reflect	반영하다, 나타내다
9	investment	투자(물), 물품, 상품	34	temporal	시간의, 현세적인, 속세의
10	underserved	서비스가 충분하지 못한	35	decrease	줄다, 감소, 하락, 감소하다
11	fare	요금, 승객	36	accumulate	모으다, 축적하다, 늘어나다
12	anticipate	예상하다, 기대하다	37	memorize	암기하다
13	improve	개선하다, 향상시키다	38	familiar	익숙한, 친숙한
14	insect	곤충	39	theory	이론, 학설, 의견
15	nutritional	영양(상)의	40	surpasses	뛰어넘다, 능가하다
16	diabetes	당뇨병	41	inferior	열등한, 못한, 더 낮은
17	substitute	대체물, 대리자, 대신하다, 교체되다	42	incorrect	부정확한, 사실이 아닌
18	prove	입증하다, 증명하다, 판명되다	43	adaptable	적응할 수 잇는
19	lecture	강의, 강연, 강의[강연]하다	44	reasonable	합리적인, 타당한
20	ingest	섭취하다, 삼키다, 먹다	45	fall short	미치지 못하다, 모자라다, 부족해지다
21	proximity	근접, 가까움	46	advise	조언하다, 충고하다
22	compare	비교하다, 비유하다	47	suggest	제안[제의]하다, 시새암시]하다
23	imitate	모방하다, 흉내내다	48	grasp	이해하다, 파악하다, 움켜잡다
24	adopt	채택하다, 취하다, 입양하다	49	unexpected	예기치 않은, 불의의, 뜻밖의
25	combine	결합하다	50	laugh	웃다, 웃음

구문 해석 TEST 👍

01 Over the last week, we have seen repeated interruptions, which have a negative impact on operational efficiency and are delaying transaction processing.

해석 지난주 동안 우리는 반복적인 중단이 발생했으며, 이는 운영 효율성에 부정적인 영향을 미치고 거래 처리가 지연되고 있습니다.

02 The recent surge in rental costs and the persistent shortage of affordable housing have heightened concerns about the stability of our community's housing market.

해석 최근 임대료 급증과 지속적인 저렴한 주택 부족 현상은 우리 지역 사회의 주택 시장 안정성에 대한 우려를 고조시키고 있습니다.

03 By focusing on consumer privacy and promoting a diverse media environment, the FCC aims to create a more equitable communication environment for everyone.

해석 소비자 개인정보에 초점을 맞추고 다양한 미디어 환경을 촉진함으로써 FCC는 모든 사람들을 위한 더 공정한 통신 환경을 조성하는 것을 목표로 한다.

04 One of its key features is the comprehensive information it provides on subway and bus routes, schedules, and fare details, all available in multiple languages.

해석 이것의 주요 기능 중 하나는 지하철과 버스 노선, 시간표 및 요금 정보에 대한 종합적인 정보를 제공하며, 이 모든 정보는 여러 언어로 제공됩니다.

05 In her research, she discovered that many insects are rich in protein and amino acids, and when dried and ground, insect powder can serve as a substitute for wheat flour.

해석 그녀의 연구에서 많은 곤충들이 단백질과 아미노산이 풍부하며, 건조하여 분말로 만든 곤충 가루는 밀가루 대체물로 사용할 수 있다는 사실을 발견했다.

06 However, imitated companies may suffer damage, so it may be better to be in an isolated position where it is more difficult to imitate.

해석 하지만 모방당한 회사는 피해를 입을 수 있으므로 모방하기 어려운 고립된 위치에 있는 것이 더 나을 수 있다.

07 Genetics involves the study of how traits and characteristics are inherited and vary among living organisms.

> **해석** 유전학은 특성과 특징이 생물체들 사이에서 어떻게 유전되고 다양하게 나타나는지를 연구하는 학문이다.

08 Factual errors in autobiographical recollection increase with temporal distance from the event, as shown by research indicating that accuracy in recalling how people heard about the September 11, 2001 attacks decreased significantly over 8 months.

> **해석** 자서전적 회상에서 사실적 오류는 사건과의 시간적 거리가 멀어질수록 증가하며, 2001년 9월 11일 테러 공격에 대한 소식을 사람들이 어떻게 들었는지에 대한 회상할 때의 정확도가 8개월 후에 크게 감소했다는 연구 결과가 이를 보여준다.

09 According to a theory, our knowledge is stored in patterns, and when we learn something new, we adjust these patterns to add the new information while keeping the old.

> **해석** 한 이론에 따르면, 우리의 지식은 패턴으로 저장되며, 새로운 것을 배울 때 우리는 이러한 패턴을 조정하여 새로운 정보를 추가하면서 기존 정보를 유지한다.

10 Only by adopting radically human-centered notions of intelligence can we dismiss the notion that this ability constitutes a type of intelligence.

> **해석** 오직 인간 중심적인 지능 개념을 극단적으로 채택할 때만, 이 능력이 지능의 한 형태라는 생각을 무시할 수 있을 것이다.

11 They suggest that physical actions and emotions are interconnected, and by controlling physical actions, which are more directly influenced by our will, we can indirectly control our emotions.

> **해석** 그들은 신체적 행동과 감정이 서로 연결되어 있으며, 우리의 의지로 더 쉽게 통제할 수 있는 신체적 행동을 조절함으로써 간접적으로 우리의 감정을 통제할 수 있다고 말한다.

독해 실력 강화 연습문제 정답 및 해설

[01~02]

수신인 : 시 상수도 당국
발신인 : David Thompson
날짜 : 4월 12일
제목 : 긴급 요청

친애하는 시 상수도 당국에게,

이 메시지가 잘 전달되기를 바랍니다. 저는 우리 주거 지역 내에서 발생한 긴급한 문제가 발생했음을 강조하지 않을 수 없습니다. 지난주 동안 우리는 몇 시간씩 지속되는 빈번하고 장기적인 상수도 공급 중단으로 인해 문제를 겪고 있습니다. 이러한 혼란으로 인해 특히 이른 아침과 늦은 저녁 같은 사용량이 많은 시간대에 주민들에게 상당한 불편을 초래했습니다.

이 문제에 대해 당신의 부서에서 <u>종합적인</u> 조사에 착수하고, 우리 지역 사회를 신뢰할 수 있고 지속적인 급수 공급을 복원하기 위해 필요한 모든 조치를 취해 주시기를 간절히 요청드립니다. 안정적인 급수 서비스는 우리의 일상적인 생활과 전반적인 삶의 질에 필수적이므로, 당신의 신속한 개입이 매우 중요합니다.

이 긴급한 문제에 대한 당신의 즉각적인 관심에 감사드립니다.

감사합니다,
David Thompson

01 정답 ②

정답 해설

이 이메일은 지역 사회에서 발생한 급수 중단 문제에 대해 언급하며, 이를 해결해 줄 것을 요청하고 있다. 따라서 주된 목적은 ②이다.

오답 해설

① 수도 요금과 관련된 내용이 아니라, 급수 중단 문제에 대한 것이다.
③ 시스템 개선이 아닌, 현재의 급수 중단 문제 해결을 요청하고 있다.
④ 물 사용 규정과 관련된 요청이 아니라, 물 공급의 안정성을 요구하고 있다.

02 정답 ③

정답 해설

밑줄 친 'comprehensive'는 문맥에서 '종합적인'의 뜻으로 해석되며, 이와 의미가 가장 가까운 것은 ③ exhaustive(철저한, 총망라한, 남김없는)이다.

오답 해설

① subsequent 그 다음의, 차후의
② superficial 피상[표면]적인, 얄팍한
④ restricted 제한된, 한정된

어휘

☐ compel ~하게 만들다, 강요[강제]하다
☐ residential 주거의, 거주의, 주택지의
☐ prolonged 장기적인, 오래 계속되는
☐ inconvenience 불편, 애로
☐ usage 사용(량)
☐ undertake 착수하다, 약속하다
☐ investigation 조사, 수사, 연구
☐ requisite 필요한, 필수품, 필요조건
☐ reliable 신뢰할[믿을] 수 있는
☐ stable 안정적인, 차분한

[03~04]

우리 노인들의 긴급한 필요사항들을 해결합시다

존경하는 주민 여러분,

고령 인구를 위한 복지 시설과 지원 프로그램의 부족이 우리 지역 사회 내에서 점점 더 시급한 문제로 떠오르고 있습니다. 많은 노인들이 필수 서비스의 불충분한 유용성으로 인해 외로움과 소외감을 호소하고 있습니다. 이에 대응하여 노인 돌봄을 개선하기 위해 실질적인 해결책을 모색하기 위한 특별 회의가 예정되었습니다. 노인들을 더 잘 지원하기 위해 취할 수 있는 조치에 대한 관점을 제공해 주시기를 바랍니다. 전문가들도 참석하여 당신의 제안을 반영하고, 우리 지역 사회의 접근 방식을 개선하기 위한 전문적인 지침을 제공할 것입니다.

커뮤니티 노인 돌봄 계획의 후원

• **장소** : 커뮤니티 활동 센터, 103호
　　　　　(인원이 초과할 경우 302호 사용)
• **날짜** : 2024년 11월 25일 월요일
• **시간** : 오후 5:00

여러분의 적극적인 참여는 우리 지역 사회의 노인 돌봄을 위한 미래 체계를 형성하는 데 매우 중요합니다. 자세한 내용은 저희 웹사이트 www.eldercareinitiative.org를 방문하시거나 (555) 987-6543으로 저희 사무실로 연락해 주십시오.

03 정답 ③

정답 해설

노인 돌봄 문제 해결을 위한 특별 모임 안내를 위한 글이다. 글의 주된 내용인 노인 돌봄의 긴급한 필요성을 직접적으로 반영하는 것으로 ③이 가장 적절하다. 본문에서는 노인 돌봄 시설과 지원 프로그램의 부족으로 인해 발생하는 문제를 다루고 있으며, 이를 해결하기 위한 특별 회의에 대해 언급하고 있다.
① 노인들을 위한 더 강력한 커뮤니티를 구축합시다
② 노인 지원에 대한 법적 조치를 취합시다
③ 우리 노인의 긴급한 필요성에 대응합시다
④ 노인을 위한 재정적인 지원을 개선시키기 위해 협력합시다

오답 해설

① 노인들을 위한 커뮤니티를 구축하자고 하는 것은 글의 주제에 비해 구체성이 떨어져 긴급성을 충분히 반영하지 못한다.
② 노인 지원에 대한 법적 조치는 이 글의 초점인 '긴급한 필요성'을 직접적으로 나타내지 않고 있다.
④ 재정적인 지원은 본문에 언급되지 않았다.

04 정답 ③

정답 해설

본문에서 노인들을 위한 지원은 필요하다고 언급하고 있지만 자녀를 포함한 가족들의 내용은 없으므로 위 안내문의 내용과 일치하지 않는 것은 ③이다.

오답 해설

① 본문의 2번째 문장에서 언급하고 있으므로 위 안내문의 내용과 일치한다.
② 본문의 6번째 문장에서 언급하고 있으므로 위 안내문의 내용과 일치한다.
④ 본문의 8번째 문장에서 언급하고 있으므로 위 안내문의 내용과 일치한다.

어휘

□ inadequacy 부족함, 무능함, 불충분함, 부적당함
□ aging population 고령 인구, 노령화 인구
□ senior 노인, 연장자, 선임자, 고위의, 상급의
□ loneliness 외로움, 쓸쓸함, 고독함
□ alienation 소외, 소원
□ insufficient 불충분한
□ viable 실행 가능한
□ elderly 연세 드신 분들, 어르신들, 연세가 드신
□ approach 접근, 다가감[옴], 다가가다[오다]

05 정답 ②

전국 노동 관계 위원회(NLRB) 책임

전국 노동 관계 위원회(NLRB)는 집단 교섭을 규제하고 부당한 노동 관행을 다루는 노동법을 집행합니다. 이 위원회의 주요 역할은 직원들이 고용주와 조직하고 교섭할 권리를 보호하여 근무 조건에서 목소리를 낼 수 있도록 하는 것입니다. NLRB는 직장에서의 부당한 대우에 대한 불만을 조사하고, 노조와 고용주 간의 분쟁을 중재하며, 양측이 미국 노동 관계법을 준수하도록 보장합니다. 추가로, 이 위원회는 공정하고 투명한 절차를 보장하기 위해 노조 선거를 감독합니다. 노동자들이 노조를 결성하고 가입할 권리를 옹호함으로써 NLRB는 공정한 노동 관행을 촉진하고 착취적인 근무 환경을 예방하는 데 중요한 역할을 합니다.

① 이것은 노동법을 전혀 집행하지 않는 독립 기관이다.
② 이것은 직원들이 직장에서 당당하게 권리를 요구할 수 있도록 도와준다.
③ 이것의 주요 역할은 직원 급여와 복리후생을 규제하는 것이다.
④ 이것은 노동자들의 노조 결성에 반대한다.

정답 해설

본문의 2번째 문장에서 언급하고 있으므로 윗글의 내용과 일치하는 것은 ②이다.

오답 해설

① 본문의 1번째 문장에서 '노동 관행을 다루는 노동법을 집행한다'라고 언급하고 있으므로 윗글의 내용과 일치하지 않는다.
③ 본문에서 '직원 급여와 복리후생을 규제한다'라는 내용이 언급되지 않았으므로 윗글의 내용과 일치하지 않는다.
④ 본문의 마지막 문장에서 '노조를 결성하고 가입할 권리를 옹호한다'라고 언급하고 있으므로 윗글의 내용과 일치하지 않는다.

어휘

□ enforce 집행[시행/실시]하다, 강요하다
□ bargaining 협상, 흥정
□ unfair 부당한, 불공평한
□ negotiate 교섭하다, 협상하다
□ treatment 대우, 처우, 치료, 처치
□ mediate 중재하다, 조정하다
□ dispute 분쟁, 논쟁, 반박하다, 이의를 제기하다
□ compliance 준수, 따름
□ oversee 감독하다
□ election 선거, 당선
□ transparent 투명한, 명백한, 명료한
□ procedure 절차, 방법
□ exploitative 착취하는

06 정답 ②

> 관세청 앱
>
> 관세청 앱은 한국을 방문하는 외국인에게 필수적인 앱으로, 관세 규정 및 절차에 대한 중요한 정보를 제공합니다. 이 앱의 주요 기능에는 세금, 수출입 과정에 대한 안내와 안전한 통관을 위한 필수 정보와 팁이 포함되어 있습니다. 이 앱은 사용자가 관세 요구 사항을 이해하는 데 도와주며, 도착 시 발생할 수 있는 잠재적인 문제를 피할 수 있게 해주어 여행자의 편의성을 크게 향상시킵니다. 향후 업데이트에서는 기능을 확장하고 사용자 경험을 더욱 개선할 것으로 기대됩니다. 체류 기간 동안 관세 요구 사항에 대한 정보를 유지하려면 앱 스토어에서 관세청 앱을 다운로드하여 중요한 정보에 쉽게 접근하세요. 추가로, 데스크톱 사용자를 위한 웹 버전도 제공되어 온라인에서 편리하게 관세 정보에 접근할 수 있습니다.

① 이것은 외국인들에게 관세에 대한 정보를 제공한다.
② 이것은 포장 및 배송 추적 기능을 포함한다.
③ 사용자는 안전하게 통관할 수 있도록 정보를 확인할 수 있다.
④ 이것은 더 많은 기능이 확장되어 제공될 예정이다.

정답 해설

본문에서 '포장 및 배송 추적 기능을 포함한다'라는 내용이 언급되지 않았으므로 윗글의 내용과 일치하지 않는 것은 ②이다.

오답 해설

① 본문의 1번째 문장에서 언급하고 있으므로 윗글의 내용과 일치한다.
③ 본문의 2번째 문장에서 언급하고 있으므로 윗글의 내용과 일치한다.
④ 본문의 4번째 문장에서 언급하고 있으므로 윗글의 내용과 일치한다.

어휘

☐ customs 관세, 세관
☐ regulation 규정, 규제, 단속
☐ import 수입(품), 수입하다
☐ export 수출(품), 수출하다
☐ process 과정, 절차, 처리하다
☐ customs clearance 통관
☐ requirement 필요, 요건

07 정답 ①

> 전기차의 확산은 종종 오염과 기후 변화에 대한 해결책으로 환영받고 있다. 하지만 비판자들은 전기차(EV)의 생산이 나름의 환경적 비용을 수반한다고 주장한다. EV 배터리에 사용되는 리튬, 코발트 등의 광물을 채굴하는 과정이 특히 규제가 느슨한 지역에서 생태계에 해를 끼칠 수 있다. 더구나, 생산 과정에는 상당한 양의 에너지가 필요하며, 국가의 에너지원에 따라 탄소 배출이 증가할 수 있다. 게다가 배터리 재활용 문제는 아직 완전히 해결되지 않았고, 많은 국가들이 증가하는 폐배터리를 처리할 인프라를 갖추지 못했다. 이러한 우려에도 불구하고, 많은 사람들은 장기적으로 전기차로 전환하는 것이 부정적인 측면보다 이점이 더 크다고 여전히 믿고 있다.

① 전기 자동차의 미래와 그에 따른 비용
② 전기차 배터리가 초래하는 환경적 위험
③ 오염 감소에 있어 전기 자동차의 이점
④ 재생 가능 에너지가 전기차의 모든 문제를 해결할 것이라는 믿음

정답 해설

전기차의 환경적 이점과 문제점에 대한 글로, 전기차는 오염과 기후 변화 해결책으로 환영받지만, 생산 과정에서 환경적 비용과 재활용 문제도 동반함을 강조하고 있다. 특히 두 번째 문장에서 전기차 생산의 환경적 비용이 있음을 강조하고 있다. 따라서 글의 주제로 가장 적절한 것은 ①이다.

어휘

☐ spread 확산, 전파, 다양성, 펼치다
☐ hail 환호하여 맞이하다, 소리치다
☐ mineral 광물(질), 무기물, 미네랄
☐ lax 느슨한, 해이한
☐ emission 배출(물), 배기가스
☐ foundation 기반
☐ deal with 처리하다, 다루다
☐ switch 전환하다, 바꾸다, 전환
☐ outweigh ~보다 더 크다

09

08 정답 ④

구직 면접에서 처음 10초와 당신이 말하는 첫 마디는 지속적인 인상을 남기는 데 매우 중요하다. 면접의 시작을 기억에 남게 하려면, 잠재적인 고용주에게 당신의 가치를 효과적으로 전달하는 문구나 진술을 사용하는 것이 좋다. 이는 다른 지원자들과 차별화되는 당신의 고유 판매 제안(USP)을 요약해야 한다. 당신의 USP는 브랜드의 슬로건과 같은 기능을 하며, 당신의 직업 정체성에 대해 독특하고 관련성이 높으며 의미 있는 내용이 무엇인지 요약한다. 명함에 쉽게 들어갈 수 있을 정도로 간결한 진술을 목표로 해야 한다. 만약 당신의 USP가 간결하게 표현하기에는 너무 복잡하다면, 공감할 수 있는 명확성이 부족할 수 있다. 이것은 주요 이점을 강조하고, 특정 요구 사항을 해결하며, 지원자로서 관심을 유발할 수 있을 만큼 매력적이어야 한다.

① 구직 면접에서 응답은 간결하고 일관되게 해야 한다.
② 마케팅 기법은 소비자의 호기심을 자극해야 한다.
③ 브랜드의 성공을 위해서는 독특한 가치를 가져야 한다.
④ 구직 면접에서는 초기 단계에서 자신의 고유한 강점을 전달하는 것이 필수적이다.

정답 해설

구직 면접에서의 첫인상과 USP에 대한 글로, 구직 면접에서 첫 10초와 USP는 중요한 인상을 남기며, 효과적으로 전달해야 함을 설명하고 있다. 특히 2번째 문장에서 첫인상과 USP의 중요성을 강조하며, 효과적으로 자신의 가치를 전달하지 않으면 기회를 잃게 됨을 강조하고 있다. 따라서 글의 요지로 가장 적절한 것은 ④이다.

어휘

- [ ] articulate 말하다, 표현하다, 설명하다
- [ ] impression 인상, 느낌, 감명, 감동
- [ ] phrase 문구, 구절, 관용구, 표현하다
- [ ] statement 진술, 서술, 성명
- [ ] encapsulate 요약[압축]하다
- [ ] unique selling proposition 고유판매제안
- [ ] differentiate 구별하다, 구분 짓다, 차별하다
- [ ] candidate 지원자, 후보자, 출마자
- [ ] tag line 끝맺음 말, 결구, 표어, 슬로건
- [ ] summarize 요약하다
- [ ] professional 직업[직종]의, 전문적인
- [ ] identity 정체, 신분, 신원, 독자성, 동질감
- [ ] concise 간결한, 축약된
- [ ] business card 명함
- [ ] clarity 명확성, 명료성, 선명도

09 정답 ③

광합성은 식물이 엽록소를 사용하여 햇빛을 화학 에너지로 변환하고, 이산화탄소와 물을 포도당과 산소로 변환하는 중요한 과정이다. ① 이 과정은 식물의 성장과 발달에 필수적일 뿐만 아니라 지구의 대기에 산소를 공급하는 데 중요한 역할을 하여 모든 생명체에 필수적이다. ② 광합성은 식량 생산에 직접적으로 영향을 줄 뿐만 아니라, 광합성을 통해 생성된 유기물은 다른 생물에게 에너지원으로 제공되어 생태계 내에서 에너지가 순환하게 돕는다. (③ 게다가 광합성이 부족한 지역은 식량부족, 대기오염 그리고 생물 다양성 감소의 문제를 겪을 뿐만 아니라, 식물의 부족으로 지역 기후가 극단적으로 변할 수 있다.) ④ 즉, 광합성은 생태계의 균형을 유지하는 데 기본적이며, 이는 먹이 사슬을 지원하고 환경 내 이산화탄소 수치를 조절하는 데 도움을 준다. 결과적으로, 광합성에 대한 이해를 향상시키는 것은 지속 가능한 농업 관행과 환경 보호로 이어질 수 있다.

정답 해설

광합성과 그 중요성에 대한 글로, 광합성은 식물이 햇빛을 화학 에너지로 변환하는 과정으로, 생태계의 균형 유지와 산소 공급에 중요한 역할을 한다. 나머지 문장들을 광합성이 생태계와 인류에 미치는 긍정적인 영향을 설명하는 데 초점을 맞추고 있으나, ③번 문장은 광합성이 부족한 지역의 문제를 다루면서, 광합성이 없는 지역에 대한 부정적인 면을 다루고 있다. 따라서 문장의 흐름상 어색한 것은 ③이다.

어휘

- [ ] photosynthesis 광합성
- [ ] chlorophyll 엽록소
- [ ] convert 변환되다, 전환되다, 개조하다
- [ ] oxygen 산소
- [ ] population 인구, 주민

10 정답 ②

> 산호초는 열대 우림과 비교될 만큼 지구에서 가장 다양한 생태계 중 하나로 두드러진다. 산호초의 구조는 수천 년에 걸쳐 무수한 산호 동물의 생명 활동을 통해 형성된다. (①) 산호초의 주요 구성자는 돌산호로, 이는 해양 말미잘과 관련된 종이며, 열대 지역에 살고 거의 순수한 탄산칼슘 골격을 분비한다. (② <u>그 파트너는 산호 조직 내에 서식하는 녹조류라는 미세한 단세포 식물이다.</u>) 이 생물들은 산호에서 생성된 이산화탄소를 사용하는 공생 관계를 가지고 있으며, 산호는 녹조류의 광합성으로 생성된 산소의 혜택을 받는다. (③) 산호가 죽고 나면, 그 골격은 남아 다른 생물들이 서식할 수 있는 기반을 제공한다. (④) 시간이 지나면서 산호 골격과 다른 생물들의 골격이 축적되어 잠수부들이 감탄하며 바라보는 대규모의 해저 구조물이 형성된다.

정답 해설

산호초와 공생하는 녹조류에 대한 글로, 산호초는 산호동물과 녹조류의 공생으로 형성된 다양한 생태계로, 산호가 분비한 칼슘 탄산염이 구조를 형성하고 죽은 산호의 뼈대가 생태계의 기초가 됨을 설명하고 있다. 주어진 문장은 산호와 녹조류 간의 공생 관계를 설명하고 있으며, 이 관계는 ② 뒤에서 녹조류가 산호의 이산화탄소를 사용하고, 산호는 녹조류의 광합성 과정에서 생성된 산소를 활용하는 방식으로 서로 이익을 주고받는 관계를 강조하고 있다. 따라서 주어진 문장이 들어갈 위치로 가장 적절한 것은 ②이다.

어휘

- ☐ green alga 녹조
- ☐ microscopic 미세한
- ☐ coral reef 산호초
- ☐ tropical 열대 지방의, 열대의
- ☐ countless 무수한, 셀 수 없이 많은
- ☐ stony coral 돌산호
- ☐ sea anemone 말미잘
- ☐ symbiotic 공생의, 공생하는
- ☐ photosynthesis 광합성
- ☐ skeleton 골격, 뼈대
- ☐ extensive 대규모의, 아주 넓은, 광범위한
- ☐ admire 감탄하며 바라보다, 존경하다, 칭찬하다

11 정답 ①

> 야생 동물 관찰은 동물들이 자연 서식지에서 활동하는 모습을 관찰할 기회를 제공한다.
> (B) 가능한 한 많은 야생 동물을 발견하기 위해 아침 일찍 도착하는 것부터 시작할 수 있다. 이른 아침은 동물들이 가장 활동적이고 먹이를 찾는 시간이므로 야생 동물을 볼 수 있는 최적의 시간이다.
> (A) 다양한 동물을 관찰한 후에는 관찰한 내용을 기록하거나 사진을 찍어 기억하는 데 도움이 될 수 있다. 본 것을 기록하면 야생 동물의 관찰에 대한 상세한 기록을 남길 수 있다.
> (C) 하루를 마무리할 때는 다른 사람들과 관찰 내용을 공유하거나 근처의 야생 동물 센터를 방문하는 것도 보람 있는 경험이 될 수 있다. 자신의 발견에 대해 다른 사람들과 교류하거나 센터에서 더 많은 것을 배우는 것은 야생 동물 관찰 경험을 더욱 풍부하게 만들어 준다.

정답 해설

야생 동물 관찰의 즐거움에 대한 글로, 야생 동물 관찰은 자연 서식지에서 동물을 보는 기회를 제공하며, 기록과 공유가 경험을 풍부하게 함을 설명하고 있다. 야생 동물 관찰의 장점을 언급한 다음 야생 동물을 관찰하기 위해 아침 일찍 도착하는 것이 중요하다는 점을 강조하는 (B)로 이어지며, 그 다음에 다양한 동물을 관찰한 후, 노트나 사진을 찍어 관찰 내용을 기록하는 것이 중요하다고 설명하는 (A)로 이어지고, 마지막으로 하루를 마무리하며, 다른 사람들과 관찰 내용을 공유하거나 인근의 야생 동물 센터를 방문하는 것이 보람 있는 경험이 될 것이라고 언급하는 (C)로 이어져야 한다. 따라서 글의 순서로 가장 적절한 것은 ①이다.

어휘

- ☐ wildlife 야생 동물
- ☐ observe 관찰하다, 목격하다
- ☐ natural habitat 자연 서식지
- ☐ document 기록하다, 서류로 입증하다, 서류, 문서
- ☐ detailed 상세한
- ☐ discover 발견하다, 찾다
- ☐ forage 먹이를 찾다
- ☐ conclude 마치다, 끝내다, 결론을 내리다
- ☐ rewarding 보람 있는

09

12 정답 ④

> 연구에 따르면 많은 종들이 주변 물체의 물체의 수학적인 특성 특성을 관찰하는 능력을 가지고 있는 것으로 나타났다. 심리학자 Russell Church와 Warren Meck이 실시한 한 실험에서, 쥐들을 소리와 섬광에 모두 노출시켰다. 쥐들은 먼저 두 개의 소리를 들으면 왼쪽 레버를, 네 개의 소리를 들으면 오른쪽 레버를 누르도록 훈련받았다. 그들은 또한 두 번의 깜빡임은 왼쪽 레버를, 네번의 깜빡임은 오른쪽 레버를 누르라는 지시를 받았다. 그렇다면 쥐들은 하나의 소리와 하나의 섬광에 직면했을 때는 어떻게 행동했을까? 그들은 자극을 '두 개의 사건'으로 해석할 수 있다면 왼쪽 레버를 빠르게 눌렀고 두 개의 소리와 두 개의 섬광에 반응하여 오른쪽 레버를 빠르게 눌러 자극을 '네 가지 사건'으로 인식했음을 나타낸다.

① 광학 기기들
② 동질적 집단
③ 신체적 특성들
④ 물체의 수학적인 특성

정답 해설

쥐의 수학적 인식 능력에 대한 글로, 연구에 따르면 쥐는 주변 사물의 수학적 특성을 관찰할 수 있으며, 자극을 사건으로 해석하는 능력이 있음을 보여주는 글이다. 실험에서 쥐가 소리와 빛의 플래시를 통해 '사건'의 수를 인식하는 방식이 설명되고 있다. 따라서 밑줄 친 부분에 들어갈 말로 가장 적절한 것은 ④이다.

어휘

☐ possess 갖추고 있다, 지니다, 소유하다
☐ surrounding 주변의, 주위의, 인근의
☐ psychologist 심리학자
☐ expose 노출시키다, 폭로하다, 드러내다
☐ instruct 지시하다, 가르치다
☐ press 누르다, 언론
☐ interpret 해석하다, 설명하다
☐ stimulus 자극
☐ perceive 인식하다, 인지[감지]하다

13 정답 ④

> Charlotte Linde는 경찰 헬기 승무원들을 연구하면서 즉각적인 작업 요구가 줄어들면 승무원들이 일상적인 대화를 할 수 있으며, 작업 요구가 다시 생기면 대화가 중단된다는 것을 발견했다. 그녀는 사무실의 여성들이 업무 관련 대화와 개인적인 대화 사이를 전환할 때, 그 전환이 항상 가장 높은 직급의 사람인 사무장(사무실 매니저)에 의해 촉발된다는 것을 발견했다.. 예를 들어, 조용한 시간 동안 조종사는 견해에 대해 언급하거나 이전 주제를 되짚거나 방금 완료된 임무에 대해 논의함으로써 일상적인 대화를 시작할 수 있다. 이러한 패턴은 사회언어학자 Janice Hornyak에 의해 회계 법인의 여성 사무실에서 유사하게 관찰되었다. 사무실에 있는 여성들이 업무 관련 대화와 개인적인 대화 사이를 전환할 때, 그 전환은 항상 가장 높은 자리에 있는 사무장에 의해 촉발되었다. 만약 사무장이 자리를 잡는다면, 다른 사람들은 개인적인 대화나 잡담을 시작하지 않았다. 그러나 사무장이 휴식을 취하고 일상적인 대화에 참여하기로 결정한다면, 다른 사람들도 참여할 것이다. 이러한 방식으로 가장 비공식적이고 일상적인 대화에서도 업무 시간 내내 위계 질서가 반영된다.

① 휴식이 매우 중요하다
② 아무도 명령을 따르기 위한 주도권을 잡지 않는다
③ 모두가 상사가 말을 멈추기를 기다린다
④ 업무 시간 내내 위계 질서가 반영된다

정답 해설

업무 환경에서의 대화와 계층 구조에 대한 글로, 업무 요구에 따라 대화가 전환되며, 리더의 역할이 대화 시작에 중요한 영향을 미침을 설명하는 글이다. 경찰 헬리콥터 승무원과 회계 사무소의 여성들이 대화의 전환을 할 때, 항상 가장 높은 직급의 사람이 주도한다는 점을 강조하고 있다. 이는 직장 내에서 위계가 어떻게 작용하는지를 보여주는 것이다. 따라서 밑줄 친 부분에 들어갈 말로 가장 적절한 것은 ④이다.

어휘

☐ observe 관찰하다, 목격하다
☐ immediate 즉각적인, 즉시의, 당면한
☐ decrease 줄다, 감소하다, 감소, 하락
☐ casual 일상적인, 평상시의, 태평한
☐ conversation 대화, 회화
☐ transition 전환, 이행
☐ initiate 시작하다, 착수시키다, 개시되게 하다
☐ trigger 촉발시키다, 방아쇠, 계기
☐ occupy 자리 잡다, 차지하다, 거주하다
☐ engage in 참여[관여]하다, 종사하다
☐ informal 비공식적인, 일상적인, 편안한

독해 실력 강화 복습문제 정답 및 해설

어휘 TEST

1	compel	~하게 만들다, 강요[강제]하다	26	lax	느슨한, 해이한
2	residential	주거의, 거주의, 주택지의	27	emission	배출(물), 배기가스
3	prolonged	장기적인, 오래 계속되는	28	deal with	처리하다, 다루다
4	inconvenience	불편, 애로	29	switch	전환하다, 바꾸다, 전환
5	usage	사용(량)	30	outweigh	~보다 더 크다
6	undertake	착수하다, 약속하다	31	articulate	말하다, 표현하다, 설명하다
7	investigation	조사, 수사, 연구	32	phrase	문구, 구절, 관용구, 표현하다
8	reliable	신뢰할[믿을] 수 있는	33	encapsulate	요약[압축]하다
9	stable	안정적인, 차분한	34	candidate	지원자, 후보자, 출마자
10	senior	노인, 연장자, 선임자, 고위의, 상급의	35	summarize	요약하다
11	loneliness	외로움, 쓸쓸함, 고독함	36	concise	간결한, 축약된
12	alienation	소외, 소원	37	clarity	명확성, 명료성, 선명도
13	viable	실행 가능한	38	convert	변환되다, 전환되다, 개조하다
14	approach	접근, 다가감[옴], 다가가다[오다]	39	population	인구, 주민
15	negotiate	교섭하다, 협상하다	40	maintain	유지하다, 주장하다
16	mediate	중재하다, 조정하다	41	tropical	열대 지방의, 열대의
17	compliance	준수, 따름	42	countless	무수한, 셀 수 없이 많은
18	election	선거, 당선	43	symbiotic	공생의, 공생하는
19	transparent	투명한, 명백한, 명료한	44	admire	감탄하며 바라보다, 존경하다, 칭찬하다
20	procedure	절차, 방법	45	observe	관찰하다, 목격하다
21	exploitative	착취하는	46	conclude	마치다, 끝내다, 결론을 내리다
22	import	수입(품), 수입하다	47	rewarding	보람 있는
23	export	수출(품), 수출하다	48	instruct	지시하다, 가르치다
24	process	과정, 절차, 처리하다	49	perceive	인식하다, 인지[감지]하다
25	requirement	필요, 요건	50	casual	일상적인, 평상시의, 태평한

구문 해석 TEST 👍

01 These disruptions have caused significant inconvenience for residents, particularly during peak usage periods such as early mornings and late evenings.

해석 이러한 혼란으로 인해 특히 이른 아침과 늦은 저녁 같은 사용량이 많은 시간대에 주민들에게 상당한 불편을 초래했습니다.

02 The growing inadequacy of care facilities and support programs for our aging population has become a matter of increasing urgency within our community.

해석 고령 인구를 위한 복지 시설과 지원 프로그램의 부족이 우리 지역 사회 내에서 점점 더 시급한 문제로 떠오르고 있습니다.

03 By defending workers' rights to form and join unions, the NLRB plays a crucial role in promoting equitable labor practices and preventing exploitative workplace environments.

해석 노동자들이 노조를 결성하고 가입할 권리를 옹호함으로써 NLRB는 공정한 노동 관행을 촉진하고 착취적인 근무 환경을 예방하는 데 중요한 역할을 합니다.

04 The app helps users understand their customs requirements and allows them to avoid potential problems on arrival, greatly enhancing the convenience of travelers.

해석 이 앱은 사용자가 관세 요구 사항을 이해하는 데 도와주며, 도착 시 발생할 수 있는 잠재적인 문제를 피할 수 있게 해주어 여행자의 편의성을 크게 향상시킵니다.

05 Furthermore, the production process requires a significant amount of energy, and depending on the energy sources of a country, this could lead to increased carbon emissions.

해석 더구나, 생산 과정에는 상당한 양의 에너지가 필요하며, 국가의 에너지원에 따라 탄소 배출이 증가할 수 있다

06 To ensure the start of your interview is memorable, consider using a phrase or statement that effectively conveys your value to the potential employer.

해석 면접의 시작을 기억에 남게 하려면, 잠재적인 고용주에게 당신의 가치를 효과적으로 전달하는 문구나 진술을 사용하는 것이 좋다.

07 Photosynthesis not only directly impacts food production, but the organic matter generated through photosynthesis also serves as an energy source for other organisms, helping to circulate energy within the ecosystem.

> **해석** 광합성은 식량 생산에 직접적으로 영향을 줄 뿐만 아니라, 광합성을 통해 생성된 유기물은 다른 생물에게 에너지원으로 제공되어 생태계 내에서 에너지가 순환하게 돕는다.

08 These creatures have a symbiotic relationship where the algae within the corals use the carbon dioxide produced by the corals, while the corals benefit from the oxygen generated by the algae's photosynthesis.

> **해석** 이 생물들은 산호에서 생성된 이산화탄소를 사용하는 공생 관계를 가지고 있으며, 산호는 녹조류의 광합성으로 생성된 산소의 혜택을 받는다.

09 Engaging with others about your findings or learning more at a center enriches your wildlife watching experience.

> **해석** 자신의 발견에 대해 다른 사람들과 교류하거나 센터에서 더 많은 것을 배우는 것은 야생 동물 관찰 경험을 더욱 풍부하게 만들어 준다.

10 They quickly pressed the left lever, suggesting they interpreted the stimulus as 'two events,' and they promptly pressed the right lever in response to two sounds and two flash lights, indicating they perceived that stimulus as 'four events.'

> **해석** 그들은 자극을 '두 개의 사건'으로 해석할 수 있다면 왼쪽 레버를 빠르게 눌렀고 두 개의 소리와 두 개의 섬광에 반응하여 오른쪽 레버를 빠르게 눌러 자극을 '네 가지 사건'으로 인식했음을 나타낸다.

11 As the women in the office transitioned between work-related and personal conversations, the shift was always triggered by the highest-ranking person present, the office manager.

> **해석** 그녀는 사무실의 여성들이 업무 관련 대화와 개인적인 대화 사이를 전환할 때, 그 전환이 항상 가장 높은 직급의 사람인 사무장(사무실 매니저)에 의해 촉발된다는 것을 발견했다.

독해 실력 강화 연습문제 정답 및 해설

[01~02]

> 수신인 : 시설 관리팀
> 발신인 : 건강 및 안전 부서
> 날짜 : 7월 20일
> 제목 : 화재 안전 장비의 유지보수 요청
>
> 친애하는 시설 관리팀에게,
>
> 이 메시지가 잘 전달되기를 바랍니다. 저는 우리 건물 내의 화재 안전 장치와 관련된 긴급 점검에 대해 강조하고자 연락드립니다. 최근 내부 점검에서, 여러 개의 소화기가 누락되었거나 정기 점검 일정을 초과한 것으로 확인되었습니다. 이러한 상황은 상당한 안전 위험을 초래하므로 다가오는 안전 평가 전에 모든 장비가 최적의 작동 상태를 유지하도록 하는 것이 필요합니다.
>
> 필요한 <u>유지보수</u> 절차를 신속히 처리하고 모든 화재 안전 시스템이 현재 기준에 부합하도록 보장해 주시기를 요청드립니다. 우리의 안전 조치의 완전성은 모든 직원과 방문객의 안전을 위해 무엇보다 중요합니다.
>
> 이 중요한 문제에 대한 당신의 신속한 대응에 감사 드립니다.
>
> 진심으로,
> 건강 및 안전 부서

01 정답 ②

정답 해설

이 이메일은 화재 안전 장비의 유지보수 필요성을 강조하고, 이를 조속히 수행해 줄 것을 요청하고 있다. 따라서 주된 목적은 ②이다.

오답 해설

① 화재 상황의 대피 방법이 아닌 안전 장비 유지 보수 요청에 관한 내용이다.
③ 화재 감사 결과에 관해 설명하려고 하는 것이 아닌, 유지보수 요청이 중심 내용이다.
④ 교육 요청이 아니라, 유지보수 요청에 관한 내용이다.

02 정답 ③

정답 해설

밑줄 친 'maintenance'는 문맥에서 '유지보수'의 뜻으로 해석되며, 이와 의미가 가장 가까운 것은 ③ upkeep(유지, 유지비)이다.

오답 해설

① installation 설치, 설비, 장치
② component (구성) 요소, 부품
④ replacement 교체, 대체, 후임자

어휘

☐ underscore 강조하다, ~에 밑줄을 긋다
☐ apparatus 장치, 기구, 조직체, 기관
☐ premise 건물, 토지, 부동산, 전제
☐ fire extinguisher 소화기
☐ exceed 초과하다, 넘다
☐ considerable 상당한, 많은
☐ optimal 최적의, 최선의
☐ evaluation 평가, 감정
☐ expedite 신속히 처리하다
☐ procedure 절차, 방법
☐ standard 기준, 수준, 일반적인, 보통의
☐ integrity 완전함, 온전함, 정직, 진실
☐ paramount 다른 무엇보다 중요한

[03~04]

> 지금 오염 위기를 해결합시다
>
> 존경하는 주민 여러분,
>
> 인근 산업 공장에서 배출되는 오염물질이 미치는 해로운 영향에 대한 우려가 커지면서 지역 사회의 공기와 수질이 상당히 악화되고 있습니다. 주민들은 이 오염과 직접적으로 관련된 호흡기 질환과 피부 자극을 포함한 건강 문제가 증가하고 있다고 보고하고 있습니다. 이러한 중대한 문제를 처리하기 위해 오염 수준을 줄이기 위한 실행 가능한 해결책을 논의하는 특별 회의가 열릴 예정입니다. 당신의 조언이 실질적인 전략을 수립하는 데 핵심적인 역할을 할 것이며, 환경 전문가들이 여러분의 제안을 바탕으로 분석과 지침을 제공할 것입니다.
>
> 그린시티 환경 연합 후원
>
> • **장소** : 시청과 인접한 리버사이드 파크
>   (비가 올 경우 : 시청 101호)
> • **날짜** : 2025년 1월 14일 화요일
> • **시간** : 오후 6:00
>
> 여러분의 참여는 우리 환경의 더 건강한 미래를 확보하기 위해 매우 중요합니다. 추가 정보는 저희 웹사이트 www.environmentalforum.org를 방문하시거나 (555) 456-7890으로 직접 연락해 주십시오.

03 정답 ④

정답 해설

지역 사회 안의 환경오염 문제 해결을 위한 특별 모임을 안내하는 공지이다. 본문에서 다루고 있는 오염 문제의 긴급성을 잘 반영하고 있으며, 주민들이 즉각적인 대응을 촉구하는 내용이므로 제목으로 ④가 가장 적절하다.
① 지구 및 생태계 시스템 보호하기
② 산업 확장에 대한 토론에 참여하기
③ 산업 공장 시설 개선하기
④ 우리 지역 사회의 오염 위기 해결하기

오답 해설

① 지구와 생태계 시스템을 보호하는 것은 본문의 환경 오염 문제에 초점보다 너무 포괄적인 내용이다.
② 산업 확장에 대한 논의를 암시하지만, 본문의 초점인 환경 오염 문제와는 관련이 없다.
③ 산업 공장 시설의 개선은 본문의 초점과는 맞지 않다.

04 정답 ④

정답 해설

본문의 어디에도 회의 참석을 위해 주민들이 사전 등록을 해야 한다는 내용은 없다. 따라서 안내문의 내용과 일치하지 않는 것은 ④이다.

오답 해설

① 본문의 3번째 문장에서 주민들이 호흡기 질환과 피부 자극 등 건강 문제를 보고했다고 언급하고 있으므로 위 안내문의 내용과 일치한다.
② 본문의 5번째 문장에서 환경 전문가들이 주민들의 제안에 따라 분석과 지침을 제공할 예정이라고 언급하고 있으므로 위 안내문의 내용과 일치한다.
③ 본문의 7번째 문장에서 언급하고 있으므로 위 안내문의 내용과 일치한다.

어휘

☐ detrimental 해로운
☐ emission 배출(물), 배기가스
☐ plant 공장, 식물, 심다
☐ respiratory 호흡의, 호흡 기관의
☐ disorder 질환, 장애, 무질서, 어수선함
☐ irritation 자극, 염증, 짜증, 화냄
☐ input 조언, 투입, 입력하다

05 정답 ③

> 미국 시민권 위원회 책임
>
> 미국 시민권 위원회는 인종 및 성차별에 중점을 두고 다양한 시민권 문제를 조사하고 해결하는 중요한 역할을 합니다. 이 위원회는 차별 패턴에 대한 데이터를 수집하고 분석하며, 의회와 대통령에게 정보에 기반한 정책 권고안을 제공합니다. 이 위원회는 또한 공청회를 열고 시민권 법을 강화하거나 더 나은 집행의 필요성을 강조하는 보고서를 발행합니다. 이 위원회는 연구와 옹호 활동을 통해 위원회는 평등을 촉진하고 주택, 교육, 고용 등 다양한 분야에서 차별에 맞서기 위해 노력합니다.

① 이것은 정책 권고를 오직 대통령에게만 제공한다.
② 이것은 차별과 관련된 데이터는 중요하게 여기지 않는다.
③ 이것은 시민권 문제를 논의하기 위해 공청회를 개최한다.
④ 이것은 단 하나의 분야의 차별에만 집중한다.

정답 해설

본문의 3번째 문장에서 언급하고 있으므로 윗글의 내용과 일치하는 것은 ③이다.

오답 해설

① 본문의 2번째 문장에서 '의회와 대통령에게 정책 권고안을 제공한다'라고 언급하고 있으므로 윗글의 내용과 일치하지 않는다.
② 본문의 2번째 문장에서 '차별 패턴에 대한 데이터를 수집하고 분석한다'라고 언급하고 있으므로 윗글의 내용과 일치하지 않는다.
④ 본문의 4번째 문장에서 '주택 뿐만 아니라 교육, 고용 등 다양한 분야에서의 차별에 맞서기 위해 노력한다'라고 언급하고 있으므로 윗글의 내용과 일치하지 않는다.

어휘

☐ investigate 수사[조사]하다, 연구하다
☐ civil right 시민권
☐ racial 인종의, 민족의
☐ discrimination 차별, 차이, 안목
☐ recommendation 권고, 추천
☐ congress 의회, 국회, 회의
☐ president 대통령, 회장
☐ public hearing 공청회
☐ emphasize 강조하다, 역설하다
☐ advocacy 지지, 옹호, 변호
☐ combat 싸우다, 방지하다, 싸움, 투쟁
☐ employment 고용, 채용, 취업, 직장

10⁺

06 정답 ②

> 한국관광공사 앱
>
> 한국관광공사 앱은 한국의 풍부한 문화적 자산을 탐험하고자 하는 국제 방문객에게 필수적인 앱입니다. 이 앱의 주요 기능에는 전국의 관광 명소, 축제 및 문화 행사에 대한 광범위한 정보가 포함되어 있습니다. 이 앱은 사용자가 쉽게 여행 일정을 계획하고 잊을 수 없는 경험을 할 수 있도록 안내하여 여행의 편의성을 크게 향상시킵니다. 향후 업데이트에서는 더 많은 기능과 정보가 추가되어 여행 경험이 더욱 풍부해질 것으로 기대됩니다. 짧은 기간에 유용하고 많은 정보를 얻기 위해 앱 스토어에서 한국관광공사 앱을 다운로드하세요. 데스크톱 사용자도 웹 버전을 사용할 수 있어 모든 사람이 온라인에서 필수 여행 정보에 편리하게 접근할 수 있습니다.

① 이것은 한국의 관광 명소 및 문화 행사에 대한 광범위한 정보를 제공한다.
② 이것은 사용자가 앱을 통해 직접 숙소를 예약할 수 있게 한다.
③ 이것은 사용자가 여행 일정을 계획하고 독특한 경험을 발견하는 데 도움을 준다.
④ 이것은 사용자들의 여행 경험을 풍부하게 하기 위해서 계속 업데이트를 한다.

정답 해설

본문에서 '사용자가 앱을 통해 직접 숙소를 예약할 수 있다'라는 내용이 언급되지 않았으므로 윗글의 내용과 일치하지 않는 것은 ②이다.

오답 해설

① 본문의 2번째 문장에서 언급하고 있으므로 윗글의 내용과 일치한다.
③ 본문의 3번째 문장에서 언급하고 있으므로 윗글의 내용과 일치한다.
④ 본문의 4번째 문장에서 언급하고 있으므로 윗글의 내용과 일치한다.

어휘

☐ tourism 관광(업)
☐ international 국제적인, 시합[경기]
☐ cultural 문화의, 문화와 관련된
☐ asset 자산, 재산
☐ attraction 명소, 명물, 매력
☐ festival 축제
☐ itinerary 여행 일정표
☐ memorable 기억할 만한, 잊을 수 없는
☐ anticipate 예상하다, 기대하다
☐ enrich 풍부하게 하다, 질을 높이다
☐ period 기간, 시기

07 정답 ②

> 느린 노화에 대한 개념은 노화를 허약과 쇠퇴로 연결시키기 보다는 긍정적인 성장의 기회로 보는 것에 중점을 둔다. 반면에, 노화 방지 운동은 종종 노화를 두렵고 피해야 할 것으로 보이게 만들며, 두려움을 자극하지만 실제로는 도움이 되지 않는다. 이러한 관점은 비현실적이며 불필요하다. 대신, 우리는 그것을 두려워하지 않고 노화 과정을 늦추도록 노력해야 한다. 긍정적인 관점을 유지하는 것이 건강한 노화의 열쇠이다. 이것은 건강한 습관을 장려하고, 사람들이 통제력을 느낄 수 있도록 도와주며, 종종 나이가 들면서 겪는 다른 어려움을 보완해 준다. 노화는 개인뿐만 아니라 사회 전체에 있어서도 가치 있는 경험으로 여겨져야 한다.

① 노화와 관련된 질병의 생물학적 원인
② 노화에 대한 낙관적인 관점을 유지하는 것의 가치
③ 노화 과정을 늦추는 효과적인 방법
④ 노인들 사이에서의 노년에 대한 지식과 태도

정답 해설

느린 노화에 대한 글로, 느린 노화는 노화를 긍정적인 성장의 기회로 바라보며, 건강한 태도가 건강한 노화에 중요한 역할을 함을 네 번째 그리고 다섯 번째 문장에서 강조하고 있다. 따라서 글의 주제로 가장 적절한 것은 ②이다.

어휘

☐ aging 노화
☐ weakness 약함, 허약, 약점, 단점
☐ movement 운동, 이동, 움직임
☐ process 과정, 절차, 처리하다
☐ challenge 어려움, 도전, 이의를 제기하다, 도전하다
☐ valuable 소중한, 가치 있는
☐ embrace 받아들이다, 포괄하다, 포용하다
☐ strength 힘, 기운, 내구력, 견고성

08 정답 ④

삶은 특정한 규칙에 따라 작동하며, 이를 완전히 무시하는 것은 현명하지 않지만, 이러한 확립된 틀에 지나치게 의존하는 것은 우리를 제한할 수 있다. 우리가 더 이상 그 목적에 맞지 않는 패턴을 엄격히 고수할 때, 우리의 창의성이 억제될 수 있다. 창의적 사고를 촉진하기 위해서는 이러한 규칙에 의문을 제기하는 것이 필수적이다. 예를 들어, Steve Jobs는 개인 컴퓨터의 기존 디자인과 기능에 도전함으로써 기술 산업을 변화시켰고, 직관적인 인터페이스와 세련된 제품 디자인의 길을 열었다. 마찬가지로, Marie Curie의 방사능에 대한 획기적인 발견은 현재의 과학적 지식의 한계를 받아들이지 않으려는 그녀의 거부에서 비롯되었다. 오랫동안 지속해 온 가정에 의문을 제기함으로써, 그녀는 물리학과 화학의 새로운 영역을 열었다. 창의성은 종종 우리가 전통을 따라야 하는 것이 아니라 현상 유지에 도전함으로써 새로운 길을 개척할 수 있다는 인식에서 비롯된다.

① 창의적이고 도전적인 사람들만이 역사의 진보를 앞당긴다.
② 창의력은 우연히 생긴 것이 아니고 꾸준한 노력의 산물이다.
③ 바람직한 사회적 규칙은 받아들이는 것이 창의력 신장에 좋다.
④ 기존의 규칙에 대해 의심하고 도전하는 것이 창의력을 높인다.

정답 해설

창의성과 기존의 규칙에 대한 의문의 중요성에 대한 글로, 기존의 규칙을 의문시하는 것이 창의적 사고를 촉진하고, 전통에 얽매이지 않고 새로운 길을 개척하는 데 중요하다는 것을 구체적인 예시들과 함께 설명하는 글이다. 따라서 글의 요지로 가장 적절한 것은 ④이다.

어휘

☐ operate 작동하다, 운용하다
☐ disregard 무시[묵살]하다, 무시
☐ constrain 제한[제약]하다, 강요하다
☐ adhere to ~을 고수하다
☐ restrain 억제하다, 억누르다, 저지하다
☐ intuitive 직관적인, 직감하는
☐ sleek 세련된, 매끈한, 윤이 나는
☐ groundbreaking 획기적인
☐ radioactivity 방사능
☐ question 의문을 제기하다, 의심하다, 질문하다, 질문, 문제
☐ long-held 오랫동안 지속된
☐ assumption 가정, 추정
☐ realization 인식, 자각, 깨달음, 실현
☐ status quo 현상 유지, 현재의 상황

09 정답 ③

과학 논문의 제목은 향후 독자들에게 길이 제한 범위 내에서 논문의 내용을 명확하게 전달할 수 있도록 신중하게 선택해야 하며, 제목은 독자들이 더 읽고 싶은지 결정하는 데 도움을 준다. ① 실제로 제목은 색인 작성자가 주로 사용하는 정보의 주요 출처가 된다. ② 따라서 가능한 경우, 색인에 논문을 나열할 때 사용할 단어와 같은 주요 키워드를 제목에 포함하는 것이 좋다. (③ 결과적으로, 대부분의 학술 논문은 2페이지에서 20페이지 사이로, 이는 저자들이 중요한 정보를 제한된 공간에 모두 담아야 한다.) ④ 예를 들어, 논문이 몇 가지 화학 화합물을 연구하는 경우, 그 이름을 제목에 포함하는 것이 중요하여 논문에 해당 이름으로 색인될 수 있도록 해야 한다. 따라서, 효과적인 제목은 연구의 초점을 전달할 뿐만 아니라 학술 데이터베이스에서 논문의 가시성을 높이는 데에도 기여한다.

정답 해설

과학 논문의 제목 선택에 대한 글로, 과학 논문의 제목은 독자에게 내용을 명확히 전달해야 하며, 키워드를 포함해 인덱스에 잘 등록될 수 있도록 신중하게 선택해야 한다고 설명하고 있다. 나머지 문장들은 제목 선택의 중요성에 대해 설명하고 있지만 ③만 논문의 길이에 대한 내용으로, '제목 선택'과의 직접적인 연관성이 없다. 따라서 글의 흐름상 어색한 문장은 ③이다.

어휘

☐ paper 논문, 서류, 종이
☐ length 길이
☐ limit 제한, 한도, 제한하다, 한정하다
☐ author 저자, 작가
☐ compound 화합물, 복합체
☐ convey 전달하다, 운반[수송]하다
☐ visibility 가시성

10 정답 ①

> 그리스 철학자 Diogenes는 자제 또는 자급자족이 행복과 자유로 이어지지만, 이를 위해서는 지속적인 연습과 회복력이 필요하다고 주장했다. (① 그의 철학은 "환상적인" 감정적 연결을 없애기 위해 개인 재산, 가족 관계, 사회적 가치를 포기할 것을 촉구한다.) 이러한 급진적인 성격에도 불구하고, Diogenes의 접근 방식은 불교와 도교와 같은 동양 철학의 가르침과 유사점을 찾을 수 있다. (②) 비평가들은 Diogenes의 삶의 방식이 자기 중심적이며, 다른 사람들의 자선과 생산성에 의존한다고 주장하며, 이는 그의 생활 방식을 약화시킨다고 지적한다. (③) 이는 윤리적 원칙의 보편적 적용에 관한 단순한 실용적 문제가 아닌, 더 깊은 철학적 문제를 강조한다. (④) 만약 모든 사람이 Diogenes의 접근 방식을 채택한다면, 이는 사회의 붕괴로 이어질 것이며, Diogenes조차 자기 통제에 집중하는 것이 비현실적이게 될 것이다.

정답 해설

Diogenes의 자기 자제 철학에 대한 글로, Diogenes는 자기 자제와 자유를 위해 사회적 가치와 감정적 유대를 포기해야 한다고 주장했으나, 그의 철학은 이기적이라는 비판을 받으며 실용성에 의문이 제기됨을 강조하고 있다. 주어진 문장은 Diogenes의 철학이 개인의 소유와 사회적 가치의 포기를 강조하는 내용을 담고 있으며, 이러한 내용을 '급진적인 접근 방법'이라고 언급하고 있는 ① 뒤의 문장과 잘 연결된다. 따라서 주어진 문장이 들어갈 위치로 가장 적절한 것은 ①이다.

어휘

- [ ] philosophy 철학
- [ ] abandon 포기하다, 버리다
- [ ] illusory 환상적인, 환상에 불과한
- [ ] self-mastery 자제
- [ ] self-sufficiency 자급자족
- [ ] Buddhism 불교
- [ ] Taoism 도교
- [ ] undermine 약화시키다
- [ ] universal 보편적인, 일반적인
- [ ] ethical 윤리적인, 도덕에 관계된
- [ ] adopt 채택하다, 입양하다
- [ ] impractical 비현실적인, 터무니없는

11 정답 ③

> 산악 자전거 타기는 흥미롭고 도전적인 야외 활동이 될 수 있다.
> (C) 트레일에 나가기 전에 자전거의 안전을 점검하고 라이딩 장비가 양호한지 확인하는 것부터 시작할 수 있다. 이러한 준비는 안전하고 즐거운 라이딩을 위해 매우 중요하다.
> (A) 험준한 지형에서 스릴 넘치는 라이딩을 한 후에는 휴식을 취하고 수분을 보충하는 것이 중요하다. 이는 회복에 도움이 되고, 남은 자전거 모험을 준비하는 데 필요하다.
> (B) 마지막으로, 라이딩을 마치고 돌아온 후 자전거를 청소하고 하루의 모험을 되새기는 것은 만족스러운 마무리가 될 수 있다. 자전거를 돌보고 경험에 대해 생각하는 것은 라이딩을 더 소중히 여기게 하고 앞으로의 외출을 준비하는 데 도움이 된다.

정답 해설

산악 자전거 타기의 즐거움과 준비 과정에 대한 글로, 산악 자전거 타기는 안전 점검, 휴식, 사후 관리가 중요한 흥미진진한 야외 활동이다. 산악 자전거의 장점을 언급한 후 자전거를 타기 전에 안전 점검을 하고 장비를 확인하는 준비 과정을 설명하는 (C)로 이어져야 하며, 그 다음으로 험한 지형에서 짜릿한 라이딩을 한 후, 휴식을 취하고 수분을 보충하는 것이 중요하다는 점을 언급하는 (A)로 이어져야 하고, 라이딩을 마친 후 자전거를 청소하고 하루의 모험을 되돌아보는 것이 만족스러운 마무리가 된다는 점을 강조한 (B)로 이어져야 한다. 따라서 글의 순서로 가장 적절한 것은 ③이다.

어휘

- [ ] mountain biking 산악 자전거 타기
- [ ] challenging 도전적인, 저항하는
- [ ] rugged 험준한, 울퉁불퉁한, 단호한
- [ ] conclusion 마무리, 결말, 결론
- [ ] outing 외출, 여행, 야유회
- [ ] preparation 준비, 대비

12 정답 ②

우리는 동네 슈퍼마켓에 시식 공간을 마련하고 지나가는 쇼핑객들에게 두 가지 종류의 잼과 차를 시식하게 하고, 각 물건에서 어떤 선택을 선호하는지 선택하도록 했다. 참가자들이 선택한 직후, 우리는 그들이 선택한 선택지를 다시 시식하게 하고 그 선택의 이유를 구두로 설명하도록 했다. 이 연구의 교묘한 점은 우리가 샘플 용기의 내용을 몰래 바꾸었다는 점인데, 이는 참가자들이 실제로 하지 않은 선택을 설명하도록 유도했다. 그들 대부분은 자신의 선택이 진짜가 아니라는 사실을 인식하지 못했고, 계속해서 그 이유를 설명했다. 조작된 실험 중 전체적으로 3분의 1 미만이 인정되었다. 시나몬-애플이나 쓴 자몽 같이 확연히 다른 맛이나 망고와 강한 맛의 와인에서도 절반 미만만 감지되었으며, 이는 두 가지 다른 소비자 제품의 맛과 냄새에 대한 선택맹이 상당하다는 것을 보여 준다. 일단 선호도를 설정하면 우리는 우리의 결정을 정당화하는 데 전념하고 있는 것으로 보인다.

① 새로운 선호를 추가하지 않으려 한다
② 우리의 결정을 정당화하는 데 전념하고 있다
③ 다른 가능한 선택지를 지속적으로 탐색한다
④ 손실을 두려워하는 것이 잠재적인 이익보다 크다

정답 해설

소비자 선택과 정당화에 대한 글로, 소비자들은 실제 선택과 무관하게 이유를 설명하는 경향이 있음을 설명하고 있다. 이는 사람들이 자신이 내린 결정에 대해 정당화하려는 경향이 있음을 나타낸다. 따라서 밑줄 친 부분에 들어갈 말로 가장 적절한 것은 ②이다.

어휘

- [ ] establish 설정[설립]하다, 확고히 하다
- [ ] prefer 선호하다, 좋아하다
- [ ] selection 선택, 선정, 선발
- [ ] verbally 구두로, 말로
- [ ] reasoning 이유, 추리, 추론
- [ ] clever 교묘한, 영리한, 기발한
- [ ] swap 바꾸다, 교대로 하다, 바꾸기
- [ ] intend 의도[작정]하다, 유도하다
- [ ] proceed 계속해서 ~을 하다, 진행하다, 나아가다
- [ ] manipulate 조작하다, 다루다, 조종하다
- [ ] detect 감지하다, 발견하다
- [ ] choice blindness 선택맹
  (사람들의 인지 능력이 혼동을 겪으며 자신의 선택을 합리화하는 현상)

13 정답 ②

인공지능 전문가 Peter Norvig은 빅데이터를 이미지에 비유하는 것을 좋아한다. 그는 먼저 우리에게 약 17,000년 전 프랑스 라스코 동굴 벽화에 그려진 상징적인 말 그림을 상상해보라고 요청한다. 다음으로 그는 동굴 벽화와 닮은 말의 사진, 또는 Pablo Picasso의 붓질을 떠올리도록 유도한다. Picasso는 라스코 그림을 보고 그 이후로 "우리는 아무것도 발명하지 않았다"라고 말한 것으로 유명하다. Picasso의 말이 어느 정도 사실일 수 있지만, 한계도 존재한다. 다시 말의 사진을 생각해보자. 말의 그림을 그리는 데는 시간이 오래 걸렸지만, 이제는 사진을 통해 훨씬 더 빠르게 포착할 수 있다. 이는 변화를 의미하지만, 여전히 말을 본질적으로 묘사하기 때문에 가장 중요한 변화는 아닐 수 있다. 이제 Norvig은 말의 이미지를 초당 24프레임으로 재생하는 것을 상상해보라고 제안한다. 이러한 양적 변화는 질적 변화를 가져오며, 영화는 정지된 사진과는 근본적으로 다르다. 같은 원리가 빅데이터에도 적용된다 : 양을 변화시킴으로써 본질을 변화시킨다.

① 데이터 분석의 패러다임 전환이 변화를 약속한다
② 양을 변화시킴으로써 본질을 변화시킨다
③ 새로운 기술이 정량적 데이터를 가져왔다
④ 데이터가 많을수록 데이터 사용량이 줄어든다

정답 해설

빅데이터와 변화의 본질에 대한 글로, Peter Norvig는 양적 변화가 질적 변화를 가져오며, 빅 데이터의 적용을 통해 본질이 변할 수 있음을 강조하고 있다. 선택지에서 '양적 변화가 질적 변화를 가져온다고 설명하며, 데이터의 양이 증가하면 그 본질도 변한다는 점을 강조'하는 내용이 필요하다. 따라서 밑줄 친 부분에 들어갈 말로 가장 적절한 것은 ②이다.

어휘

- [ ] compare 비교하다, 비유하다
- [ ] visualize 상상하다
- [ ] depict 그리다, 묘사하다
- [ ] cave painting 동굴 벽화
- [ ] prompt 촉발하다, 유도하다, 즉각적인, 지체 없는
- [ ] resemblance 닮은, 비슷함, 유사함
- [ ] invent 발명하다, 지어내다
- [ ] limitation 제약, 제한, 한정, 한계
- [ ] represent 대표하다, 대신하다, 해당하다
- [ ] quantitative 양적인
- [ ] qualitative 질적인
- [ ] apply to ~에 적용되다

독해 실력 강화 복습문제 정답 및 해설

1	underscore	강조하다, ~에 밑줄을 긋다	26	restrain	억제하다, 억누르다, 저지하다
2	apparatus	장치, 기구, 조직체, 기관	27	intuitive	직관적인, 직감하는
3	premise	건물, 토지, 부동산, 전제	28	groundbreaking	획기적인
4	exceed	초과하다, 넘다	29	realization	인식, 자각, 깨달음, 실현
5	evaluation	평가, 감정	30	limit	제한, 한도, 제한하다, 한정하다
6	expedite	신속히 처리하다	31	author	저자, 작가
7	paramount	다른 무엇보다 중요한	32	compound	화합물, 복합체
8	detrimental	해로운	33	convey	전달하다, 운반[수송]하다
9	respiratory	호흡의, 호흡 기관의	34	abandon	포기하다, 버리다
10	disorder	질환, 장애, 무질서, 어수선함	35	undermine	약화시키다
11	irritation	자극, 염증, 짜증, 화냄	36	universal	보편적인, 일반적인
12	input	조언, 투입, 입력하다	37	impractical	비현실적인, 터무니없는
13	racial	인종의, 민족의	38	challenging	도전적인, 저항하는
14	congress	의회, 국회, 회의	39	outing	외출, 여행, 야유회
15	advocacy	지지, 옹호, 변호	40	prefer	선호하다, 좋아하다
16	cultural	문화의, 문화와 관련된	41	selection	선택, 선정, 선발
17	asset	자산, 재산	42	clever	교묘한, 영리한, 기발한
18	memorable	기억할 만한, 잊을 수 없는	43	intend	의도[작정]하다, 유도하다
19	enrich	풍부하게 하다, 질을 높이다	44	manipulate	조작하다, 다루다, 조종하다
20	period	기간, 시기	45	visualize	상상하다
21	weakness	약함, 허약, 약점, 단점	46	depict	그리다, 묘사하다
22	challenge	어려움, 도전, 도전하다, 이의를 제기하다	47	prompt	촉발하다, 유도하다, 즉각적인, 지체 없는
23	valuable	소중한, 가치 있는	48	invent	발명하다, 지어내다
24	strength	힘, 기운, 내구력, 견고성	49	limitation	제약, 제한, 한정, 한계
25	constrain	제한[제약]하다, 강요하다	50	represent	대표하다, 대신하다, 해당하다

구문 해석 TEST

01 This situation presents a considerable safety hazard, necessitating that all equipment be in optimal working condition prior to the forthcoming safety evaluation.

해석 이러한 상황은 상당한 안전 위험을 초래하므로 다가오는 안전 평가 전에 모든 장비가 최적의 작동 상태를 유지하도록 하는 것이 필요합니다.

02 Growing concerns over the harmful effects of emissions from nearby industrial plants have significantly deteriorated the community's air and water quality.

해석 인근 산업 공장에서 배출되는 오염물질이 미치는 해로운 영향에 대한 우려가 커지면서 지역 사회의 공기와 수질이 상당히 악화되고 있습니다.

03 Through its efforts in research and advocacy, the commission strives to promote equality and combat discrimination in various sectors like housing, education, and employment.

해석 위원회는 연구와 옹호 활동을 통해 위원회는 평등을 촉진하고 주택, 교육, 고용 등 다양한 분야에서 차별에 맞서기 위해 노력합니다.

04 This app greatly improves the convenience of travel by guiding users to easily plan their itinerary and have a memorable experience.

해석 이 앱은 사용자가 쉽게 여행 일정을 계획하고 잊을 수 없는 경험을 할 수 있도록 안내하여 여행의 편의성을 크게 향상시킵니다.

05 On the other hand, the anti-aging movement often makes aging seem scary and something to avoid, playing on fears without really helping.

해석 반면에, 노화 방지 운동은 종종 노화를 두렵고 피해야 할 것으로 보이게 만들며, 두려움을 자극하지만 실제로는 도움이 되지 않는다.

06 For example, Steve Jobs transformed the tech industry by challenging the existing design and functionality of personal computers, paving the way for intuitive interfaces and sleek product designs.

해석 예를 들어, Steve Jobs는 개인 컴퓨터의 기존 디자인과 기능에 도전함으로써 기술 산업을 변화시켰고, 직관적인 인터페이스와 세련된 제품 디자인의 길을 열었다.

07 As a result, most journal articles are between two to twenty pages long, which makes authors put all the important information into a small space.

> **해석** 결과적으로, 대부분의 학술 논문은 2페이지에서 20페이지 사이로, 이는 저자들이 중요한 정보를 제한된 공간에 모두 담게 만든다.

08 If everyone adopted Diogenes' approach, it would lead to societal collapse, making it impractical for anyone, including Diogenes, to focus on self-mastery.

> **해석** 만약 모든 사람이 Diogenes의 접근 방식을 채택한다면, 이는 사회의 붕괴로 이어질 것이며, Diogenes조차 자기 통제에 집중하는 것이 비현실적이게 될 것이다.

09 You might start by checking your bike for safety and ensuring your riding gear is in good condition before heading out on the trails.

> **해석** 트레일에 나가기 전에 자전거의 안전을 점검하고 라이딩 장비가 양호한지 확인하는 것부터 시작할 수 있다.

10 We established a tasting area in a local supermarket and invited shoppers passing by to sample two different types of jam and tea, asking them to choose which option they preferred from each pair.

> **해석** 우리는 동네 슈퍼마켓에 시식 공간을 마련하고 지나가는 쇼핑객들에게 두 가지 종류의 잼과 차를 시식하게 하고, 각 물건에서 어떤 선택을 선호하는지 선택하도록 했다.

11 Next, he prompts us to think of a photograph of a horse — or even better, the brush strokes of Pablo Picasso, which bear a resemblance to the cave paintings.

> **해석** 다음으로 그는 동굴 벽화와 닮은 말의 사진, 또는 Pablo Picasso의 붓질을 떠올리도록 유도한다.